नई कविता

निराला, अज्ञेय और मुक्तिबोध

सम्पादक

विद्या सिन्हा

वाणी प्रकाशन

प्रकाशन के उत्कृष्टतम 61 वर्ष

सजिल्द पहला संस्करण : 2003
सजिल्द दूसरा संस्करण : 2007
सजिल्द तीसरा संस्करण : 2024

vaniprakashan.com

वाणी प्रकाशन

4695, 21-ए, दरियागंज, नयी दिल्ली-110 002

फ़ोन : + 91 11 23273167, 23275710

शाखाएँ

अशोक राजपथ, पटना-800 004, बिहार

कॉफ़ी हाउस कैम्पस, महात्मा गांधी मार्ग, प्रयागराज-211 001, उत्तर प्रदेश

महात्मा गांधी अन्तरराष्ट्रीय हिन्दी विश्वविद्यालय, वर्धा-442 001, महाराष्ट्र

sales@vaniprakashan.in
vaniprakashan@gmail.com

Nai Kavita : Nirala, Ajneya Aur Muktibodh
Edited by Vidya Sinha

ISBN : 978-81-8143-044-1
Criticism

मूल्य : ₹ 325

आर. टेक ऑफ़सेट प्रिंटर्स, दिल्ली-110032 में मुद्रित

वाणी प्रकाशन का लोगो मक़बूल फ़िदा हुसेन की कूची से

पिताजी को
जिनसे
कविता और जीवन का मर्म जाना

भूमिका

पिछले एक दशक से अधिक समय से भारतीय वैचारिक क्षेत्रों में उत्तर आधुनिक काल के आ जाने, स्थापित हो जाने और साहित्य और संस्कृति एवं सम्बद्ध विचारों, मान्यताओं को अपने प्रभाव की गिरफ्त में ले लेने के दावे व्यवहार के स्तर पर कितने प्रामाणिक और विश्वसनीय हैं, यह कह सकना कठिन है लेकिन हमें अपने परिवेश और वैचारिक जीवन में जो जटिल परिवर्तन तीव्र गति से घटित होते दिखाई पड़ रहे हैं उन्होंने हमारे विश्वासों, नैतिक मान्यताओं और मूल्यों को पूरी तरह झकझोर दिया है इसमें कोई सन्देह नहीं है। 1968 में प्रकाशित 'रागदरबारी' में लोकतन्त्र की बखिया उधेड़कर उसका मखौल उड़ाया गया था, यथार्थ के प्रति निर्मम होकर। तीस वर्ष बाद इस सदी के अन्त तक आते-आते एक ढीठ बेशर्मी से तन्त्र का दोहन करते-करते तन्त्र को तहस-नहस करके शासनासीन मुख्यमन्त्री अपनी सत्ता के प्रति आगामी कई वर्षों तक आश्वस्त होकर मुस्कुराता है। घूसखोर और घोटालों में लिपटा राजतन्त्र बेदाग छूट जाता है, न्यायपालिका का न्याय प्रश्नों के घेरे में रहता है, न्याय और न्यायपालिका खुले-आम खरीदे और बेचे जाते हैं और गरीब की मौत भी गरीबी की मारी बिक जाती है।

अवधारणाएँ और कसौटियाँ जब संकटग्रस्त हैं और सैकड़ों बेगुनाह लोग आतंकवादी गोलियों से भून दिए जाते हैं और अखबार की सूचना अगले कुछ घंटों में बासी पड़ जाती है। अखबार खबर देने की बजाय उत्तेजना और बाजार थमा देता है। गुंडागर्दी और राजतन्त्र, घूसखोरी और हत्या, झूठ और अर्थहीनता के गठबन्धन हमारी भोथरी पड़ती संवेदनशीलता को प्रभावित नहीं करते और सब कुछ थोड़ी देर बाद सामान्य गति से चलने लगता है। लेकिन यह भी उतना ही सच है कि लोकतन्त्र की इन खामियों के संकेत, मूल्यहीनता और विकृतियों के इंगित लगभग पचास वर्ष पूर्व लिखे गए 'मैला आँचल' और 'अन्धायुग'

में भी बड़ी सार्थकता और ईमानदारी से रेखांकित किए गए थे। यह भी उतना ही बड़ा सच है कि लोकतन्त्र अपनी सारी कमजोरियों के बावजूद हमें अधिकारों के जो हथियार देता है उसमें अभिव्यक्ति की स्वतन्त्रता भी शामिल है। तेजी से बदलते हुए इस समय में कविता और साहित्य की सार्थकता और मूल्यवत्ता पर विचार और पुनर्विचार पहले के समय की अपेक्षा अधिक महत्त्वपूर्ण और आवश्यक हो गया है।

उपभोक्तावाद, बाजारवाद, वैश्वीकरण (ग्लोबलाइजेशन) और सूचना क्रान्ति के साथ-साथ विश्व के स्तर पर बढ़ रहे क्रूर आतंकवाद और वैचारिक ध्रुवीकरणों ने विकास के समानान्तर विध्वंस की जो अमानवीय तस्वीर हमारे सामने गढ़ी है उसमें कविता का महत्व कम और नगण्य होने की बजाय बढ़ा ही अधिक है। एशिया और यूरोप, पूर्व और पश्चिम के अनेक कोनों से अपने-अपने देश की कविता, संगीत और कलाओं की परम्परा को बचाने और उनसे जुड़ने की ललक के साथ-साथ समकालीन काव्य और कलाओं के माध्यम से अन्य देशों से परस्पर संवाद स्थापित करने की बेचैनी अमानवीय विध्वंस और क्रूरता के समानान्तर साहित्य और संस्कृति के महत्व को तो रेखांकित करती ही है, मनुष्य की जिजीविषा, रचनात्मक ईहा, सौन्दर्याकाँक्षा की वह अकुलाहट भी दर्शाती है जो जीवन, प्रकृति और पर्यावरण में अनिवार्य सम्बन्ध और सन्तुलन ढूँढ़ती है। इस सन्दर्भ में इस शती के अन्त में प्राकाशित डॉ. परमानन्द श्रीवास्तव की पुस्तक 'कविता का अर्थात्' से उनका एक कथन उद्धृत् करना चाहती हूँ।

"जब उत्तरोत्तर क्रूर बर्बर और जटिल होते समय में कविता और कवि के लिए जगह बहुत सीमित सिकुड़ी हुई जान पड़े, कविता की वापसी या पुनः प्रतिष्ठा के किसी संघर्ष में कविता और महान कविता के बहुत सारे सिद्धान्त निरर्थक जान पड़ेंगे। ऐसे गम्भीर संकट के दौर में कविता कविता को बचाएगी। पर प्रकारान्तर से वही मनुष्य को भी बचाएगी।"

आज के इसी परिदृश्य में हिन्दी कविता के उस युग पर विचार करना सार्थक और प्रासंगिक प्रतीत होता है जिसने आज तक भी लिखी जा रही कविता को बहुत दूर तक प्रभावित किया है। जिसने अपने युग को वैचारिक ऊर्जा से सम्पन्न करने के साथ-साथ आगे आने वाले कवियों के लिए विचार और काव्यशिल्प की अनेक दिशाएँ खोलीं। आधुनिक हिन्दी कविता को जानने और समझने के अनेक अनिवार्य सन्दर्भ हमें नई कविता, निराला, अज्ञेय और मुक्तिबोध से होकर ही मिलेंगे। शायद इसी कारण इतने वर्षों बाद भी

विश्वविद्यालय परिसर के बाहर भी ये कवि और इनकी कविताएँ आज भी गम्भीर विचार विमर्श का विषय बनते हैं।

नई कविता के इतिहास में जाते हुए हम श्रीधर पाठक तक जा सकते हैं और कविता के भारतीय परिदृश्य पर विचार कर सकते हैं जिसमें नव जागरण के आदर्शवाद के बाद रुमानी कविता के वायवी व्यक्तित्व, उसकी सांकेतिकता, भाव प्रवणता और वैश्विक आदर्शवादिता के विरुद्ध अलग-अलग भारतीय भाषाओं में समय के थोड़ा बहुत आगे-पीछे विद्रोह के स्पष्ट स्वर सुनाई पड़ते हैं। कविता के मुहावरे और तेवर में एक स्पष्ट बदलाव दिखाई पड़ता है। शायद इसी सन्दर्भ में मुक्तिबोध ने कहा कि छायावादी व्यक्तिवाद के खिलाफ नई कविता यथार्थवादी व्यक्तिवाद की बगावत है।

हिन्दी की नई कविता के प्रसंग में प्रगतिशीलता, प्रगतिवादिता और प्रयोगशीलता और प्रयोगवाद को लेकर जो वाद-विवाद हुए अब उनकी चीरफाड़ अप्रासंगिक है। इतने वर्षों के अन्तराल और इतिहास ने यह तो स्पष्ट कर ही दिया कि कवियों को इन धाराओं की सीमाओं में बाँधना उनक प्रति न्याय नहीं होगा। नेमिचन्द्र जैन हों या भारतभूषण अग्रवाल, गिरिजाकुमार माथुर हों या नरेश मेहता, भवानी प्रसाद मिश्र, केदारनाथ अग्रवाल, नागार्जुन, त्रिलोचन मुक्तिबोध सभी ने सामाजिक चेतना के साथ-साथ व्यक्तिपरक अनुभूति को भी अपनी कविता का विषय बनाया। प्रगति और प्रयोग की सीमाएँ छोड़कर नई कविता ने अपनी वस्तु और दृष्टि दोनों को व्यापक विस्तार दिया। मानवता को खोजा और उसे उसकी वास्तविकता के साथ प्रतिष्ठित किया; इस अर्थ में नई कविता मानववादी कही जा सकती है। नई कविता स्वतन्त्रता प्राप्ति के बाद की आशाओं, सम्भावनाओं और स्वप्नों से जुड़ी जीवन की आदर्शवादिता को व्यक्ति और समाज के यथार्थ के ताने बाने में बुनने वाली कविता है इसीलिए वह अनुभव की प्रामाणिकता और ताप की बात करती है। संवदेनशीलता और बौद्धिकता को एक साथ लेकर चलने वाली नई कविता ने अपनी गहन लोक सम्पृक्ति की ऊर्जा का भी परिचय दिया।

'...नई कविता के केन्द्र में निराला, अज्ञेय तथा मुक्तिबोध हैं। इन कवियों में भी उस तरह की विसंगतियाँ हैं जैसी अगस्त क्रान्ति के सिलसिले में नई कविता में उभरती हुई नज़र आई थीं और जिनका संकेत पहले किया जा चुका है। निराला में अद्वैतवाद, छायावाद, यथार्थवाद के द्वन्द्व, अज्ञेय में व्यक्तिवाद, आत्मसमर्पणवाद के द्वन्द्व और मुक्तिबोध में प्रगतिवाद, अस्तित्ववाद के द्वन्द्व

की पर्याप्त चर्चा हिन्दी में हुई है। तो भी ये तीनों कवि अपनी सम्पूर्णता में नई हिन्दी कविता के प्रमुख प्रेरणा स्रोत रहे हैं, इसलिए और भी कि हिन्दी की नई कविता में ये सभी द्वन्द्व ताने-बाने की तरह गुंथे हुए हैं।'

अजित कुमार (इसी पुस्तक से)

'अज्ञेय अक्सर अपनी देशगत समग्रता का और कालगत भूत भविष्यता का अपने सम्बन्धों के आधार पर समुचित आकलन करते हैं और उसे बिम्बों में नियोजन द्वारा आत्मीय अभिव्यक्ति देने का प्रयास करते हैं।'

जगदीश चतुर्वेदी (इसी पुस्तक से)

ये उद्धरण स्पष्ट संकेत देते हैं कि इन कवियों ने विशेष रूप से निराला ने बहुत दूर तक समकालीन रचनाशीलता को प्रभावित किया है।

'...राम की शक्ति पूजा' में निहित काल अचेतन की बद्धमूल स्मृतियों का गहनतम संस्कारों की मिथकीय शक्तियों से समन्वित सांस्कृतिक काल है जिसमें निराला ने अपने वर्तमान को पिरो दिया है। इस ऊर्ध्वमुखी आयाम में निराला की सौन्दर्य चेतना की उछाल है।'

अर्चना वर्मा (इसी पुस्तक से)

'निराला की कविता में सौन्दर्य और शक्ति का जो विधान है वह समाज का दिया हुआ प्रसंग है जैसे पराधीनता और गरीबी।'

प्रो. नित्यानन्द तिवारी (इसी पुस्तक से)

...मुक्तिबोध व्यंग्य के कवि नहीं हैं, वे विडम्बना के कवि हैं जबकि हिन्दी के अधिकांश प्रगतिशील कवि व्यंग्य का, बहुत आवेगपूर्ण व्यंग्य का प्रयोग करते हैं।...कठिनाई यह है कि मुक्तिबोध नई कविता के भीतर रहते हुए भी विडम्बना की दृष्टि का प्रयोग ऐसी चीजों के लिए करते हैं जो नई कविता के दायरे में नहीं आतीं।'

मैनेजर पांडेय (इसी पुस्तक से)

हिन्दी में सन् 1960 के बाद लिखी जाने वाली कविताओं में निषेध और अस्वीकार का, विद्रोह और आक्रोश का जो तीखा स्वर मिलता है उसने उसे नई कविता से बिल्कुल अलग कर दिया। इसे कविता के अस्वीकार या अकविता का युग कहा गया। भारतीय परिप्रेक्ष्य में यह भारतीय राजनीति और लोकतन्त्र से मोहभंग का युग था। फ्रांस का छात्र आन्दोलन, विएतनाम अमेरिका युद्ध

और गिंसबर्ग के बीटनीक आन्दोलन ने भी निषेध और अस्वीकार के इस स्वर को मजबूत किया था। कविता का इतिहास यह भी बताता है कि केवल तात्कालिकता से उपजी कविता व्यक्ति और समाज के जीवन के वास्तविक संघर्ष का साक्ष्य नहीं उपस्थित कर पाती इसीलिए यह अनुभव के उस ताप से भी वंचित रहती है जो कविता को आनेवाले समय में जीवित रखता है। शिल्प, काव्य कौशल और चौंकानेवाले चमत्कारपूर्ण भाषिक विधान भी ऐसी कविता को तात्कालिकता की सीमा से बाहर ले आने में असमर्थ रहते हैं। आठवें दशक की हिन्दी कविता के महत्वपूर्ण पार्श्व थे—विचार कविता की प्रस्तावना और वामपंथी रुझान के साथ-साथ आपातकालीन दबाव और तनाव।

नब्बे के दशक में लिखी गई कविताएँ तात्कालिकता के सतही दबावों से बहुत आगे जानेवाली कविताएँ हैं जो अपने भावजगत और शिल्पगत वैविध्य में आधुनिक जीवन की जटिलताओं को ईमानदारी से धारण करने के साथ-साथ जीवन और लोक से गहरे राग और सम्पृक्ति की गवाही देती हैं। यहाँ जटिलताओं में उलझा विवश यथार्थ है तो बच्चों की दूधिया हँसी और खेत में लहलहाते धान का सुनहला रंग भी उतनी ही ईमानदारी से व्यक्त होता है। आलोकधन्वा, विष्णु खरे, ज्ञानेन्द्र पति, वीरेन्द्र डंगवाल, राजेश जोशी, मंगलेश डबराल, हेमन्त कुकरेती, स्वप्निल, अरुण कमल आदि कवियों की नब्बे के दशक में लिखी गई कविताएँ जटिल यथार्थ की पपड़ियाँ उधेड़ने के साथ साथ जीवन और मनुष्य के प्रति आश्वस्ति का भाव भी जगाती हैं।

'अपने इस कठिन समय को देखें तो दो तरह की कविताएँ पहले ध्यान में आती हैं—डर, हादसे, तनाव, मृत्यु, सन्देह, अनिश्चय की कविताएँ और प्रेम, उम्मीद, स्मृति, करुणा, राग और कई बार एक सर्वसम्मत यकीन की कविताएँ। इनमें किसी तरह की कविता के बारे में नहीं कहा जा सकता कि यहाँ झूठ बोला जा रहा है। हादसे भी सच हैं और उम्मीद भी एक तरह का सच है।'

परमानन्द श्रीवास्तव 'कविता का अर्थात्'

वर्तमान समय की सारी तकनीकी तीव्रता और मूल्य विघटन और जटिलताओं के बावजूद कविताएँ लिखा जाना, पढ़ा जाना और उनका चर्चा समीक्षा में आना कविता के भविष्य के प्रति एक आस्था का भाव तो जगाता ही है साथ ही वर्तमान हिन्दी कविता का फलक उसे निराला और मुक्तिबोध जैसे कवियों से विचार और अनुभूति के स्तर पर और अज्ञेय के समृद्ध शिल्प से जुड़ने का खुलापन भी देता है। प्रेमरंजन अनिमेष की एक कविता है—

अन्न प्राशन

सुबह से भूखा हूँ
पेट में नहीं गया प्यार का एक दाना
सयाना हुआ अब मैं
नहीं बस तुम्हारा खिलौना
मुझे कुछ चाहिए बाहर का
मुझे देखने दो दुनिया
ऐसा किसी बच्चे को कहते सुना है?
दिल ऐसा ही छौना है!

पुनश्च : इस पुस्तक के बारे में—कुछ वर्ष पहले नवें दशक के शुरुआती दौर में किरोड़ीमल कालेज के हिन्दी विभाग में हिन्दी संगोष्ठी के तत्वावधान में एक तीन दिवसीय संगोष्ठी का आयोजन मैंने अपने विद्यार्थियों के सहयोग से किया था। इस संगोष्ठी में हिन्दी कविता और आलोचना से सम्बद्ध अत्यन्त प्रतिष्ठित विद्वानों ने अपनी रचनात्मक भूमिका निभाई थी। संगोष्ठी का विषय था—'नई कविता, निराला, अज्ञेय और मुक्तिबोध, एक दो लोगों को छोड़कर लगभग सभी विद्वानों ने अपने अपने पूर्व निश्चित विषयों पर भाषण दिए। जिन्होंने आलेख पढ़े वे भी भाषण परक टिप्पणियों के साथ। उस समय भाषणों को सुरक्षित रखने के लिए इन्हें टेप किया गया और बाद में इन टेप्स को सुनकर सारी सामग्री अनेक प्रयासों के बाद टाइप की जा सकी। यह एक अत्यन्त श्रम साध्य काम था। सीमित साधनों ने इसे और भी जटिल बना दिया था। अनेक कारणों से मैं उस समय इसे पुस्तक रूप नहीं दे पाई अब कंप्यूटर टाइपिंग की सुविधा ने इस काम को मेरे लिए साध्य बनाया।

इस संगोष्ठी के आयोजन का लक्ष्य विद्यार्थियों की जिज्ञासाओं और सवालों को हल करने के साथ साथ अपने अपने ढंग से महान इन तीनों कवियों के माध्यम से नई कविता को एक नए सिरे से समझने की कोशिश भी थी। सारी सामग्री ज्यों की त्यों भाषण रूप में ही उपलब्ध थी इसलिए इसे पुस्तक के लिए लेख के रूप में सम्पादित करना दोहरी तिहरी जिम्मेदारी का जटिल काम था। टेप की गई सामग्री और टाइप की हुई सामग्री के बीच छूट गई त्रुटियों और कमियों को सुधारना, फिर भाषण को उसकी अन्तर्वस्तु बिल्कुल बनाए रखते हुए लेख का रूप देना, उद्धरणों की जाँच पड़ताल फिर टंकित

सामग्री के बार बार संशोधन लगभग एक शोधकार्य के समान अनुभव से गुज़रना था। निस्सन्देह इस शोध का अपना एक आनन्द भी था। इन लेखों में अनेक स्थानों पर जानबूझ कर भाषण परक कुछ अंश ज्यों के त्यों छोड़ें गए हैं ताकि पाठक वक्ताओं की वक्तृता और लगभग साक्षात् का अनुभव उनकी विशेष शैलियों के द्वारा प्राप्त कर सकें। प्रो. श्रीमती निर्मला जैन का अध्यक्षीय भाषण इसी रूप में रखा गया है उनकी टिप्पणियों के साथ। पुस्तक के अन्त में एक लेख 'अंधेरे में' दिल्ली विश्वविद्यालय के शोध छात्र श्री अमिताभ राय का जोड़ा गया है जो उस संगोष्ठी का भाग नहीं है लेकिन मुक्तिबोध की कविता की एक आग्रहमुक्त समझ प्रस्तुत करने के कारण महत्त्वपूर्ण है।

इस पुस्तक की भूमिका में मैंने यह स्थापना करने का प्रयास किया है कि हिन्दी की आधुनिक कविता को उसकी परम्परा और परिवर्तनों के साथ समझने के लिए निराला अज्ञेय और मुक्तिबोध के काव्य संसार से जुड़ना हमारे अनुभव, आस्वाद और आलोचना को समृद्ध ही करेगा। इस अर्थ में नई कविता निराला, अज्ञेय और मुक्तिबोध का यह अध्ययन आनेवाले समय में निरंतर अपनी प्रासंगिकता प्रमाणित करेगा, ऐसा मेरा विश्वास है।

विद्या सिन्हा

अनुक्रम

निराला, अज्ञेय और मुक्तिबोध के सन्दर्भ में नई कविता की विषयगत पृष्ठभूमि

अजितकुमार

1

ऐसा नहीं कि केवल शेक्सपियर ने ही 'कवियों-प्रेमियों और पागलों' को एक साथ लपेटा हो, या मात्र आधुनिक हिन्दी के प्रथम आचार्य श्री महावीर प्रसाद द्विवेदी ने ही प्रतिभा का अनिवार्य सम्बन्ध सनक या पागलपन के साथ बताया हो। वर्तमान संगोष्ठी में भी इतना तो साफ़ कह ही दिया गया कि मुक्तिबोध सचमुच 'सीज़ोफ्रेनिया' से गस्त थे। शेष व्यंजनाओं का भी यह अर्थ निकाला जरूर जा सकता है कि एक स्त्री की प्रसन्नता के लिए अपना कान काट कर दे देनेवाले चित्रकार वॉन गॉग की भाँति, शक्ति की आराधना के लिए अपना नेत्र विसर्जन करने को उद्यत राम के चितेरे निराला वस्तुतः 'पैरानॉयड' थे, और कि अपने को 'अन्तर गुहा का अशृंखल दुर्बाध्यवासी, अथिर यायावर, अचिर में चिरप्रवासी' बतानेवाले घोर व्यक्तिवादी अज्ञेय दरअसल 'न्यूरोटिक' थे।

ऐसा होने की सूरत में, यह गोष्ठी, इन तीनों कवियों का सम्बन्ध जिस नई कविता के साथ जोड़कर चल रही है, उसे कुल मिलाकर, एक पागलखाने के सिवा और क्या साबित किया जाएगा। ऊपर से साक्ष्य, शमशेर बहादुर सिंह का भी मिल ही जाएगा, जिन्होंने अपने समय की बहुतेरी कविता को 'नर्वस डेबिलिटी' या 'स्नायुविक दुर्बलता' से ग्रस्त बताया है।

यह तो हुई नई कविता की एक पृष्ठभूमि। संयोगवश, वह इतनी भर नहीं है। इस सरसरी नज़र की तरह, उस पर एक और भी सरसरी निगाह डाली जा सकती है।

2

सन् 1940 के आसपास शुरू हुई नई हिन्दी कविता की विषयगत पृष्ठभूमि में इसके अलावा कितने ही अन्य प्रसंग तथा सन्दर्भ मिलेंगे, जैसे कि मध्यवर्ग का उदय, नगरीकरण, शिक्षा का प्रसार, नारी-जागरण, मूल्य-चिन्ता आदि-आदि।

पर जिन स्थितियों और घटनाओं से नई कविता की मानसिकता गहरेतौर पर जुड़ी, उनमें से दो का उल्लेख यहाँ विशेष रूप से किया जाना चाहिए। वे हैं—द्वितीय विश्वयुद्ध और उस दौर का भारतीय स्वाधीनता संघर्ष।

3

इस पृष्ठभूमि को थोड़ा और समेटे तो 'भारत-छोड़ो' आन्दोलन या 'अगस्त-क्रान्ति' को नई कविता की प्रमुख उत्प्रेरक घटना माना जा सकता है। नई कविता के पहले दौर में लक्षित उद्वेलन और घुटन का सीधा सम्बन्ध सन् बयालीस के प्रबल विस्फोट और क्रूर दमन से जोड़ना संगत होगा। परिवर्तन की ललक और प्रत्यावर्तन की विवशता—जो कालान्तर में नई कविता के प्रमुख लक्षण माने गए, इस अल्पजीवी किन्तु दूरगामी आन्दोलन से काफ़ी गहरे जुड़े हुए हैं।

4

सम्भवतः जिस एक प्रसंग ने हिन्दी कविता की मिली-जुली प्रवाहमान धारा को झटका-सा देकर उसे नई काव्य-धारा का विन्यास दे दिया। वह था—विश्वयुद्ध तथा भारतीय स्वातन्त्र्य संघर्ष के प्रति वामपंथी विचारधारा का वह रवैया, जो उस काल के सन्दर्भ में बहुत-कुछ राष्ट्र-विरोधी जान पड़ा था। इस रवैये के तहत भारतीय वामपंथ ने पूर्वघोषित 'साम्राज्यवादी महायुद्ध' को सोवियत संघ के उसमें फँसाव के कारण 'जनयुद्ध' की संज्ञा दे दी थी और भारतीय जनता की 'भारत छोड़ो' माँग की उपेक्षाकर दमनकारी ब्रिटिश सरकार के साथ सहयोग की नीति अपनाई थी। प्रगतिशील लेखन और चिन्तन के प्रवर्तन का यदि कोई ठोस और निश्चित बिन्दु खोजा जा सकता है तो वह सम्भवतः इसी ऐतिहासिक विकास में मिलेगा। न उससे पहले के कुछ वर्षों में इस तरह का विभाजन था, न काफी आगे चलकर वह बाद में नज़र आया, जब अतिवादी रुझान कम हुए और दूर जा पड़ी इन दोनों धाराओं में अन्तर्निहित जातीय सूत्र या संस्कार उभरकर सामने आए उसी का परिणाम है कि आज एक बार फिर जैसाकि

पाँचवे दशक के आरम्भकाल में, हिन्दी की प्रगतिशील और प्रयोगशील कविता को नई कविता जैसे एक सामूहिक नाम के अन्तर्गत रखकर देखा जा सकता है, उनमें तात्विक अन्तर करने की ज़रूरत नहीं जान पड़ती; राजनीतिक अथवा साम्प्रदायिक उद्देश्यों से परिचालित अन्तर किए जाएँ तो बेशक किए जाएँ।

5

इसमें सन्देह नहीं कि विश्वयुद्ध के समाप्त होने और भारत के स्वाधीन हो जाने के बाद भी जो शीतयुद्ध संसार में चलता रहा था, उसने लम्बे समय तक साहित्य की प्रगतिशील और प्रयोगशील धाराओं के बीच एक नक़ली दूरी बनाए रखी थी, उसे पाटने की कोशिश पहले प्रयोगशील ख़ेमे की ओर से हुई, जिसने 'प्रयोग' को 'वाद' या 'अतिवाद' की परिधि में समेटने का विरोध और इस प्रकार की कविता को नई कविता जैसा नाम देने का समर्थन किया। इस तरह की पहल आगे चलकर प्रगतिशील लेखन तथा चिन्तन की ओर से भी हुई, जोकि कुछ बाद में और 'संयुक्त मोर्चेबन्दी' जैसा कुछ सीमाओं में अपने को घेरकर रखते हुए, लेकिन जैसे-जैसे वह उजागर होती गई, एक समय बाद, व्यावहारिक स्तर पर यह समझ पाना सरलतर हुआ कि सन् 1936 से लेकर सन् 1989-90 के 'ग्लासनोस्ट' और 'पेरिस्त्रोइका' के इस युग तक हिन्दी कविता की एक ही सामान्य अथवा साझी धारा बहती रही है, जिसकी कुछ विशेषताओं का अलग से निरूपण अवश्य करना होगा, पर उसमें कोई उल्टी या आड़ी-तिरछी धाराएँ कदाचित नहीं देखा जा सकतीं। यह बात दीगर है कि आज भी किन्हीं प्रयोजनों से एक कवि और दूसरे कवि या एक कविता और दूसरी कविता को परस्पर-विरोधी ध्रुवों पर बिठाने की मजबूरी किन्हीं हलकों या इलाकों में महसूस की जाए, जबकि ज़रूरत यह है कि उन कवियों और कविताओं के उत्कर्ष-अपकर्ष की प्रकृति और स्वरूप पर दृष्टि केन्द्रित की जाए।

6

इस निरीक्षण से भी यह विचार संपुष्ट होता है कि नई कविता के केन्द्र में निराला, अज्ञेय तथा मुक्तिबोध हैं। इन कवियों में भी उस तरह की विसंगतियाँ हैं, जैसी अगस्त क्रान्ति के सिलसिले में नई कविता में उभरती हुई नज़र आई थी और जिनका संकेत पहले किया जा चुका है। निराला में अद्वैतवाद-छायावाद-यथार्थवाद के द्वन्द्व, अज्ञेय में व्यक्तिवाद-आत्मसमर्पणवाद

के द्वन्द्व और मुक्तिबोध में प्रगतिवाद अस्तित्ववाद के द्वन्द्व की पर्याप्त चर्चा हिन्दी में हुई है। तो भी ये तीनों कवि अपनी सम्पूर्णता में नई हिन्दी कविता के प्रमुख प्रेरणास्रोत रहे हैं, इसलिए और भी कि हिन्दी की नई कविता में ये सभी द्वन्द्व ताने-बाने की तरह गुँथे हुए हैं।

7

ऐसा भी नहीं कि नई कविता के हेतु विचारणीय इन तीन कवियों में मात्र द्वन्द्व, अन्तर्विरोध या विसंगतियाँ ही रही और नई कविता उनके इन्हीं प्रश्नों से जुड़ी। इन कवियों के पथ-निर्देश या संकल्प-समाधान का भी गहरा असर नई कविता पर पड़ा है उनके गौण बल्कि उपेक्षणीय पहलुओं को भी नई कविता ने अपनाया है। अक्खड़पन, निषेध, व्यंग्य, प्रणयानुभूति, प्रकृति-निरीक्षण, कल्पना-ऐश्वर्य, ऊहापोह, सहज स्वीकार यह सब तो इन कवियों से होता हुआ नई कविता में आया है ही, जैसा पहले कहा गया ठेठ छायावादी स्वर, नवअध्यात्म और जुझारू वर्ग-चेतना भी नई कविता को इन कवियों की अलग-अलग और एक साथ देन रही है।

8

कुल मिलाकर स्थिति यह बनती है कि जैसे कोई भी कविता परिस्थितियों के साथ-साथ काव्य-परम्परा में से निःसृत होती है, उसी तरह नई कविता भी अपनी पूर्ववर्ती और समवर्ती रचना तथा परिवेश द्वारा सम्भव हुई है। यह कहना पूरी तरह ठीक तो नहीं कि नई कविता की विषयगत पृष्ठभूमि केवल इन तीन कवियों के रचनात्मक गुम्फन द्वारा निर्मित हुई है...गोकि इसे कहने में कोई हर्ज भी नहीं है कि प्रसाद, महादेवी, माखनलाल, दिनकर आदि का अपेक्षया बहुत कम प्रभाव नई कविता पर दिखता है जबकि इस धारा से साम्प्रदायिक रूप में असंबद्ध नागार्जुन, केदारनाथ अग्रवाल, त्रिलोचन, भवानी प्रसाद मिश्र, शमशेर बहादुर सिंह जैसे कवियों से नई कविता ने पाया और सीखा ही नहीं, उन्हें अपने अन्तरंग में स्थापित किया है।

9

किन्तु कठिनाई यह है कि सन् बयालीस को और पीछे ले जाएँ तो सन् छत्तीस से लेकर सन् नब्बे या और आगे ले जाएँ तो हम शताब्दी के अन्त तक की समूची

नई हिन्दी कविता का जो एक तर्कसंगत नाम—एक सामान्य-सा नाम—'नई कविता' स्थिर किया जा सकता था, वह अनेक ऐतिहासिक तथा अन्य कारणों से मान्यता नहीं पा सका। इस मामले में प्रगतिवाद-प्रयोगवाद की खींचतान के अलावा, किसिम-किसिम की कविता के बहुतेरे और दावे आड़े आए।

10

इसके बावजूद, यह कहना संगत जान पड़ता है कि पिछले तकरीबन पचास वर्षों की प्रमुख हिन्दी कविता एक सामान्य उत्तरछायावादी दौर में से गुज़रती हुई आगे बढ़ी है और यद्यपि छायावाद और शास्त्रवाद भी बहुधा उसके साथ लगा चला आया है, पर उस आधुनिकतावादी काव्यधारा को, सम्भव है, आगे कभी चलकर 'नई कविता' के एक व्यापक नाम से संबोधित करने पर आपत्ति न उठाई जाए। इस कविता के पाठ की, उसके उत्कर्ष-अपकर्ष के निकषों की, कवियों के निजी अवदान सम्बन्धी मतभेद की समस्याएँ तो हैं और वे रहेंगी लेकिन सम्भव है इन समस्याओं में से कुछ के समाधान की राह खुले, यदि यह स्पष्ट हो पाए कि इस अवधि की कविता का एक केन्द्रीय स्रोत और एक ही मुख्य प्रवाह था, या वह दसियों स्रोतों से बीसियों छोटी-छोटी धाराओं में फूटकर बह रही थी?

11

यदि आज निराला, अज्ञेय और मुक्तिबोध जैसे भिन्न स्वभाव वाले कवियों के साथ नई कविता को गूँथा जाना सम्भव हुआ है तो इसके कुछ प्रतिफलनों की ओर भी ध्यान दिया जाए। एक तो यही कि नई कविता का कोई एकांगी चरित्र नहीं है जैसाकि एक समय उसे कुंठा-हताशा-संत्रास-मोहभंग-अकेलेपन आदि से घेरकर मान लिया गया था। साथ ही यह भी कि इस काव्यधारा के केन्द्र में स्थित आलोक-पुरुष यदि एक समय निराला माने गए, उनके बाद अज्ञेय ने यह दर्जा हासिल किया और कालान्तर में अज्ञेय को अपदस्थ कर वहाँ मुक्तिबोध को प्रतिष्ठित किया गया तो इधर कुछ समय से मुक्तिबोध को किनारे रख, उनकी जगह कभी शमशेर, कभी केदारनाथ, कभी नागार्जुन-त्रिलोचन को बिठाने की पेशकश हिन्दी में तेजी से चलती रही है। रुचियों-परिप्रेक्ष्यों का अन्तर इतने तक ही सीमित नहीं है।

व्यंग्य, रुमान, लोकजीवन, बोलचाल की भाषा, सौन्दर्याकांक्षा, विडम्बना, युगबोध आदि कितने ही स्वर नई कविता के ऐसे हैं जो भारतभूषण, गिरिजाकुमार,

रामविलास, भवानी, भारती, श्रीकान्त, रघुवीर जैसे कितने ही अन्य कवियों में विशेष रूप से मुखरित हुए हैं। इसलिए नई कविता की विषयगत पृष्ठभूमि में इन्द्रधुनषी विन्यास देखने का एक प्रयोजन यह भी है कि मूल रंग भले ही वे तीन क्यों न माने जाएँ, 'सप्तक' के अन्य अनेक रंगों से घुल-मिलकर बनी उनकी बहुवर्णी छवियों-शेडों और पैटर्नों को भी देखा जाना सम्भव हो।

12

इसकी तैयारी के आभास हिन्दी में लगातार मिलते रहे हैं। हाल में ही, ये और भी मिले जब एक तबके में 'कविता की वापसी' और दूसरे में 'गीतात्मकता की वापसी' की सुगबुग शुरू हुई। एक तरह से यह हिन्दी में आधुनिकतावादी कविता से भिन्न, किसी 'उत्तर-आधुनिकतावादी' या अन-आधुनिकतावादी ('पोस्ट माडर्निस्ट' या 'ऐंटीमाडर्निस्ट) कविता की आरम्भिक हलचल थी। पश्चिम में तो आधुनिकतावादी आन्दोलन को गुजरे थोड़ा वक्त हो गया हमारी रफ़्तार चूँकि थोड़ी धीमी है, इसलिए उम्मीद की जानी चाहिए कि यह सुगबुगाहट कोई रंग लाएगी और मुमकिन है, अगला दशक पूरा होते-होते, नई कविता से भिन्न कोई ऐसा मोड़ हिन्दी कविता में आएगा, जिसे चाहे 'पुरानी कविता' नाम दिया जाए चाहे 'पारम्परिक कविता'—वह दरअसल तो एक-दूसरे तरह की, नई या अपरिचित कविता होगी और अपने गुण तथा चरित्र के आधार पर उसे नई कविता और छायावादी कविता से अलग करके पहचानना उसी तरह सम्भव होगा, जैसेकि एक समय उन्हें रीतिकालीन और भक्तिकालीन कविता से अलगाया जाना सम्भव हुआ था।

पृष्ठभूमियाँ तेज़ी से बदल रही हैं, समीकरण पहले जैसे नहीं रहे हैं, सम्भव तो यह भी है कि कविता इस बीच बदल चुकी है, केवल उसका ठीक-ठीक साक्षात्कार नहीं हो पाया है। दूसरी ओर, क्या पता, हम परिवर्तन के ऐसे दौर में हों जहाँ चीज़ें बदलकर भी पूरी तरह नहीं बदलतीं। इन्तजार करना हमारे हाथ में है, हम इन्तज़ार में है।

नई कविता का ऐतिहासिक विकास

डा. कृष्णदत्त पालीवाल

यह स्पष्ट हो जाना आवश्यक है कि हिन्दी में ही नई कविता नहीं लिखी गई सम्पूर्ण भारतीय भाषाओं में नई कविता लिखी गई। समय का अन्तराल बहुत नहीं है—आठ-दस साल, एक दशक। बंग्ला में नतुन कविता शब्द (इसका अनुवाद नई कविता है) 37-38 के आसपास शुरू हो जाता है। बुद्धदेव वसु, जीवनानन्द दास, अचिन्तकुमार सेन, श्रीकान्त भट्टाचार्य और कहना चाहिए जिसके नाम पर वहाँ नई कविता का नामकरण हुआ—नरेश और नरेन्द्र महाकवि रवीन्द्र पर धावा बोल देते हैं। रवीन्द्र ने जिस तरह की कविता लिखी उसके खिलाफ एक बहुत बड़ा आन्दोलन बंग्ला में चलता है और उसका नाम होता है नतुन कविता। बंग्ला के साथ उड़िया और असमिया में तेजी से नई कविता आन्दोलन रातों-रात उठ खड़ा होता है और वीरेन्द्र भट्टाचार्य, अमिय कुमार आदि-आदि एक नए ढंग का आन्दोलन असमिया में चलाते हैं। मराठी में पुरानी प्रेम प्रधान रूमानी कविता, भावना प्रधान कविता, कल्पना प्रधान कविता, वायवी कविता, अशरीरी कविता के खिलाफ एक जबरदस्त आन्दोलन चलता हुआ दिखाई देता है और उस आन्दोलन को मराठी के सौन्दर्यशास्त्र के एक बहुत बड़े आन्दोलनकर्ता मर्ढेकर चलाते हैं। और मर्ढेकर के साथ तमाम किस्म के कवि, जिसमें गजानन माधव मुक्तिबोध के भाई शरद मुक्तिबोध स्वयं शामिल होते हैं और कविता के पुराने संसार को तोड़कर एक नया संसार कविता को देने की तैयारी करते हैं।

गुजराती में नई कविता का आन्दोलन नहीं चला लेकिन गुजराती की नई कविता तमाम पत्र-पत्रिकाओं से फूटी और उनकी लड़ाई भावुकता से ज्यादा रही। वहाँ रघुवीर चौधरी, उमाशंकर जोशी से काफी हटकर आए श्रीकांत शाह

एक पत्रिका 'रे' निकालते थे, उसमें नई कविता की धारा को छोड़कर अकविता के आन्दोलन में चले गए और अमेरिका के सिद्धान्तों की तमाम चर्चा भी की गई। वहाँ पर गिन्स की तरह की बातचीत की गई और आधुनिकतावाद की बड़ी भारी चर्चा हुई। तमाम भारतीय भाषाओं से उदाहरण देने की जरूरत नहीं है, कुछ नाम दोहराने जरूरी है। कश्मीरी में दीनानाथ नादिम की कविता जिहादी कविता कहलाती है। जिहाद है यह पुरानी कविता से। दक्षिण भारत में विनायक कृष्ण गोकाक और विनायक कृष्ण पिल्ले जो कविमणि के नाम से जाने जाते हैं, दक्षिण भारतीय पूरी कविता के स्ट्रक्चर को तोड़ना चाहते हैं।

तात्पर्य यह है कि यह नहीं कि हिन्दी में ही छायावाद के खिलाफ बगावत हो गई, लगभग पूरी भारतीय कविता में जो रोमांटिक भावबोध था, जो कल्पना का संसार था उसके खिलाफ एक प्रबल विद्रोह हुआ। उस विद्रोह की थरथराहट हिन्दी के कवियों ने भी महसूस की हो मैं यह दावा नहीं करता लेकिन 'हंस' से इस विचारधारा का प्रस्फुटन हुआ और दूसरे विश्वयुद्ध के आसपास जिस तरीके का लेखन हुआ उसका एक नमूना देखना आवश्यक है। 'विशाल भारत' में रामविलास शर्मा के गांधीवाद के खिलाफ तीन निबन्ध है। यह वही समय है जब मुक्तिबोध गाँधीवाद के मूल्यांकन का प्रश्न उठा रहे होते हैं–आखिरकार गाँधीवाद का मूल्यांकन क्या है और इतिहास का यह वही मोड़ है जिसके बाद विजयदेव नारायण साही ने कहा कि सत्याग्रह युग एक विराट हलचल का युग है, उस युग में पैदा होना, उसकी सिहरन को महसूस करना एक नई दुनिया में जीना है और उन्होंने सत्याग्रह की धड़कन को दिखाते हुए प्रसाद और अज्ञेय के सम्बन्ध विस्थापित किए हालांकि उन्होंने यह कहा कि मैं अज्ञेय को कवि नहीं मानता हूँ, उनको विश्वविद्यालय का कवि मानता हूँ, लेकिन फिर भी अगर कहीं कोई परम्परा के विकास में न होकर उसके विपरीत भी होता है तो प्रसाद को उन्होंने उस ढंग से चुन लिया। नेमिचन्द्र जैन, रामविलास शर्मा, जोकि भारतीय साहित्य में दूसरे विश्वयुद्ध की आहटें सुन रहे थे और भारत से बाहर भी, उनकी कविताओं में उचाट और उदासी प्रवेश करने लगी अपने आप–

> आज मन सूना कि जैसे
> सायरन बज जाए।

या रामविलास की बड़ी प्रसिद्ध पंक्ति है कि

लहू से सड़कों पर
लाल लाल बल्ब जल रहे हैं।

बड़ी तेजी से नए ढंग की सोच उमड़ रही है और 1940 के आसपास कई तरह के ध्रुवीकरण संगति में आए। एक हिस्सा उसका यह है कि राजनीतिक विचारधाराओं के भीतर से वामपंथी विचारधारा और चली आती हुई गाँधी जी की विचारधारा के भीतर से कांग्रेस समाजवादी दल उभर रहा है और वह दल अपनी स्थापनाओं के लिए काफी व्याकुल, काफी बेचैन दिखाई दे रहा है। 1940-42 के आसपास कुछ बातें तय होने लगीं। आचार्य रामचन्द्र शुक्ल ने अपने हिन्दी साहित्य का इतिहास में एक बात बड़े दावे से बड़ा जोर देकर कही जो बाद में मुक्तिबोध ने भी दोहराई और मानी।

शुक्ल जी ने कहा कि छायावाद ने अर्थ भूमि का संकोच कर दिया है। यह छायावाद की जो अर्थ भूमि है इसे पकड़ने की जरूरत है। मुक्तिबोध ने इस अर्थ भूमि को पकड़ते हुए, इस जरूरत को महसूस करते हुए नए साहित्य के सौन्दर्यशास्त्र में लगभग तीन-चार निबन्ध लिखे और कहा कि छायावादी कवियों में करुणा का नाटक जितना था उतनी करुणा नहीं थी। जीवन के तमाम अनुभवों से वे जूझते नहीं थे, टकराते नहीं थे बल्कि उन्हें स्पर्श करके छोड़ देते थे। इसलिए उन्होंने कहा कि छायावादी व्यक्तिवाद के खिलाफ नई कविता यथार्थवादी व्यक्तिवाद की बगावत है। एक शब्द अभी मौजूद है व्यक्तिवादी। यह भी रेखांकित किया कि छायावाद में भाववादी, आदर्शवादी और हर चीज को आदर्शीकृत करने की जो प्रवृत्ति है इससे कैसे निपटा जाए। यह समस्या शायद नई कविता और नए कवियों के सामने सबसे प्रमुख समस्या थी। हमारे संस्कारों में जीवित लिपटी हुई जो आध्यात्मिकता थी उस आध्यात्मिकता से भी निपटने की जरूरत आ पड़ी और नई कविता के कवियों ने आध्यात्मिकता को किनारे करके नई कविता की लड़ाई लड़ी।

नई कविता का शुरुआती मुहावरा सर्वेश्वर और भवानी प्रसाद मिश्र में दिखाई दिया। उसके बीज उससे पहले निराला में तो हैं ही, उससे पहले माखनलाल चतुर्वेदी, नवीन और कभी कभी नरेन्द्र शर्मा में दिखाई देते हैं। माखनलाल का यह विचार है कि–

तू चाहे मुझको हर सोने का
गड़ा सुमेरू बनाना मत
तू चाहे मेरी गोद खोदकर

मणि माणिक उपजाना मत,
लावण्य लाडली वनदेवी का
क्रीड़ा क्षेत्र बनाना मत,
गंगा जमुनाएं बहा सकूँ
ये करना, देर लगाना मत।

जिन लोगों ने सुभद्रा कुमारी चौहान की पंक्तियों पर भी ध्यान दिया है कि कैसे मुक्ति की आकांक्षा लगातार प्रकट होती गई, नई कविता तक, उसमें एक छोटी सी पंक्ति उल्लेखनीय है।

महलों ने दी आग
झोंपड़ी ने ज्वाला सुलगाई थी
यह स्वतन्त्रता की चिंगारी
अन्तर्मन से आई थी

महलों और झोपड़ियों ने दोनों ने निश्चय कर लिया था कि हमें स्वाधीनता चाहिए, हमें हर क्षेत्र में मुक्ति चाहिए। भवानी प्रसाद मिश्र का मुहावरा कच्चे दूध से भरा हुआ है, उन्होंने उस समय लिखा–

एक दिन होगी प्रलय भी
मिट रहेगी झोपड़ी मिट जाएगा
नीलम निलय भी।

माखनलाल की शब्दावली भवानी प्रसाद में बज रही है। चली आती हुई शब्दावली पर काफी बड़ा आघात माखनलाल ने किया और माखनलाल से पहले आघात किया था श्रीधर पाठक ने। उन्होंने ही नई कविता और नई चेतना की बात सबसे पहले उठाई थी। उन्होंने लिखा था–

कविता नई निराला छन्द
दाल भात में मूसलचन्द
करिए नहीं लेखनी बन्द
श्रीधर सम सब कवि स्वच्छन्द।

जब नया विचार आए नया भाव आए तो आचार्यों की परवाह न करें, पंडितों की परवाह न करें, शास्त्रकारों की परवाह न करें, आगे बढ़ें। यह जो

पूरा का पूरा तारत्म्य चला आ रहा है हमारी कविता के चिन्तन में, इसका विस्फोट उस समय होने लगा जब भवानी जी के मन में यह बात आई होगी कि

पहले पहल/शब्दों के महल
मैंने बनाए/तो वह मुझे बहुत भाए

मैंने शब्दों के उन महलों से सख्त हवा, सख्त धूप, और नाराज अंग्रेज पर चोट की। मैंने कविता को धारदार बनाया, पैना बनाया, नुकीला बनाया। उस समय वह जो गांधीवादी दर्द से पीड़ित भवानी प्रसाद मिश्र की चेतना थी उससे पीड़ित चेतना लगभग उस काल के सभी कवियों की है। दिनकर ने खुद भाषा के तिलिस्म को तोड़ा। नई कविता आगे के भावबोध की बात करती है। 1949 के आसपास दिनकर का यह लिखना बहुत कुछ व्यक्त करता है। पहले गाँधी की व्यथा पर लिखा, सो तो लिखा ही लेकिन बाद में लिखा कि

जितने हरामजादे थे सरकार हो गए
टोपी पहन पहन के नम्बरदार हो गए
टोपी कहती है मैं कुर्ता बन सकता हूँ।
कुर्ता कहता है कि मुझे थैली सा ही कर लो
ईमान बचाकर कहता है आंखें अपनी
बिकने को हूँ तैयार खुशी जो हो दे लो।

हर चीज बिकाऊ है। गाँधी की हत्या से देश में जैसे सिद्ध हो गया कि आगे आने वाला चिन्तन अहिंसा का चिन्तन नहीं हो सकता। गाँधी के हाथ से बागडोर छूट गई। जो रिक्तता नेहरू के आसपास हमें दिखाई देती है उसमें तिजोरीवाद एक नई शक्ल में आ गया और नई कविता जो अनेक विचारधाराओं, अनेक भाव-मुद्राओं, अनेक शैलियों और अनेक स्रोतों से हमारे सामने आ रही थी उस पर एक खतरा उस समय और आ धमका—वह खतरा था पश्चिमी चिन्तक टी.एस. ईलियट का खतरा। निराला ने इस पर लिखा ही था कि टी.एस. ईलियट का रोड़ा हिन्दी के सिर पर दे मारा। टी.एस. ईलियट जो कि विश्व में नई कविता की दुंदुभि बजा रहे थे, अपने छोटे से झटके में एकदम कैथोलिज्म की ओर चले गए। ईसाइयत, ईसाइयत की धार्मिकता, ईसाइयत की नैतिकता चुपके से ईलियट ने ली और उसका प्रचारवार तन्त्र

खड़ा कर दिया। शायद उन्हें लगा कि दुनिया में उभरते हुए मार्क्सवाद से अगर सबसे बड़ा खतरा है, तो वह है कैथोलिज्म को। इसलिए उन्होंने अपने ढंग से लड़ाई छेड़ी। दूसरे किस्म के वे लोग थे जो कविता और पैरलेलिज्म दोनों को लेकर टूट पड़े। जीवन और काव्यानुभूति में समानान्तरता हो, नहीं तो कविता, कविता हो ही नहीं सकती, जैसे कविता जीवन का अनुवाद हो इस तरह की बातचीत पैरलेलिज्म वाले बड़ी तेजी से हमारे सामने करने लगे और उन्हें यह समझाया जाने लगा कि नहीं, जो हमारी कल्पना है उसके साथ ही हमारा एक युगबोध जुड़ा होता है। अचानक लोगों को टेल याद आए और नई व्याख्याएं देश-विदेश में शुरू हो गई।

जब यह हिन्दी में कहा गया कि प्रयोग का एक वाद है प्रयोगवाद तो गजानन माधव मुक्तिबोध ने काफी तार्किकता से अपनी बात कही कि प्रयोग से हमारा कोई सम्बन्ध नहीं, हम मुकम्मल कविता लिखते हैं, हम पूरी कविता लिखते है, हम पूरे आदमी की कविता लिखते हैं। हमें प्रयोग का कवि कहना या हमें प्रयोगवादी कवि कहना हमें न समझने जैसा है। हम कहते हैं कि हम कविता लिखते हैं या आप कहो कि हमारी कविता अच्छी है, नहीं तो कह दें कि खराब है। इस पहचान के लिए कविता के लिए एक लड़ाई उन्होंने अपने ढंग से लड़ी और इस बात का इशारा किया कि हम जिस बात पर बार बार जोर दे रहे थे, हिन्दी के आचार्य बार-बार इस बात को गुनगुना रहे थे कि सबसे बड़ा खतरा छायावादी संस्कार है, सबसे बड़ा खतरा छायावादी प्रतिमान है, जैसे सब कुछ गुनाह छायावादी ही कर गया। काफी देर के लिए स्थगित कर दिया गया कि छायावाद में भी ऐसा बहुत सा मूल्यवान था जो आगे प्रगतिवाद और नई कविता के काम आया, जिसने उसकी उड़ान को और बढ़ाया, लेकिन ये प्रति छायावाद है। उसे जड़ कहकर एक बार चाहा गया कि हम अपनी पूरी विरासत से कट ही जाएँ, हट ही जाएँ, लेकिन उसके लिए संघर्ष काफी हुआ, स्वयं मुक्तिबोध ने भी इस बात के लिए संघर्ष किया कि नहीं, हम जिस प्रकार की बगावत कर रहे हैं उसमें हमारी खोजबीन भी जारी है।

यह ठीक है कि हम नहीं मानते कि कविता आत्माभिव्यक्ति है लेकिन हम यह तो जानते हैं कि जिस तरह से कविता में अभिव्यक्तियाँ आती हैं, कल्पना के द्वारा जिस तरीके से हम जीवन की पुनर्रचना करते हैं, आखिरकार उसके मूल स्रोत कहाँ हैं? इसलिए जब यह कहा गया कि नई कविता की ऐतिहासिक शुरुआत 1951 के आसपास 'दूसरा सप्तक' के प्रकाशन से हुई

तो कई प्रश्न चिह्न एक साथ खड़े हो गए क्योंकि जो धाराएँ बहती चली आ रही थीं, उनमें मोटी-मोटी धाराएँ सात-आठ हैं। एक धारा का प्रतिनिधित्व कर रहे थे गजानन माधव मुक्तिबोध जो बेचारे महामानववाद और लघुमानववाद के बीच लड़ाई लड़ रहे थे। लघुमानववाद के खिलाफ उनका सीधा संग्राम जारी था और वह कहते थे कि यह अमेरिकनवाद है ओर इसका खतरा है इससे दूर रहना चाहिए। शीतयुद्ध की छाया है और कांग्रेस फॉर कल्चर एंड फ्रीडम वाले लोग जिस तरह से हमें बरगला देना चाहते हैं उससे बचने की जरूरत है। एक मुकम्मल धारा मुक्तिबोध के साथ नई कविता के ऐतिहासिक विकास क्रम में आई। दूसरी धारा के कवि दो है और काफी मुकम्मल हैं—भवानी प्रसाद मिश्र और नरेश मेहता। नरेश मेहता वैदिक संस्कारों में जाकर अर्थ निकालते हैं और आधुनिक काल पर खड़े होकर वैदिक संस्कारों की नई व्याख्या करने पर आमादा हैं। वे यह कह रहे थे कि वह जो आसमान का सोन ग्वाला धरती पर नई किरणें बिछाता है, नया दूध दुह रहा है और उससे हमारी सांस्कृतिक चेतना समृद्ध होगी।

भवानी प्रसाद मिश्र अब शान्त नहीं थे। उनके मन में जो विद्रोह आया उसे इस रूप में लेना चाहिए, आगे भी उसी तरह की टोन उन्होंने नई कविता में मुकम्मल रखी।

आप सभ्य हैं
क्योंकि आपके जबड़े खून सने हैं
आप सभ्य हैं
क्योंकि आपके कपड़े बने ठने हैं
आप सभ्य हैं
क्योंकि हवा में उड़ जाते हैं ऊपर
आप सभ्य हैं
क्योंकि अग्नि बरसा देते हैं भू पर
आप सभ्य हैं
क्योंकि धान से भरी आपकी कोठी
आप सभ्य हैं
क्योंकि वक्त पर कटवा देते बोटी
मैं असभ्य हूँ
क्योंकि खुले नंगे पाँवों चलता हूँ

मैं असभ्य हूँ
क्योंकि धूल की गोदी में पलता हूँ
मैं असभ्य हूँ
क्योंकि चीरकर धरती धान उगाता
मैं असभ्य हूँ
क्योंकि ढोल पर बहुत जोर से गाता हूँ
आप बहुत चिन्तित हैं मेरे पिछड़ेपन के मारे
आप चाहते हैं कि सीखता ये भी ढंग हमारे
मैं उतारना नहीं चाहता जाहिल अपने बाने
टूटी चप्पल बहुत प्रेम से घिसटाएँगे याने।

गाँधीवाद की चप्पल मिश्र अपने पैर में पहने हुए थे, बाद में सर्वेश्वर ने गाँधी जी पर कविता लिखते हुए कहा था कि गांधी जी की बड़ी-बड़ी चप्पल बाद में गरीबी की चाँद गंजी करने के काम आई और गाँधीजी के उसी चश्मे से बिगड़े दिमाग ने पूरा का पूरा देश देखा तथा बाद में गाँधीजी की उसी लंगोटी को लोगों ने झण्डे की तरह फहराया और दुख के साथ सर्वेश्वर ने इस बात को लिखा—

झाँकियाँ निकलती है ढोंग अविश्वास की
बदबू आती है मरी हुई बात की
लोकतन्त्र को लाठी में जूते सा लटकाए
भागे जा रहे हैं सभी सीना फुलाए।

एक घोर लोक सम्पृक्ति का ग्रामीण चित्र यहाँ सर्वेश्वर ने दिया। गाँव के आदमी को पहले तो जूता नसीब नहीं होता और अगर वह जूता खरीद भी ले तो अपने शरीर से ज्यादा अपने जूते की रक्षा करता है। ससुराल गया, जूता उतारकर रख दिया, फिर बैठे। पूरे रास्ते नंगे पैरों चला गया। तो जो हमें लोकतन्त्र मिला उसके साथ हमने नए जूते वाला व्यवहार किया। हमने उसे बरता कम। हम उसके इतने डिफेंस में चारों ओर से लगे रहे कि जब नेहरू युग आया तो नेहरू युग से जो चीजें हमारे मन में भरी हुई थीं उनका विस्फोट तो होना ही था क्योंकि एशिया की पूरी की पूरी अर्थव्यवस्था टूट रही थी। अर्थव्यवस्था इसलिए टूट रही थी, अर्थतन्त्र इसलिए टूट रहा था (एक छोटी सी लाइन जो बाद में मुक्तिबोध ने प्रयोग की) कि 1950 के आस पास

उन्हें पता लग गया कि जिन्दगी का रंग भूरा नहीं हो सकता, जिन्दगी का रंग खाकी है। जिन्दगी तेज संघर्षों के साथ बहावों-तूफानों में आ गई है इसलिए संवेदना की कोई मुलायमियत अब कविता में काम नहीं दे रही।

इसीलिए ए.आर. देसाई ने अपनी किताब में लिखा है कि—"जब एशिया के अर्थतन्त्र की बात करते हुए मैं हिन्दुस्तान के अर्थतन्त्र की बात करता हूँ और 1950 के आसपास संविधान से बदलती हुई स्थितियाँ देखता हूँ तो अचानक मेरी निगाह इस बात पर टिक जाती है कि इस देश का अर्थतन्त्र किसके हाथों में है। जिनके हाथों में इस देश का अर्थतन्त्र है, वे इस देश की ग्रामीण अर्थव्यवस्था को, किसान मजदूर आन्दोलन की व्यवस्था को कितना समझते हैं, कितना नहीं समझते।" पीछे से उन्होंने एक हाशिया उद्धृत किया और वह हाशिया उद्धृत किया अवध के किसान आन्दोलन का, बाबा रामचन्द्र के आन्दोलन का हाशिया क्वोट किया कि "एक बार लाख डेढ़ लाख किसानों ने हल्ला बोल दिया। बाबा रामचन्द्र कैद हुए, बाहर तमाम किसान जेल को घेरे रहे और अन्ततः लोगों ने पाया कि जो हमारा किसान आन्दोलन है उस किसान आन्दोलन की परिणति क्या होनी चाहिए। 1948-49 में जो खेतिहर व्यवस्था इस देश में स्थापित हुई उसमें कोई बुनियादी परिवर्तन नहीं था। भवानी प्रसाद खुद लिख रहे थे—

> बन्द गलियों में कहीं बच्चे खड़े हैं
> लाल हैं पर भाग्य पत्थर से कड़े हैं
> फूल की शोभा नहीं अब धूल हैं ये
> हाय रे बचपन तलक सुख से न बीता
> वाह रे दारिद्र्य तूने खूब पीटा।

कोई व्यवस्था 1950 के आस पास तक हमारे मन में इस तरह की नहीं थी कि हम अपनी नई पीढ़ी के बच्चों को क्या बनाना चाहते हैं। इसलिए जो सम्पूर्ण नई परिस्थितियाँ हमारे सामने पैदा हुई, उससे उस नई संवेदना को रेखांकित करने के लिए शायद हर क्षेत्र में हमने एक शब्द बार-बार ईजाद किया, वह शब्द था 'नया'। चूँकि पुरानी कविता उस नए शब्द को पचा नहीं पाती थी इसलिए कविता के साथ उसे मिलाकर हमने 'नतुन कविता' कहा। और बाद में उसकी व्याख्या की गई। हमने कहा था कि दूसरी परम्परा में आए नरेहश मेहता और भवानी प्रसाद मिश्र और तीसरी परम्परा में लोगों ने अज्ञेय को खड़ा कर दिया। अज्ञेय को जो कि 1942-43 तक बाकायदा विद्रोही है,

विद्रोह की बात करते हैं, मार्क्सवाद का काफी तेवर लेते हैं कई कारणों से। कई स्थितियों से अज्ञेय पलायन भी नहीं करना चाहते, उनसे टकराना भी चाहते हैं, ऐसा कवि हटा। यही वह समय है 1944-45 का कि स्वयं डॉ. रामविलास शर्मा का प्रगतिवाद और मार्क्सवाद से मोहभंग हुआ और 53 में तो उन्होंने अपने को अलग ही कर लिया। लेकिन मार्क्सवाद से अलग होने का मतलब यह नहीं था कि रामविलास शर्मा वैचारिक भूमि से स्खलित हो गए। उन्होंने कहा कि मैं किसी पार्टी का एजेंट नहीं हूँ, प्रचारक नहीं हूँ। मैं प्रगतिशील मूल्यों में मनुष्य की बेहतरी में विश्वास रखता हूँ, केवल मैं अपने को उस लेबल में नहीं रखना चाहता कि मैं तो उसी पार्टी का एजेंट हूँ, मैं तो उसी पार्टी का झण्डा उठाऊँगा। झण्डा और दाढ़ी की स्थिति भी उस जमाने में तैयार हो गई, समाप्त हो गई इसीलिए नई कविता की चौथी धारा निकली। यह चौथी धारा इलाहाबाद से निकली। उसमें लक्ष्मीकान्त वर्मा हमारे सामने आए और उसकी अन्तिम प्रजा के रूप में विजयदेव नारायण साही को लेता हूँ और यह मानता हूँ कि 60 के बाद नई कविता में जितने संकलन आए उसमें सबसे महत्वपूर्ण संकलन विजयदेव नारायण साही का 'साखी' आया। साखी की कविताओं में वे जिस परम्परा की बात कर रहे थे और कह रहे थे कि परम्परा का क्या मतलब है? नई कविता के ऐतिहासिक विकास में उसे डिफाइन किया। अन्तिम कविता लिखी—'कबीर दास के लिए प्रार्थना' कि हमें दो तो ऐसी सहानुभूति दो कि हम हर स्थिति में गर्दन उठाकर खड़े हों। और कई जगह उस ढंग से प्रयोग किए—हम जो मांग रहे हैं, हम यह नहीं माँग रहे हैं कि हमें एक पूंजीवादी व्यवस्था चाहिए, साम्राज्यवादी समझौता चाहिए, उसमें भी स्थितियाँ उन्होंने इस ढंग से दिखाई कि 'दे तो दे, एक भिखारी को ऐ फकीर चिड़िया, एक नई चेतना दे, एक नई अर्थभूमि दे, एक नया अर्थविकास दे, एक नई अर्थापत्ति दे ताकि हम नए ढंग से कविता के विकास की, उसके बाद की प्रत्युत्पत्ति कर सकें।' यह जो अन्तिम इच्छा है नई कविता के उस कवि की, उस रूप में हमारे सामने रिसकर पूरी होने को दिखाई देती है।

लक्ष्मीकान्त वर्मा नई कविता के ऐतिहासिक विकास में कई शब्दों को जोड़ देते हैं। इसलिए जोड़ देते हैं कि 'पुराने प्रतिमान और नए निकष' या 'नई कविता के प्रतिमानों' में जो चीज लक्ष्मीकान्त वर्मा के सामने से हट गई थी, वह थी छायावाद की शिशु सुलभ आस्था। इसकी चर्चा बहुत हुई। लक्ष्मीकान्त वर्मा चिल्लाए कि हमें उस शिशु भाव से मुक्त होकर नई कविता को नए ढंग से देखने और जानने की जरूरत है। यह चौथी धारा उस ढंग

से मुकम्मल हुई। पाँचवी धारा में मैं उन लोगों को लेता हूँ जो 'रूपाभ', 'उच्छृंखल', 'प्रतीक', 'हंस', 'विशाल भारत' इन सबसे आन्दोलन को देख चुके थे और चुपचाप छत्तीसगढ़ के उन स्थलों को लेकर मैंगजीन निकाल रहे थे। दो आदमी उसमें लगे हुए थे—नरेश मेहता और श्रीकान्त वर्मा। जब नरेश मेहता उससे अलग हुए तो गजानन माधव मुक्तिबोध ने श्रीकान्त वर्मा को पत्र लिखा और कहा कि मैंने तुमसे कभी प्रार्थना नहीं की लेकिन मैं आज आपसे प्रार्थना करना चाहता हूँ कि नई कविता के संघर्ष में, नई कविता के विकासात्मक योगदान में जो योगदान नरेश मेहता कर रहा है उसका अवमूल्यन नहीं होना चाहिए, उसे देख लेना चाहिए, उसे समझ लेना चाहिए। इसके साथ-साथ इलाहाबाद में ही एक अजीब तरह की हलचल से निकलता हुआ कवि दिखाई देता है जो नेहरूवाद, नेहरू-युग के टूटते हुए तमाम तिलिस्म और मोहभंग पर बहुत दुखी और व्यथित होकर उंगली रखता है। उनकी चर्चा अनेक तरह से होती है, कवि का नाम है धर्मवीर भारती। धर्मवीर भारती अन्ततः निष्कर्षात्मक कविता की ओर लौट पड़े। प्रायः निष्कर्षात्मक कविता अच्छी नहीं होती लेकिन विचार का एक धरातल ऐसा भी होता है, काव्यात्मकता की एक ऊँचाई ऐसी भी होती है कि हम प्रतीकों को निष्कर्षों में ढालने के लिए मजबूर हो जाते हैं। मिथक में कितना ही व्यतीत होने का भाव क्यों न हो लेकिन मिथक में वर्तमान को भी ताकत देने की एक शक्ति होती है, उसका उपयोग होना चाहिए। इसलिए यह निष्कर्ष उस ऐतिहासिक विकास में हमारे सामने रख दिया गया—

> हम सबके मन में गहरा उतर गया है युग
> अश्वत्थामा है, संजय है, अँधियारा है
> है दासवृत्ति उन दोनों प्रहरियों की
> अन्धा संशय है लज्जाजनक पराजय है।

लोगों ने कहा कि यह अस्तित्ववाद है और इसके ऊपर लम्बे चौड़े दास्तान हिन्दी आलोचनाशास्त्र में दिए गए कि हैडीगर, कामोर, सार्त्र और कहाँ-कहाँ टॉमस तक इसमें खोज डाले गए और कहा गया कि 20वीं शताब्दी पूरी ही नहीं होती जब तक हम अस्तित्ववादी विचारधारा की ढंग से चर्चा न करें और विशेष रूप से धर्मवीर भारती के सन्दर्भ में जोड़कर जब उसकी चर्चा न करें तब तक कोई बात मुकम्मल नहीं होती। जहाँ निराशा दिखाई दी, जहाँ खीझ दिखाई दी, जहाँ आत्महत्या दिखाई दी, जहाँ अँधेरा दिखाई दिया, जहाँ अवसाद

दिखाई दिया, अमानवीकरण दिखाई दिया, फौरन कह दिया अस्तित्ववादी है। पूरी कविता पर इस ढंग का सरलीकरण अस्तित्ववाद के नाम से हुआ कि नई कविता धीरे-धीरे हमारे बीच लोहे के चने बनने लगी और धर्मवीर भारती की धारा से अलग हटकर उसी जमाने में एक और धारा, मुक्तिबोध कहते हैं कि मैं तो उसे नई कविता की धारा ही मानता हूँ, जिसका नई कविता के ऐतिहासिक विकास में भारी योगदान है और वह नई धारा थी नवगीत के कवियों की धारा। शायद ही नई कविता का कोई ऐसा कवि हो जो उस जमाने में नए भावबोध के गीत नहीं लिख रहा था। लगभग सभी लोग लिख रहे थे और अन्त तक ऐसे ऐसे कवि उसी धारा में आए जिन्होंने बहुत सीधी कविता कम से कम में लिखी—

नहीं चाहिए सरकार
सयानी नहीं चाहिए
अमरीका का दाना पानी नहीं चाहिए।
इतना सारा गल्ला आया कहाँ गया?
हल्ले पर जो हल्ला आया कहाँ गया?
खत्ती खाली गोदामों में ताले हैं
बैल नहीं है हमको सानी नहीं चाहिए
नहीं चाहिए सरकार
सयानी नहीं चाहिए।
अमरीका का दाना पानी नहीं चाहिए।

आधुनिकतवाद का खास किस्म से रिएक्शन हर जगह तो नहीं लेकिन जहाँ-तहाँ कहीं-कहीं दिखाई देता है, यह भी नई कविता की एक धारा है और उसी में सम्मिलित की जानी चाहिए। अलग नई कविता का एक हिस्सा उन लोगों से भी पूरा हुआ, थोड़ा सा योगदान नलिन विलोचन शर्मा का है। कितनी ही उनकी आलोचना की जाए लेकिन नलिन जी की विश्व साहित्य की जानकारी इस रूप में काफी पुष्ट और तगड़ी थी और वे अच्छी तरह से जानते थे कि 'वर्स लिवरे' और 'वर्स लिवेरे' का मतलब क्या होता है। हम कविता में प्रभाव और भाव की अभिरुचि से जो टैक्नीक बनाते हैं, उस अभिरुचि को अगर हम पुनः नए ढंग से रचना चाहें तो हमें जरूरत पड़ती है कि हम छन्द को इस ढंग से तोड़ते चले जाएँ कि छन्द गद्य और पद्य के बीच की दूरी समाप्त कर दे। आप उसे गद्याभास कहिए, आप उसे कहिए कि पढ़ने में लय नहीं

रही, तुक नहीं रही, कोई मजा ही नहीं रहा पढ़ने में, बेमज़ा हो गई पूरी की पूरी कविता लेकिन अगर कविता में विचार का एक मुकम्मल दौर है और पढ़ने में वह गद्यवत भी दिखाई देती है और अगर उसके भीतर पूरा का पूरा आइडिया कम्पलीट होता है तो कविता को भी अपनी उस शक्ति के साथ हमारे सामने खड़ा करने की जरूरत है। ये बात 'वर्स लिवरे' और 'वर्सलिवेरे' से नलिन जी ने अपने उदाहरणों में एक जगह पुष्ट की तो प्रपत्यवाद जिसकी बहुत चर्चा हुई, जिसके 22 सूत्री कार्यक्रम की बातचीत हुई, उसे लोगों ने कहा कि शिल्प का ही आन्दोलन है, रूप का ही आन्दोलन है, कलावादी आन्दोलन है, पश्चिम के सौन्दर्यशास्त्र से प्रभावित आन्दोलन है आदि-आदि उसके ऊपर आक्रमण किए गए। यह हो सकता है वे आक्रमण सच हों। मैं केवल इतना कहना चाहता हूँ कि एक धारा उस ढंग से भी चली। एक धारा का एक अन्तिम हिस्सा उस रूप में भी हमारे सामने आया कि जिसे तीसरा सप्तक आ जाने के बाद हमने कहा कि नई कविता का पूरा का पूरा विकासात्मक क्रम तीसरे सप्तक के प्रकाशन के साथ लगभग पूरा हो गया। उसी विकासात्मक क्रम में बहुत से कवि जो बाद में नई कविता के भावबोध के ही कवि बने, वे अकविता आन्दोलन में पड़ने के बाद एक नए ढंग की राह ले गए, जैसे हमारे सामने राजकमल चौधरी। उन्हें कहाँ रखा जाए? आप उन्हें एकदम अकविता का कवि नहीं कह सकते। अगर धूमिल आ गए हों थोड़ी देर के लिए नई कविता में तो धूमिल को आप एकदम अकविता का कवि नहीं कह सकते क्योंकि नई कविता जिस विद्रोह और जिस लोक जागरण की परम्परा को लेकर आगे बढ़ रही थी, धूमिल में वह परम्परा काफी मुकम्मल होती है।

अपने यहाँ संसद एक ऐसी घानी है।
जिसमें आधा तेल और आधा पानी है।

और जो पूरी की पूरी प्रतीक व्यवस्था विचारों से हमारे सामने खड़ी होती जा रही थी और जिसे इन्जॉय करके लोग छोड़ देते थे, उसका पूरा का पूरा अनुकरणात्मक दर्शन जैसे धूमिल ने हमारे सामने रचा।

ठीक है ठीक है
अच्छी उपमा है अच्छा प्रतीक है
मैं जानता हूँ आपके मुँह में
जितनी तारीफ नहीं
उससे ज्यादा पीक है।

और कविता के प्रति यह जो लिज्जत, इन्जॉय करने वाली संस्था नई कविता अपने ऐतिहासिक विकास क्रम में हमारे मन में नए विचार सन्दर्भों के बीज बोना चाहती थी; नई कविता की ऐतिहासिक विकास प्रक्रिया कम से कम नए मनुष्य के उस नए संघर्ष को नए सिरे से परिभाषित कर रही थी जो हमारे युग परिवेश की सम्पूर्णता से पुकार थी।

नई कविता का शिल्प

डॉ. हरदयाल

नई कविता के शिल्प पर बात करने से पहले यह स्पष्ट कर देना आवश्यक प्रतीत होता है कि 'नई कविता' और 'शिल्प' से हमारा तात्पर्य क्या है? यहाँ इस स्पष्टीकरण में विस्तार में जाने का अवकाश नहीं है। अतः बात सूत्र रूप में की जाएगी।

'नई कविता' को लेकर जितनी चर्चा-परिचर्चा, जितना वाद-विवाद अब तक हुआ है, उसे सारांश रूप में कहें तो 'नई कविता' को अब तक तीन अर्थों में ग्रहण किया गया है—पहला 'तारसप्तक' (1943) से 'अकविता' (1964) के प्रकाशन तक जो नई प्रवृत्ति की कविता लिखी गई है वह नई कविता है अर्थात प्रयोगवाद और नई कविता दोनों एक ही हैं; दूसरा 1954 में जगदीश गुप्त और रामस्वरूप चतुर्वेदी के सम्पादन में 'नई कविता' नामक अनियतकालीन संकलन-पत्रिका के प्रकाशन से लेकर 'अकविता' पत्रिका के प्रकाशन के बीच के दस वर्षों में जो नई प्रवृत्ति की कविता लिखी गई है, वह 'नई कविता' है अर्थात् प्रयोगवाद और नई कविता दो अलग-अलग काव्यान्दोलन या काव्यप्रवृत्तियाँ हैं; और तीसरा तार-सप्तक से लेकर अब तक नई प्रवृत्तियों की जो भी कविता लिखी गई है वह सब नई कविता है। इन तीनों में मुझे पहला अर्थ ही स्वीकार्य है, क्योंकि प्रयोगवाद और नई कविता में इतना अधिक साम्य है कि दोनों को एक-दूसरे से अलगाने का कोई ठोस आधार दिखाई नहीं देता। प्रयोगवादियों और नए कवियों की काव्य संवेदना और काव्यशिल्प में इतना अधिक साम्य है कि उससे अधिक कुछ नहीं कहा जा सकता कि प्रयोगवाद ने ही मार्क्सवाद की केंचुल उतारकर नई कविता का रूप धारण कर लिया। तीसरा अर्थ इसलिए स्वीकार्य नहीं है कि साठोत्तर काल की कविता में दबंगपन और निषेध का जो

साहसिक तीखापन हमें मिलता है वह नई कविता में दुर्लभ है अतः नई कविता और साठोत्तर कविता को एक साथ मिलाना भ्रामक ही होगा।

विवेचन की सुविधा के लिए इस बात को सभी स्वीकार करते हैं कि कोई भी कवि अपनी कविता में कुछ-न-कुछ कहता है जिसे हम कविता की वस्तु कहते हैं। पुराने लोग इसे कविता का भाव-पक्ष कहते थे; और शायद ठीक ही कहते थे। वास्तव में कविता की वस्तु भाव ही हो सकता है। कोरे विचारों से कविता नहीं लिखी जा सकती। जब तक विचार भाव-संवलित नहीं होंगे तब तक कविता कविता नहीं होगी। कविता में भावशून्य इन्द्रियबोध भी कल्पनातीत है। दरअसल केन्द्र में भाव होता है जिसके एक ओर इन्द्रियबोध होते हैं और दूसरी ओर विचार। कल्पना आदि इन्हीं से सम्बद्ध होती हैं। कविता में भाव को प्रकट करने, पाठकों-श्रोताओं तक उसे सम्प्रेषित करने का कवि के पास एक ही माध्यम है, और वह है भाषा। भाषा ही शिल्प है; क्योंकि जिन्हें हम काव्यशिल्प के अवयवों के रूप में गिनते हैं अर्थात् भाषा, बिम्ब, प्रतीक, अलंकार, छन्द आदि वे भाषा के ही विविध और विशिष्ट प्रयोग हैं। अपनी बात को प्रभावशाली ढंग से कहने के लिए कवि भाषा की सभी शक्तियों से काम लेता है। कविता में भाषा का अधिकतम उपयोग होता है।

कविता में भाषा की विविध शक्तियों के उपयोग को ही अलग-अलग नाम दिए जाते हैं। न तो सभी कवियों की कविताओं में और न ही सभी काव्यप्रवृत्तियों में भाषा की सभी शक्तियों का समान उपयोग होता है। कभी भाषा की किसी शक्ति पर अधिक बल होता है, कभी किसी शक्ति पर। इस बल के कारण ही अलग-अलग कविताओं या काव्यप्रवृत्तियों के शिल्प की विशिष्टता तय होती है। इस बल को निर्धारित और नियन्त्रित करने वाली अनेक चीजें होती हैं जिनका सम्बन्ध कवि से, कवि के परिवेश से और उसके युग से होता है। कविता जब संश्लिष्ट रूप में हमारे सामने आती है तब वह केवल भाव या भाषा ही नहीं होती अपितु एक 'रूप' भी होती है। कविता के शिल्प का अध्ययन करते समय उसके काव्यरूप की उपेक्षा नहीं की जा सकती। कहने का तात्पर्य यह है कि 'नई कविता' के शिल्प के अध्ययन का अर्थ है उसकी भाषा, बिम्ब-विधान, प्रतीक-विधान, अलंकार, छन्द, और काव्य-रूप का अध्ययन करना।

आधुनिक हिन्दी कविता के विकास का यदि हम क्रमिक अध्ययन करें तो एक रोचक तथ्य सामने आता है। हम देखते हैं कि आधुनिक हिन्दी कविता में स्थूल एवं सूक्ष्म का, वस्तु-परकता एवं व्यक्तिपरकता का घात-प्रतिघात बराबर चलता रहा है। कभी वस्तुपरकता और स्थूलता प्रधान हुई है तो कभी व्यक्तिपरकता

और सूक्ष्मता। द्विवेदी युगीन कविता और छायावादी कविता, प्रगतिवादी कविता और नई कविता को साथ-साथ रखकर देखें तो बात स्पष्ट हो जाएगी। जब वस्तुपरकता प्रधान हुई है तब काव्य-शिल्प सपाट हो गया है और जब व्यक्तिपरकता प्रधान हुई है तो काव्य-शिल्प सूक्ष्म एवं जटिल हो गया है। शिल्प के स्वरूप का निर्धारण कवि की अनुभूति की बनावट के अनुसार होता है। जब कवि सामूहिक, सरलीकृत, स्थूल अनुभव को लेकर कविता लिखता है तब उसे शिल्प भी बना-बनाया मिल जाता है, लेकिन जब वह वैयक्तिक और विशिष्ट अनुभव को लेकर कविता लिखता है तब अभिव्यक्ति के साधनों से उसे जूझना पड़ता है। इसीलिए वैयक्तिक विशिष्ट अनुभूति को लेकर लिखी गई कविता की विशिष्ट शिल्पगत पहचान बन जाती है। अनुभूति का स्वरूप अभिव्यक्ति के स्वरूप को कैसे निर्धारित करता है, इसका अनुमान 'सिर में दर्द हो रहा है', 'सिर में बहुत जोर का दर्द हो रहा है', 'सिर फटा जा रहा है', 'सिर के टुकड़े हुए जा रहे हैं' इन अभिव्यक्तियों के पीछे की सिर दर्द की अनुभूतियों को समझकर लगाया जा सकता है।

निःसन्देह 'नई कविता' व्यक्तिपरकता की कविता थी। व्यक्तिपरकता की कविता ही अनुभव की विशिष्टता का दावा कर सकती है। जो लोग मनुष्य को प्रकृति, अर्थव्यवस्था या किसी प्रत्ययवादी दर्शन के तहत कार्य-कारण के तर्क में बँधी हुई वस्तु के रूप में स्वीकार करते हैं वे व्यक्ति के अनुभव की विशिष्टता स्वीकार नहीं करेंगे; लेकिन विशाल मानव-समाज में विशिष्ट व्यक्ति होते हैं और व्यक्तियों का विशिष्ट अनुभव भी होता है, इसे व्यवहार में हम जानते और मानते हैं। जो कवि 'तार-सप्तक' में इकट्ठे हुए, उन सबने कविता को प्रयोग का विषय माना। क्यों? इसलिए कि वे अपने विशिष्ट अनुभव को पाठकों तक उसकी सम्पूर्णता में पहुँचाना चाहते थे, और उनका अनुभव 'साधारणीकृत' नहीं था। अज्ञेय के शब्दों में "जो व्यक्ति का अनुभव है, उसे समष्टि तक कैसे उसकी सम्पूर्णता में पहुँचाया जाए—यही पहली समस्या है जो प्रयोगशीलता को ललकारती है।" इस ललकार को प्रयोगवादियों ने स्वीकार किया और तरह-तरह के प्रयोग करने प्रारम्भ किए।

नए कवियों के सामने सबसे पहली समस्या भाषा को लेकर उत्पन्न हुई। उन्होंने पाया कि उन्हें जो भाषा प्राप्त हुई है वह अपर्याप्त है। नए कवि ने अनुभव किया कि "भाषा का पुराना व्यापकत्व उसमें नहीं है—शब्दों के साधारण अर्थ से बड़ा अर्थ हम उसमें भरना चाहते हैं, पर उस बड़े अर्थ को पाठक के मन में उतार देने के साधन अपर्याप्त हैं। वह या तो अर्थ कम पाता

है या कुछ भिन्न पाता है" (अज्ञेय)। भाषा की अपर्याप्तता के अनुभव ने उन्हें भाषा के प्रति अत्यधिक सचेत बना दिया। उनकी यह सचेतता सबसे पहले शब्दों को लेकर प्रकट हुई। उन्होंने कविता का सबसे महत्वपूर्ण घटक शब्दों को माना। नकेनवादी कवियों ने घोषणा की कि 'कविता एक ओर भावों, विचारों अथवा दर्शनों से नहीं लिखी जाती, दूसरी ओर छन्दों और अलंकारों आदि से भी नहीं लिखी जाती; वह शब्दों से लिखी जाती है।' अज्ञेय ने भी 1966 में अपने एक वक्तव्य में कहा कि "भाषा का उपयोग मैं करता हूँ निस्सन्देह, लेकिन कवि के नाते जो मैं कहता हूँ वह भाषा के द्वारा नहीं, केवल शब्दों के द्वारा।" इसलिए नए कवियों ने शब्दों की खोज परम्परागत स्रोतों के अतिरिक्त ऐसे स्रोतों से भी की, जो सामान्यतः कविता के अनुकूल नहीं माने जाते जैसे भौतिक विज्ञान और प्राविधिकी। शब्द-स्रोतों की दृष्टि से एक विशेष बात यह हुई कि अँग्रेजी शब्दों के प्रति नए कवियों का मोह बढ़ता गया। भारत भूषण अग्रवाल के 1958 में प्रकाशित कविता-संग्रह 'ओ अप्रस्तुत मन' में अंग्रेजी के चार-छह शब्द बड़ी मुश्किल से मिलेंगे, किन्तु 1965 में प्रकाशित उनके कविता-संग्रह 'अनुपस्थित लोग' में कई दर्जन अंग्रेजी शब्द अनायास मिल जाएँगे। यह स्थिति किस बात की द्योतक है, यह सोचने योग्य है।

'नई कविता' में शब्दों के चयन से भी अधिक महत्वपूर्ण है शब्दों का संयोजन। शब्दों के संयोजन में परम्परागत साधनों के साथ-साथ कुछ नए साधनों का उपयोग किया गया। नए साधनों में नई शब्द संगतियाँ विशेष महत्वपूर्ण हैं। एक नई शब्द-संगति है मुक्त आसंग की। 'नकेन' की 'पस्पशा' में मुक्त आसंग पर विशेष बल दिया गया है और उसे आधुनिक मनोविज्ञान-दीक्षित मन के द्वारा उसकी निविड़ता के आह्वान का आवश्यक साधन माना है। 'उपचेतन की समस्या कविता की सनातन समस्या है। पहले कवि अपने व्यक्तित्व का आरोप कर उपचेतन की जटिलता पर खड़ा होता था।...नया कवि मुक्त आसंग-सहारे, यानी उपचेतन की ही शक्ति से, उसकी जटिलता को परास्त करके मार्ग निकालना चाहता है।" (नकेन) मुक्त आसंग के उदाहरण 'नकेन' के कवियों की कविताओं में तो सुलभ हैं ही, साथ ही प्रभाकर माचवे, मुक्तिबोध, अज्ञेय, शमशेर, विजयदेव नारायण साही, रघुवीर सहाय, श्रीकान्त वर्मा आदि की कविताओं में भी सुलभ है। अज्ञेय की 'कंकरीट का पोर्च' या नरेश मेहता की 'वेदना निग्रह' कविताओं को उदाहरण-स्वरूप देखा जा सकता है। मुक्त आसंग की ही सजातीय पद्धतियाँ हैं स्वप्न-चित्रण, स्वैरकल्पना (फैंटसी), विरूपीकरण (डिस्टॉर्शन) आदि, जिनका उपयोग नए कवियों ने किया है। इन पद्धतियों के

द्वारा एक शब्द दूसरे शब्द की संगति या विसंगति में नए अर्थ की व्यंजना करने लगता है। नए कवियों ने दो शब्दों के बीच के अन्तराल, शब्दों में स्वरों की ध्वनि, मुद्रण की विचित्रता आदि के द्वारा भी नए अर्थों की व्यंजना की है। शमशेर बहादुर सिंह की नीचे उद्धृत पंक्तियों में शब्दों के बीच के मौन के द्वारा संकोच, द्विविधा, भय, मान, अनुज्ञा आदि अनेक भावों की व्यंजना कर दी है—

आज का नहीं दिन
ठीक
कल जाना
मीत!

छायावाद और नई कविता के बीच के समय में हिन्दी कविता बहुत सपाट और वक्तव्य-मूलक हो गई थी। नए कवियों ने कविता की बिम्बात्मकता पर बल दिया। अंग्रेजी के बिम्बवादियों के समान 'तीसरा सप्तक' के अपने वक्तव्य में बिम्ब पर बल देते हुए केदारनाथ सिंह ने लिखा..." मैं बिम्ब-निर्माण की प्रक्रिया पर जोर इसलिए दे रहा हूँ कि आज काव्य के मूल्यांकन का प्रतिमान लगभग वही मान लिया गया है। एक अँग्रेज आलोचक का तो यहाँ तक कहना है कि आधुनिक कवि नए-नए बिम्बों की योजना के द्वारा ही अपनी नागरिकता का शुल्क अदा करता है। तात्पर्य यह कि प्राचीन काव्य में जो स्थान 'चरित्र' का था, आज की कविता में वही स्थान बिम्ब अर्थात् 'इमेज' का है।" अपने बिम्ब-सम्बन्धी इस आग्रह के अनुकूल 'नई कविता' के दौर में केदारजी ने सुन्दर बिम्बात्मक कविताओं की रचना की, किन्तु जब से वे जनवादग्रस्त हुए हैं, उनकी कविताओं में बिम्बात्मकता का क्षरण हो गया है। क्या इसे मार्क्सवादी विचारधारा का परिणाम माना जा सकता है?

चित्रात्मकता पर आग्रह छायावादी कवियों का भी था और छायावादी कविता में भी बिम्बों की प्रचुरता है; लेकिन नई कविता की बिम्बात्मकता उससे अनेक दृष्टियों से भिन्न है। नया कवि सचेततापूर्वक बिम्ब रचना करता है। उसके बिम्ब अधिक नागर और भौतिक वैज्ञानिक खोजों पर आधारित हैं। विशेष बात यह है कि नागरता के साथ-साथ लोक के प्रति भी उसका विशेष आग्रह उसके बिम्बों में प्रतिबिम्बित हुआ है। वह उपमामूलक अलंकारों को उपयोग किए बिना भी सार्थक बिम्ब रचता है। उसका वर्णबोध अधिक विकसित, वैविध्यपूर्ण और आंचलिक है। उसके बिम्बों में ठोस माँसलता और यौन की प्रचुरता है। उसकी विशिष्टता दो दिशाओं में रेखांकित करने योग्य है।

एक तो ऐसे संश्लिष्ट बिम्बों की रचना में, जिनमें आत्मगत अनुभव को निर्वैयक्तिक बनाकर प्रस्तुत किया गया है। ऐसे बिम्बों में आत्मगत और वस्तुगत संवेदना, बिम्ब और कविता परस्पर ऐसे घुल जाते हैं कि बिलगाना लगभग असम्भव हो जाता है। जैसे, शमशेर के इस बिम्ब में—

एक नीला आइना
बेठोस-सी यह चाँदनी
और अन्दर चल रहा हूँ मैं
उसी के महातल के मौन में
मौन में इतिहास का
कन किरन जीवित, एक, बस।

नई कविता में हाइकू जैसी बिम्ब-निर्मित लघु कविताएँ बिम्बों की इसी प्रवृत्ति का परिणाम मानी जा सकती हैं। दूसरी दिशा खण्डित बिम्बों की है जो मुक्त आसंग और चेतना-प्रवाह की मनोवैज्ञानिक खोजों पर आधारित हैं। नई कविता को इसने दुरुह बनाया हैं इसके पक्ष में तर्क यह दिया जाता है कि यदि अनुभूति खण्डित है तो बिम्ब भी खण्डित होंगे। एक सीमित सन्दर्भ में यह तर्क स्वीकार्य हो सकता है, लेकिन कविता को व्यापक सन्दर्भ में देखने पर यह तर्क स्वीकार्य नहीं लगता।

बिम्ब के समान नई कविता में प्रतीक को भी महत्व मिला। बिम्बों की तरह प्रतीकों के प्रति भी नया कवि बहुत सचेत है। उसका आग्रह चमत्कार की ओर झुकती हुई नवीनता के प्रति है। इसके कारण एक तो नई कविता में परम्परागत रुढ़ प्रतीकों की संख्या अत्यल्प है। दूसरे, नई कविता के अधिकांश प्रतीक निजी प्रतीक हैं अर्थात् कवियों ने अपने प्रतीकों का स्वयं आविष्कार किया है और नितान्त निजी ढंग से किया है। स्रोत की दृष्टि से देखें तो नई कविता में इतिहास, दर्शन, राजनीति और भौतिक विज्ञानों से गृहीत प्रतीकों की संख्या बहुत कम है। ऐतिहासिक प्रतीकों की दृष्टि से श्रीकान्त वर्मा की 'मगध' की कविताएँ और भौतिक विज्ञानों से लिए गए प्रतीकों की दृष्टि से गिरिजाकुमार माथुर का काव्य 'कालान्तर' तथा मुक्तिबोध की कविताएँ अपवाद ही हैं। नई कविता के अधिकांश प्रतीक मिथकीय एवं प्राकृतिक हैं। नए कवियों ने महाभारत से सबसे अधिक प्रतीक लिए हैं। अभिमन्यु, चक्रव्यूह, रथ का टूटा पहिया, एकलव्य, द्रोणाचार्य, राजहंस, धृतराष्ट्र, लाक्षागृह, वृहन्नला, अश्वत्थामा, गान्धारी, युयुत्सु, परीक्षित, नाग, जनमेजय, अर्जुन, कुरुक्षेत्र, गाण्डीव आदि

अनेक प्रतीक ऐसे हैं जो महाभारत से लिए गए हैं। अन्य पुराणों तथा प्राचीन ग्रन्थों एवं विदेशी मिथकों से भी नए कवियों ने बहुत से प्रतीक लिए हैं। पौराणिक चरित्रों या सन्दर्भों का प्रतीकात्मक उपयोग करते समय नए कवि ने उन्हें पौराणिकता से काटकर शुद्ध प्रतीक बना दिया है। उसने इनको नया अर्थ सन्दर्भ दिया है; और अर्थ-सन्दर्भ तरल है। मिथकीय प्रतीकों से भी अधिक प्रतीक प्रकृति से लिए गए हैं बल्कि नए कवि के प्रतीकों का मुख्य स्रोत प्रकृति ही है। तमाम प्राकृतिक पदार्थ जीव-जन्तु, घटनाएँ और व्यापार नई कविता में प्रतीक बन गए हैं। यहाँ तक कि अज्ञेय ने व्यक्ति और समाज के सम्बन्ध को व्यक्त करने के लिए प्रतीक के रूप में 'नदी के द्वीप' को चुना है। नई कविता के प्राकृतिक प्रतीक न तो छायावादी प्रतीकों के समान ऐश्वर्य मण्डित हैं और न ही रुढ़िग्रस्त हुए हैं। हर नए कवि ने प्रकृति से अपने निजी प्रतीक चुने हैं, और जिस प्रकृति से उसने प्रतीक चुने हैं वह हमारे सामान्य जीवन की सुपरिचित प्रकृति है।

नई कविता के प्रतीकों की एक उल्लेखनीय विशेषता यह भी है कि उसमें काम-प्रतीकों और स्वप्न एवं फन्तासीय प्रतीकों की प्रचुरता है। कवि की मध्यवर्गीयता, हमारे नैतिक मानदण्ड, फ्राइड आदि मनोविश्लेषणशास्त्रियों की खोजें और पश्चिम से आयातित भोगवादी (कंज्यूमर) संस्कृति आदि इसके लिए उत्तरदायी है।

नया कवि बिम्बों और प्रतीकों के प्रति जितना सचेत और सयत्न है, उतना अलंकारों के प्रति नहीं है। नई कविता में शब्दालंकारों में से अनुप्रास ही कवियों का प्रिय रहा है। अनुप्रास को भी इन कवियों ने रुढ़ अलंकार के रूप में कम अपनाया है, कविता की संरचना के रूप में अधिक। वैसे, इसका प्रारम्भिक रूप छायावादी कवियों, विशेषतः निराला में देखा जा सकता है, लेकिन उसका विकसित रूप नए कवियों में ही मिलेगा। भवानीप्रसाद मिश्र और श्रीकान्त वर्मा जैसे कवियों ने संरचनात्मक अनुप्रास के अनेक नए परिरूप (पैटर्न) निर्मित किए हैं। उनका अध्ययन अपने आप में बहुत रोचक हो सकता है। उदाहरण के लिए भवानीप्रसाद मिश्र के द्वारा निर्मित एक परिरूप प्रस्तुत है–

बरस बरसात; आधी रात, व्याकुल बात
वातायन निकल
दलचल, हमारे पल,
हमारे प्राण,
पागल, सरल, उच्छृंखल।

इस उदाहरण में तीन-चार शब्दों को छोड़कर शेष सभी शब्द अनुप्रास के पारस्परिक आकर्षण से खिंचकर आए हैं। ऐसे अंशों में यह तय करना कठिन हो जाता है कि कवि का लक्ष्य-वस्तु है या शिल्प; कवि ने ऐसे अंश कोई बात कहने के लिए लिखे हैं या कहने की भंगिमा का प्रदर्शन करने के लिए।

अर्थालंकारों में नए कवि का सारा प्रयास अप्रस्तुत-विधान तक सीमित है। अप्रस्तुत-विधान में नए कवियों का ध्यान अप्रस्तुतों पर केन्द्रित है, उनके विधान पर नहीं। इसीलिए नई कविता में कवियों ने मुख्य रूप से उपमा अलंकार का उपयोग किया है। कुछ रूपक भी मिलते हैं। अन्य अलंकार बहुत ही कम मिलते हैं। नया कवि नए उपमानों की खोज में व्यस्त रहा है। इसके लिए उसने सुदूर क्षेत्रों की बौद्धिक यात्रा की है और तमाम नए उपमानों को खोजकर लाया है। जितने नए उपमानों को खोजकर नया कवि लाया है उतने नए उपमानों की खोज पहले के कवियों ने नहीं की। कुछ कवियों के पास तो इतने अधिक उपमान इकट्ठे हो गए थे कि वे कविता लिखते समय उपमानों की झड़ी लगा देते थे। नए कवियों के द्वारा आविष्कृत सभी उपमान उपयुक्त नहीं थे। कुछ तो मात्र चौंकाने के लिए थे। मदन वात्स्यायन ने अपनी 'शुक्रतारा' कविता में जब सूरज को नए दूल्हे जैसा, इंजन के हैडलाइट-सा, मिनिस्टर-सा, चन्द्रमा को पेट्रोमैक्स-सा, शुक्रतारे को नववधू-सा, गार्ड की रोशनी-सा, बैलगाड़ी की लालटेन-सा, एम.एल.ए.-सा आदि बताया तो हल्का-सा चमत्कार तो उत्पन्न हुआ, लेकिन इन उपमानों ने रूप-रंग-आकार आदि की कोई मर्मस्पर्शी संवेदना या कल्पना हममें नहीं जगाई। लेकिन नवीनता के आग्रह के बावजूद नए कवियों के द्वारा आविष्कृत सभी नए उपमान केवल चमत्कार उत्पन्न करने वाले नही हैं बल्कि ऐसे भी तमाम उपमान हैं जो रूप-रंग-आकार के चित्र खड़े करके संवेदना उत्पन्न करते हैं। जैसे भवानीप्रसाद मिश्र की इन पंक्तियों में उपमान के द्वारा यह मनोदशा सफलतापूर्वक व्यक्त हो जाती है जिससे कवि ग्रस्त है—

जैसे मक्खी बार-बार/चेहरे पर बैठ जाए!
और कोई उड़ाए उसे बार-बार/हिला-हिलाकर सिर/
उस तरह हटाता हूँ/आँखों के आगे उड़-उड़कर आते हुए भूत को।
(चकित है दुःख)

उपमामूलक अलंकारों के अतिरिक्त विरोधमूलक आदि अलंकार भी नए कवियों ने उपयोग किए हैं, लेकिन उनकी संख्या बहुत कम है और उनका विधान एकदम शास्त्रीय नहीं है।

नई कविता तक पहुँचते-पहुँचते हिन्दी कविता गेय या श्रव्य कम रह गई है, पाठ्य और दृश्य अधिक हो गई है। नए कवियों के द्वारा लिखे गए गीतों को छोड़ दिया जाए तो पूरी-की-पूरी नई कविता मुक्त छन्द में लिखी हुई कविता है। मुक्त छन्द में कुछ कवियों ने तो लय का ध्यान रखा है और गिरिजा कुमार माथुर जैसे कवियों ने लयाधारों को लेकर कुछ प्रयोग भी किए हैं, लेकिन अधिकांश कवियों ने लयमुक्त या खण्डित लय वाले मुक्त छन्दों में कविता लिखी है जिसे आप गद्य की तरह पढ़ सकते हैं। लक्ष्मीकान्त वर्मा की 'इतिहास-सेतु' कविता की ये पंक्तियाँ लयमुक्त या खण्डित लय वाली ही हैं—

जब मैंने पुस्तक खोली
मुझसे इतिहास-पुरुष ने कहा—
किसे ढूँढ़ते हो, मुझे? या अपने को?
मैंने कहा—केवल अस्तित्व को।

कई बार कवि पंक्तियों को जिस प्रकार तोड़-तोड़कर रखते हैं, उनका तर्क समझ में नहीं आता। उनके पीछे न लय का तर्क होता है न अर्थ का और न ही अर्थ की लय का। और जब एक-एक, दो-दो शब्दों की कविताएँ होने लगी हों तब उनमें लय या छन्द की खोज भी व्यर्थ होगी। श्रीराम वर्मा ने कोहरे को लेकर जो दशक लिखा है, उसमें सातवीं कविता दो शब्दों की है—'मोटा चश्मा' और नवीं कविता एक शब्द की है—'मृत्यु'। ये कविताएँ कुहरे की अस्पष्टता का बिम्ब जरूर प्रस्तुत करती हैं। लेकिन इस 'मोटे चश्मे' और इस 'मृत्यु' में कौन-सी लय खोजी जाए, कौन-सा छन्द? कविता से छन्द ही नहीं, लय का भी गायब होते जाना घोर व्यक्तिवादिता, अनुशासनहीनता का भी द्योतक नहीं है क्या? मुक्त छन्द के सन्दर्भ में निराला ने 'पाठकला' की बात की थी। 'पाठकला' की बात आज भी की जाती है, लेकिन कई बार कवि स्वयं अपनी कविता को वैसे नहीं पढ़ पाता। जैसे वह छपती है। कण्ठ से उतरकर कविता जब कागज पर मुद्रित होने लगी तो वह दृश्य भी हो गई। वह ऐसे छपने लगी कि उसे उच्च स्वर में पढ़ा न जा सके, केवल देखा जा सके या फिर मुद्रित शब्दों को पढ़ते चलें और शब्देतर चिह्नों को बताते चलें। जैसे—

माँ...चा ऽऽऽ की ऽऽऽ प्याली
पा...पा ऽऽऽ की जेब खाली
स्ले...ट की...पर्त काली
ले ऽऽऽट

फ़ी ऽऽऽ
नाम स्कूल से कट गया
माँ...ऽऽऽ
फ़ो...ऽऽऽ
स...ऽऽऽ (लक्ष्मीकान्त वर्मा : अतुकान्त)

जैसे छन्द टूटा वैसे ही काव्यरूप भी टूटे। महाकाव्य किसी नए कवि ने नहीं लिखा। महाकाव्य के लिए जैसी विश्वदृष्टि चाहिए, जैसी उदात्त चेतना और व्यक्तित्व चाहिए जैसी विराट साधना चाहिए, वैसी आज के 'लघु मानव' के लिए सम्भव नहीं रह गई है। कुछ लम्बी कविताएँ, कुछ खण्डकाव्य, कुछ नाट्यकाव्य कवियों ने अवश्य लिखे हैं। इनमें से कुछ रचनाएँ—जैसे 'असाध्य वीणा', 'अंधेरे में', 'प्रमध्यु गाथा', 'कुआनो नदी', 'आत्मजयी', 'संशय की एक रात', 'एक कण्ठ विषपायी', 'अन्धा युग', 'कनुप्रिया', 'कल्पान्तर' आदि उल्लेखनीय हैं। इन रचनाओं में वर्णन ओर विवरण की अल्पता ने इनके आकार को लघु बनाया है। असल में अब वर्णन और विवरण उपन्यास की चीज बन गए हैं, कविता से उनका सम्बन्ध कुछ कम रह गया है।

इस चर्चा के आधार पर 'नई कविता' के शिल्प के सम्बन्ध में कहा जा सकता है कि नया कवि शिल्प के प्रति जितना सचेत रहा है उतना या तो रीतिकालीन कवि रहा था या छायावादी कवि। सम्भवतः इसीलिए इन तीनों प्रवृत्तियों के कवियों में अपने-अपने ढंग का शिल्पगत चमत्कार मिलता है। इन तीनों की ही मूल प्रवृत्ति मुक्तक काव्य की रही है। नए कवियों ने अपनी व्यक्तिपरकता के अनुकूल, अपना काव्यशिल्प निर्मित किया है। उनका रुझान चमत्कार की ओर, वाग्वैचित्र्य की ओर रहा है, किन्तु उनका आग्रह नवीनता के प्रति था, क्योंकि वे समझते थे कि उनका अनुभव इतना नया और विशिष्ट है कि वह तब तक सन्तोषजनक ढंग से व्यक्त और सम्प्रेषित नहीं किया जा सकता जब तक कि नई भाषा नए बिम्ब, नए प्रतीक, नए उपमान, नए छन्द, नए काव्य-रूप आविष्कृत न किए जाएँ। इस दिशा में उन्होंने सराहनीय और उल्लेखनीय प्रयत्न किए; फिर भी वे छायावादी कवियों जैसी बड़ी उपलब्धियाँ न कर पाए, इसका कारण उनके शिल्प में न खोजा जाकर अन्यत्र खोजा जाना चाहिए। उनके व्यक्तित्व में, उनके युग में।

'राम की शक्ति पूजा' की संवेदना

डॉ. विश्वनाथ त्रिपाठी

'राम की शक्ति पूजा' की संवेदना पर बात करनी हो तो उसके शिल्प पर बात किए बिना बात नहीं हो सकती। क्योंकि निराला नाद-व्यंजना से बहुत ज़्यादा काम लेने वाले कवि हैं। यह कहा गया है कि वह हिन्दी के तुलसीदास के बाद सबसे बड़े कवि हैं। यह कुछ लोगों के लिए यह विवादास्पद हो सकता है, लेकिन यह तय है कि तुलसी दास के बाद निराला को छोड़कर और हिन्दी का कोई ऐसा कवि नहीं है जिसके काव्य में नाद-व्यंजना का इतना महत्व हो। शायद वह खड़ी बोली के अन्तिम महाकवि हों जिनकी कविता में नाद-व्यंजना का इतना ज़्यादा महत्व है। मुझे याद है कि अब डॉ. रामविलास शर्मा ने 'राम की शक्ति पूजा' पर यहाँ (किरोड़ीमल महाविद्यालय) में भाषण दिया था तो उन्होंने यह कहा था कि 'राम की शक्ति पूजा' को समझने का एक प्रारम्भिक तरीका यह है कि अँधेरे में या आँखें बन्द करके 'राम की शक्ति पूजा' का वाचन किया जाए और उस वाचन करने से जब उसको ठीक से पढ़ा जाएगा तो उसमें कुछ बिम्ब उभरेंगे, उसमें कुछ इमेजिज़ आएँगी और उन बिम्बों की सहायता से 'राम की शक्ति पूजा' को समझने में मदद मिलेगी।

'राम की शक्ति पूजा' में जो वैचारिकता निहित है उसकी आन्तरिकता इतनी समृद्ध है कि उस पर भी पूरी तरह से बात नहीं हो सकती। 'राम की शक्ति पूजा' कविता विचार करते समय जिन सूत्रों को प्रक्षिप्त करती है उन सूत्रों से एक आधार बनता है। 'राम की शक्ति पूजा' कविता जिन सूत्रों को प्रोजेक्ट करती है, उन सूत्रों में से कुछ को लेकर कुछ आकार बनाने का प्रयास किया जा सकता है। इस प्रयास से समस्याएँ होती हैं चूँकि वह इतिहास की उपज होती है ऐतिहासिक समस्याएँ हमेशा विशिष्ट होती हैं क्योंकि वे

परम्परागत और सेट-पैटर्नस तोड़ती हैं।

'राम की शक्ति पूजा' में जो अनेक समस्याएँ हैं उनमें से एक बड़ी-लगभग केन्द्रीय समस्या शक्ति की है। वह शक्ति कौन-सी है? शक्ति की मौलिक कल्पना पर बहुत ज़्यादा विचार किया गया है।

कविता में, वस्तुतः जो पूरी कविता है, वह शक्ति के वास्तविक यानी ऐतिहासिक रूप के खोज की प्रक्रिया है। हम जानते हैं कि शक्ति और शक्ति में द्वन्द्व है। हमारे युग की शक्ति का रूप क्या है, यह पूरी कविता एक तरह से उस शक्ति की खोज की प्रक्रिया है और जब शक्ति की मौलिक कल्पना की बात की गई है, तो यहाँ कल्पना का अर्थ इमैजिनेशन या कोई कल्पित चीज़ या कोई स्वप्नित चीज़ नहीं है बल्कि कल्पना यानी शक्ति किन तत्वों से निर्मित होती है। निर्माण की उस प्रक्रिया में इसका अर्थ वस्तुतः उस शक्ति की सर्जना क्या है, उस शक्ति का ढाँचा क्या है, उसका आकार क्या है, वह कहाँ है किसमें है, कैसे वह प्राप्त की जाएगी, कैसे वह अर्जित की जाएगी? इसलिए शक्ति की मौलिक कल्पना पर बल है। मौलिक शब्द का अर्थ यहाँ पर जो मुझे सबसे ज़्यादा ठीक समझ में आ रहा है वह ऐतिहासिक समय में आ रहा है। मौलिक, नई शक्ति की पहले की जो अवधारणा थी उससे काम नहीं चलेगा। शक्ति वह, जो ऐतिहासिक है, जो नई है, जो रेलेवेंट है, जिसको अर्जित करने से वस्तुतः राम शक्तिमान हो गए।

शक्ति का बोध और शक्ति की खोज, यह इस कविता की बहुत महत्वपूर्ण, लगभग केन्द्रीय समस्या है और उस शक्ति को पहचानने और उसको पहचानकर फिर सकर्मक होना और फिर तदनुकूल आचरण करना। अब अगर यह कह दिया जाए तो इसके कुछ निहितार्थ है। इसके निहितार्थ यह है कि कोई ऐसा व्यक्तित्व नहीं है, कोई ऐसा पात्र नहीं है, कोई ऐसा नायक नहीं है जिसमें प्रकृत्या शक्ति समाहित हैं। मतलब यह है कि राम शक्ति युक्त होकर के अवतरित नहीं हुए हैं। यह नहीं है कि राम है तो शक्ति है। शक्ति यहाँ पर एक ऑब्जेक्टिव रियेलिटी है। जो शक्ति है वह एक निरपेक्ष सत्ता बन जाती है। शक्ति राम के पास भी हो सकती है, शक्ति रावण के पास भी हो सकती है। जब 'रवि हुआ अस्त' कहा गया तो यहाँ केवल चित्रण नहीं है। 'रवि हुआ अस्त' का मतलब सूर्यवंश का प्रताप अस्त हुआ, सारी महत्ता अस्त हो गई। प्रकृति का जब कोई चित्रण किया जाता है तो उसमें केवल प्रकृति का चित्रण कभी नहीं होता अगर वह मनुष्य के द्वारा किया गया है तो इसलिए जो शक्ति है वह एक निरपेक्ष सत्ता है, वस्तुगत सत्ता है। वह

ऑब्जेक्टिव है जो उसको अर्जित करेगा उसके पास वह हो जाएगी और वह सत्ता रसल या शॉ के जो ब्लाइण्ड फोर्स है उस ब्लाइण्ड फोर्स के बहुत नज़दीक है। निराला बार-बार जब तम में शक्ति की बात करते थे, शक्ति के पहले तम लाते थे, तो पता नहीं उनका आशय क्या था लेकिन वह शक्ति जो है उसके कई निहितार्थ है। शुरू में शक्ति का वर्णन है–

'श्यामा के पदतल भार धरण हर मन्द्र स्वर।'

श्यामा जो शक्ति की प्रतीक है, शंकर जो कल्याण के देवता हैं वे पद तल भार धरण हैं। जो मानवीय चेतना है, जो विवेक है, जो मानवीय कल्याण है वह उस शक्ति के पैरों के नीचे खड़ा है। आपने चित्र और कैलेण्डर देखा होगा जब शक्ति काली नृत्य करती है और शंकर उनके पैरों के नीचे पड़े रहते हैं वह प्रलय काल है, और इस कविता में जब श्यामा दुर्गा बनती है, तब वह शंकर दुर्गा के सिर पर विराजमान हो जाते हैं। यहाँ पर जो शक्ति है, जब श्यामा दुर्गा हुई तब वह मानव कल्याण से सन्तुलित हुई है। निराला की यह कविता 'राम की शक्ति पूजा' अवतारवादी धारणा का निषेध करती है। लीलावादी धारणा का निषेध करती है। अब जब मैंने यह कह दिया कि अवतारवादी और लीलावादी धारणा का निषेध करती है तब यह कहना कितना दूर रह गया कि वह अस्तित्ववादी धारणा का निषेध करती है? तब वह सिद्धान्तवादी, आदर्शवादी धारणा का भी निषेध करती है।

यह नहीं है कि आपने एक सूत्र पकड़ लिया, आपने एक श्लोक पढ़ लिया, आपने एक सूत्र पकड़ लिया, आपने एक श्लोक पढ़ लिया, आपने एक सूत्र याद कर लिया और रट लिया, परम्परा का नाम ले लिया और समाधान आपको मिल जाएगा। ऐसा नहीं है इसलिए उस शक्ति के रूप को पहचानना ऐतिहासिक ज़रूरत है, विकास की नियति है कि वह उस शक्ति को समझे, पहचाने और यह सारी विकास की नियति इस ऐतिहासिक विकास का बोध है एक नए बोध की ज़रूरत है इसलिए वह सुपरमैन की धारणा का विरोध है। इसलिए ठीक है कि निराला के राम वाल्मीकि और तुलसी के राम से मिलते हैं, वाल्मीकि के राम से मिलते हैं यह भी ठीक है, लेकिन निराला के राम वाल्मीकि के राम से अलग भी हैं, काफी दूर तक अलग हैं क्योंकि वह बँधी-बँधाई किसी परम्परा की बात नहीं और जिसे कहा जाता है कि वर्तमानता के बोध से युक्त हैं। उसके बिना, इस बोध के बिना उनका संघर्ष सफल न होता। इसलिए 'आराधन का दृढ़ आराधन से दो उत्तर'', इसलिए आराधना

की ज़रूरत है। अब अगर शक्ति की खोज न हुई तो मानव इतिहास का विकास आगे भी जा सकता है, पीछे भी जा सकता है।

अब शक्ति के बारे में कुछ बातें एक और दृष्टि से। मानव इतिहास की यह विडम्बना है कि जो शक्तिशाली होता है वह प्रायः अन्यायी होता है। हम सिद्धान्त को छोड़ दें, अपने यथार्थ को देखें, आस-पास के जीवन को देखें, जो है उसे देखें, तो हम यह पाएँगे कि जो शक्तिशाली होता है वह प्रायः अन्यायी होता है। शक्ति का साथ अन्याय से ज़्यादा होता है, न्याय से कम होता है। आप आस-पास मोहल्ले में देखें, जो लड़का ज़रा-सा ज़्यादा ताकतवर होता है, वह दादा बन जाता है। यह शक्ति केवल शारीरिक नहीं होती है, यह शक्ति धन की भी होती है, यह शक्ति विद्या की भी होती है, यह शक्ति रूप की भी होती है। वह इतराता है। जब कभी मानव इतिहास में ऐसा सुखद संयोग आता है तब यह कहा जाता है कि कोई विक्रमादित्य है, कोई अकबर है, कोई अशोक है, रामराज्य है। इसलिए मध्य कालीन धर्म साधनाओं ने जो श्रेष्ठतम सांस्कृतिक उपलब्धि की थी वह एक अवधारणा की उपलब्धि की थी, एक स्वप्न भी उपलब्धि की थी कि राम शक्तिशाली और सौन्दर्य के प्रतीक हैं, समन्वय है शक्ति भी है, शील भी है और सौन्दर्य भी है। ये तीनों ही समन्वित हैं। यह रामराज्य मानव की मानसिक उपलब्धि है। यह ऐतिहासिक उपलब्धि शायद नहीं है।

जो समस्या निराला के राम की है वह समस्या एक प्रकार से पूरे मानवीय इतिहास की है कि शक्ति को न्याय के साथ कैसे युक्त किया जाए यह कहकर के राम राज्य को कम नहीं कर रहा हूँ, मानव स्वप्न को और अधिक महत्व दे रहा हूँ। आज की दृष्टि से आप देखेंगे तो राम राज्य में भी बहुत कमियाँ निकलेंगी। मेरे कहने का मतलब यह है कि यह बोध—'अन्याय जिधर है उधर शक्ति' यह निराला के युगीन इतिहास का बोध है और मुझे यह कहने की ज़रूरत नहीं रह गई इस पर स्वाधीनता आन्दोलन का बहुत गहन प्रच्छन दबाव था। अब 'अन्याय जिधर है उधर शक्ति' यह जो बोध है, यह बोध एक पुराने बोध के ढाँचे को तोड़ देता है। ''धर्मो रक्षति रक्षितः'', 'यतो कृष्णः ततो जयः' उस ढाँचें में इस बोध ने एक कमी देखी, एक रिक्तता देखी, घातक रिक्तता। रिक्तता न कहिए असंगति। यह देखी कि अगर आप केवल न्यायी बने रहे, केवल धार्मिक बने रहे तो आप वही होंगे जो पराजित प्रायः असफल राम होते हैं।

विच्छुरित वह्नि राजीव नयन हत लक्ष्यबाण
स्थिर राघवेन्द्र को हिला रहा फिर फिर संशय
मित्रवर विजय, होगी न समर
धिक् जीवन जो पाता ही आया विरोध,
धिक् साधन जिसके लिए सदा ही किया शोध।
जानकी हाय उद्धार प्रिया का हो न सका।

राम के साथ एक विचित्र बात है कि जिसे वक्तृता कहा जाता है वह राम कभी इस्तेमाल नहीं करते और जहाँ तक मेरी जानकारी है न निराला के राम करते हैं, न तुलसी के राम करते हैं, न वाल्मीकि के राम करते हैं। राम वक्तृता तो कहीं देते ही नहीं। बहुत कम बोलते हैं राम और 'राम की शक्ति पूजा' में भी राम बहुत समस्त व्यस्त शैली में नहीं बोलते हैं। बहुत सरल और लगभग तद्भव शब्दावली में बोलते हैं। राम तो विभीषण को कहते हैं–

मित्रवर विजय होगी न समर
अन्याय जिधर है उधर शक्ति।

रेटरिक का इस्तेमाल केवल एक जगह वह करते हैं जबकि वह कहते हैं कि मेरे पास वह अस्त्र था–

'सूक्ष्मात् सूक्ष्म विवेक प्रजापतियों से रक्षित।' सब व्यर्थ हो गए, सारी रेटरिक रूप के धरातल पर भी व्यर्थता के लिए है। इसलिए आवेग रहित स्वर में बोले राम। यह बोध का परिचायक है, यह बोध की, खोज की मानसिक स्थिति है और बोध यह है कि 'अन्याय जिधर है उधर शक्ति।' इस तरह से तो विजय प्राप्त न होगी। सफलता ऐसे न मिलेगी। अब यहाँ पर आकर जब वह ढाँचा बदला, तो द्वन्द्व का रूप बदल गया। द्वन्द्व का रूप बदल गया। लड़ाई राम और रावण की नहीं रह गई। इस बोध के होते ही लड़ाई राम और शक्ति में हो गई। जिस शक्ति को अर्जित करना है, उस शक्ति में राम का संघर्ष शुरू हो गया। वह जो 'रावण महिमा श्यामा विभावरी अँधकार' थी? प्रमाणित है कि राम खुद कहते हैं कि ज्यों-ज्यों मैं बाँधता था, ज्यों-ज्यों मैं देखता था, त्यों-त्यों मैंने देखा कि वह जो महाशक्ति वामा के दृग से जो ज्योति फूटती रहती थी, मेरे दोनों हाथ बँध गए, मैं कुछ नहीं कर सकता था। और यह नहीं रहा नर-वानर का राक्षस से रण यह तो 'उतरी पा महाशक्ति रावण से आमन्त्रण' और देखा नभ में जैसे शशाँक, जैसे लाँछन अंक में लिए रहता है

चन्द्रमा, वैसे उस कलंक को धारण किए हुए है शक्ति। इसलिए द्वन्द्व का रूप फट से बदल गया। इस संघर्ष के पक्ष बदल गए।

एक बात और इस संघर्ष की, इस शक्ति को अर्जित करने की साधना क्या है? हम लोग यह तो विचार करते हैं कि 'राम की शक्ति पूजा' की आधुनिकता या 'राम की शक्ति पूजा' की संवदेना। 'राम की शक्ति पूजा' में आधुनिकता है कहाँ? 'कामायनी' में तो आधुनिकता कहीं-कहीं झलक मार जाती है। 'शक्ति के विद्युत का असहाय', इलेक्ट्रान। आचार्य शुक्ल ने तो कहा है कि और तो और कहीं-कहीं साम्यवाद की भी दबी-सी गूँज मिल जाती है। 'साकेत' में भी सीता तकली और चर्खा चलाती है। अपने पैरों पर यहाँ पलती है। साफ है कि आधुनिकता है और 'प्रिय-प्रवास' की तो सबसे बड़ी विडम्बना यह है कि उसमें आधुनिकता इतनी ज़्यादा है कि अतीत का छल गायब है। अतीत का छल अगर अतीत पर आधारित रचना में नहीं है तो वह रचना-रचना नहीं है, वह पुनर्सृष्टि नहीं है, वह क्रिएशन नहीं है उसका और उसके छल का निर्वाह बड़ी दूर तक होना चाहिए। 'प्रियप्रवास' की कलात्मक कमज़ोरी सबसे बड़ी यह है।

'राम की शक्ति पूजा' में आद्यन्त यह छल सुरक्षित है। अब चूँकि छल सुरक्षित है इसलिए आधुनिकता उसकी पूरी सर्जना के केन्द्र में स्थापित है और वह आधुनिकता इस बात में है कि वह प्राचीन गतकालिक नैतिकता और सौन्दर्य के ढाँचे में दरार पैदा करती है। उसकी आधुनिकता का बीज़ यहाँ है—'अन्याय जिधर है उधर शक्ति।' यह अवतारवाद, लीलावाद, भाववाद सबको तोड़ देती है, इसमें उसकी आधुनिकता सुरक्षित है। आधुनिकता कुछ विशेष साधना में भी दिखलाई पड़ सकती है। 'राम की शक्ति पूजा' में आए हुए 'साधना' शब्द से चर्चा शुरू करें।

हनुमान के बारे में लिखते हुए, हनुमान का रूप खोजते हुए निराला ने लिखा कि 'साधना मध्य भी साम्य'। यह हम जानते हैं कि भारतीय धार्मिक साधनाएँ हैं उनमें से अधिकांश की जो खोज होती है, जो साधना का रूप होता है, लक्ष्य होता है वह यह होता है कि जो मूलतः एक था वह दो हो गए। साधना होती है उन दो बने हुओं को एक करना। यह भारतीय धर्म साधनाओं की विशेषता है। विशेषता शब्द का प्रयोग मैं जान-बूझकर कर रहा हूँ। जीव और ब्रह्म एक थे, दो हो गए। अब साधना क्या है? साधना यह है कि जीव को ब्रह्म में मिला दो शिव और शक्ति दो हो गए, अब साधना है, शक्ति को शिव में मिला दो। प्रज्ञा रूपाय एक कर दो। शायद इसमें ऐसा नहीं है तो

'साधना मध्य भी साम्य' हनुमान साधना कर रहे हैं, साधक हैं लेकिन निराला ने कहा कि साधना करते हुए भी साधक हैं, लेकिन साधन करते हुए भी साधना करने की स्थिति में वह राम से साम्य रखते हैं, राम के समान हैं अब इसके बारे में दूसरी बातें। कबीर का 'साधन तैं सिधि पाइए', यह जो महाराग होता है प्रेम। प्रेम के मनोविकार की सबसे बड़ी विशेषता यह होती है कि वह प्रारम्भ होते ही सिद्धि प्राप्त कर लेता है।

कबीर ने कहा कि 'साधन तैं सिद्धि पाइए।' साधना से ही सिद्धि पाइए। अब आप देखते हैं कि हनुमान की जो स्थिति है 'राम की शक्ति पूजा' में, वह थोड़ी-सी असमंजस में डालने वाली है। हनुमान वस्तुतः राम की 'वह एक और मन रहा राम का जो न थका' तो राम का जो अनथका मन है उसके प्रतीक हैं। इसलिए जो शक्ति राम को परास्त किए हुए है वह शक्ति हनुमान से डरती है और जब समझदार होती है तब डरती है। शंकर उनसे कहते हैं कि देखो, "यह वानर नहीं है सामान्य, अर्चना राम की मूर्तिमान अक्षय शरीर।" यह तो कहा शिव ने। यह कौन है? यह राम की मूर्तिमान अक्षय शरीर अर्चना ही है। एक राम हैं और एक राम की अर्चना है। एक राम है और एक राम का अनथक मन है। हनुमान राम की मूर्तिमान साधना हैं और जैसे राम और हनुमान का अन्तर बताते हुए शंकर कहते हैं–

चिर ब्रह्मचर्य रत, नहीं हुआ शृंगार युग्म गत
एकादश रुद्र धन्य।

इनसे लड़ने पर देवी तुम्हारी विषम हार निश्चित है।" तो आपने देखा कि वह जो शक्ति थी ब्लाइण्ड, उनसे लड़ने की शक्ति स्वयं राम में ही थी। वह राम के अनथक मन में थी और यह जो साम्य है, यह राम में ही था और साधना के द्वारा राम का वह रूप प्रकट होता है। वस्तुतः राम अपने उस रूप को प्रकट करने की ही साधना करते हैं। यह बात एक और तरीके से भी समर्थित हो सकती है। जो विचार सूत्र प्रक्षिप्त होते हैं; आवेगपूर्वक ऊपर उड़ना, यह इस कविता में दो स्थान पर हैं एक तो हनुमान ऊपर उठते हैं–हनुमान का मन ऊपर उठता है। हनुमान ऊपर नहीं उठते हैं और हनुमान के बारे में निराला ने कहा कि 'युग अस्ति नास्ति के एक रूप।' यह अस्ति नास्ति का एक रूप है कि हनुमान अपने लिए नहीं है राम के लिए हैं।

राम काम कीजै बिना मोहिं कहाँ बिसराम।

और वह हनुमान उड़ते हैं। राम का एक मन भी उसी तरफ उड़ता है बाद में। कहाँ उड़ता है? कविता के अन्त में।

वह एक और मन रहा राम का जो न थका,
जो नहीं जानता दैन्य
पहुँचा बुद्धि के दुर्ग पर।

यह समानान्तर स्थिति है राम की भी, हनुमान की भी। एक समानान्तर स्थिति और भी दिखाई पड़ेगी इसमें। हनुमान को वहाँ जाकर के शक्ति माँ के रूप में मिली थी। अजंना रूप में शक्ति मिली थी और राम का जब मन ऊपर उठता है और बुद्धि के दुर्ग पर पहुँचते हैं तो राम को स्मरण होता है—

कहती थी माता मुझे सदा राजीवनयन।

राम का भी जब मन उड़ता है उसी तरीके से उनको भी माँ मिलती है और यह माँ का मिलना शक्ति का मानवीकरण है। शक्ति को नैतिक बनाना है। श्यामा को दुर्गा बनाना है ब्लाइंड से इस शक्ति को आँखें प्रदान करना है, विवेक प्रदान करना है और राम वही करते हैं।

यह तो 'साधना मध्य भी साम्य' है, केवल धार्मिक साधना के ही सन्दर्भ में नहीं, वह प्रेम के क्षेत्र में है और सामाजिक चेतना के क्षेत्र में है। निराला के यहाँ राग महाराग बन जाता है। उस महाराग का ही प्रमाण था कि राम के आँसू के केवल दो बूँदें गिरी थीं। आपने देखा 'सजल गिरे दो मुक्तादल' और हनुमान के यहाँ क्या हुआ 'शक्ति खेल सागर अपार' वह जो दो बूँद आँसू थे, वह हनुमान के यहाँ सागर बन गए, इसीलिए हम कभी-कभी कहा करते हैं कि 'ऐक्सीपीरिएंस इज़ ऑलवेज़ इनफाइनाइट।' कोई वस्तु जब अनुभव बनती है तो अनुभव बनते ही कोई स्थिति कोई मनोविकार असीम अखण्ड बनता है। वह राग तत्व महाराग तत्व भी हनुमान में है।

राम को सबसे पहले अपनी सौन्दर्य छवि का पता कब चला था? राम बहुत सुन्दर थे दूसरों की निगाह में, लेकिन सबसे पहले राम को कब पता चला कि मैं सचमुच अच्छा हूँ देखने में? 'ज्योतिः प्रपात स्वर्गीय ज्ञात छवि प्रथम स्वीय' प्रेम का प्रकाश जब पुष्प वाटिका में हुआ 'ज्योतिः प्रपात स्वर्गीय'—वह स्वर्गीय ज्योति प्रपात किसका था, प्रेम का था और उस स्वर्गीय ज्योति प्रपात में पहली बार राम को 'ज्ञात छवि प्रथम स्वीय, जानकी नयन कँपन तुरीय' कँपित तुरीयावस्था में प्राप्त जानकी के कमनीय नयनों से राम ने अपनी जो

छवि देखी तो उन्हें पता चला कि वे कितने सुन्दर हैं।

संवेदना पैदा नहीं होती है। आप जानते हैं उसके फूटने और पैदा होने का अर्थ क्या है? अवरोध के कारण सच फूटता है, चट्टान फूटती है तो 'खिंच गए दृगों में सीता के राममय नयन' और यह जो आँखों में अपनी आँखों से दूसरे की आँखों में अपनी छवि देखना, यह निराला की आवृत रूढ़ि है। 'सरोज स्मृति' में–

मैं लख न सका वे दृग विपन्न
क्षीण का न छीना कभी अन्न।
अपने आँसुओं अतः बिम्बित
देखे ही हैं अपने ही मुख छवि।

'अपने आँसुओं अतः बिम्बित देखे ही हैं अपने मुख छवि।' मैंने अपनी पलकों के आँसुओं में और किसी का मुख नहीं देखा है विपन्न और नहीं थे कोई, क्षीण और कोई नहीं थे, वह क्षीण का मुख क्या था? वह मुख मेरा ही मुख था। जैसे राम और सीता–'खिंच गए दृगों में सीता के राममय नयन', वैसे ही विपन्न क्षीण है उनकी आँखों में। निराला ने, जैसे राम ने सीता की आँखों में अपनी छवि देखी थी, वैसे ही निराला ने क्षीण विपन्न की आँखों में अपना मुख देखा, यह महाराग है।

स्वाधीनता आन्दोलन ने जो सांस्कृतिक साधना की थी, उस सांस्कृतिक साधना को देखते हुए एक महाराग भक्ति साधना ने अर्जित की थी और एक महाराग स्वाधीनता आन्दोलन की राजनैतिक और सांस्कृतिक साधना ने अर्जित की थी और निराला उसके श्रेष्ठ प्रवक्ता हैं।

निराला की सौन्दर्य चेतना की पहचान

श्रीमती अर्चना वर्मा

अगर 'राम की शक्ति पूजा' की संरचना को हम देखें तो राम के लिए एक विशेषण आता है 'अतुल बल शेष अश्विनी'। रावण का जो परिचय उन्होंने दिया है 'श्यामा विभावरी अन्धकार की' वह महिमा है और महावीर, उनके भी व्यक्तित्व में उनका पवनपुत्र होना, यह वहाँ गिनाया गया है। यानि रावण, महावीर और राम, इनके बीच में जो एक 'ह्यूमन ड्रामा' हो रहा है उसी के सामानान्तर जैसे नेपथ्य में एक मिथिकल ड्रामा भी चल रहा हैं उस मिथिकल ड्रामा के जो सदस्य है, जो अभिनेता हैं, वह शंकर, शक्ति और विष्णु हैं। क्या 'राम की शक्ति-पूजा' की संरचना की, उसके विन्यास की कोई ऐसी पहचान, उसका ऐसा विश्लेषण सम्भव है जिसमें एक ओर अवतारवाद के, आदर्शवाद के नकार को भी स्वीकार करें और दूसरी तरफ इस 'मिथिकल ड्रामा' को भी स्वीकार कर लें? निराला ने विशेष रूप से और छायावाद के सन्दर्भ में आम तौर पर कहा जा सकता है कि अपने समय का, उसकी सारी परिस्थितियों का, उसके पूरे संघर्ष का दबाव छायावाद ने अपनी परम्परा से प्राप्त औजारों के सहारे व्यक्त किया। उन पर प्रभाव जो कुछ भी पड़े हों, उन प्रभावों को उन्होंने इस तरह से अपनी विचारधारा में समायोजित किया कि उनकी जो परम्परा से प्राप्त विचारधारा है तथा उसके अपने रूप में कुछ परिवर्तन आया हो, कुछ फैलाव आया हो परन्तु उन्होंने पूरी तरह से समर्पण कभी भी बाहर से ग्रहीत उन प्रभावों के सामने नहीं किया।

सौन्दर्य चेतना को प्रायः एक ढीले-ढाले ढंग से संवेदना के समानार्थक और विचारधारा के स्थानापन्न पदबन्ध की तरह इस्तेमाल करने के हम आदी हो गए हैं। छायावाद के सन्दर्भ में विशेष रूप से क्योंकि एक अवधारणा की तरह से

सौन्दर्य के प्रति सजगता छायावाद में दिखी, अन्यथा समस्त सर्जनात्मक कृत्य सौन्दर्य चेतना द्वारा अनुशासित या फिर उसकी अभिव्यक्ति माना जा सकता है—कभी अन्वय से कभी व्यतिरेक से।

सौन्दर्यानुभूति आत्म और वस्तु के योग की अनुभूति का वह सर्वातिशायी क्षण है जिसमें चेतना वस्तु में विलीन होती है या स्वयं वस्तु को आत्मसात कर लेती है। सौन्दर्य के अनुभव की घटना का कौन-सा आयाम साक्षी मन का भाग है और कौन-सा साक्षित दृश्य का, इसका उत्तर असम्भव है। दृश्य का एक वस्तुगत अस्तित्व है जो सबके लिए समान है। उदाहरण के लिए कहा जाए—एक उभरा, ऊँचा, धूसर पर्वत शिखर है। अनुभव के क्षण में भावात्मक प्रतिक्रिया रंग और आकृति के साथ जुड़कर मानो वस्तु का वास्तविक गुण बन जाती है। धूसर के संग उदासी मानो वहाँ की पथरीली चट्टान में स्थित हो, केवल साक्षी के मन में नहीं। यह मम के ममेतर हो जाने का वह अनुभव क्षण है जिसमें चेतना निर्वैयक्तिक होकर असीम विस्तार में खुलती है और जग के साथ एकाकार हो जाती है। सौन्दर्य चेतना की पहचान का अर्थ इस समूची प्रक्रिया को व्यक्ति के पक्ष से देखना है क्योंकि इस प्रक्रिया का प्रामाणिक साक्ष्य उस व्यक्ति द्वारा अर्जित कलाकृति है। अतः कलाकृति के माध्यम से देखना है। अर्थात् शक्ति और सौन्दर्य के कवि निराला की वह मानसिक बनावट क्या है जो जीवन और जगत के साथ उनके रिश्ते को निर्धारित करती है—उनका संस्कार, उनकी मूल्य भावना, परम्परा के साथ उनका रिश्ता, उनके युग की तात्कालिकताओं का दबाव, उनके सम्पूर्ण परिवेश के आन्दोलनमय दौर से गुजरते हुए उनके समाज और उस समाज में उनकी निजी स्थिति। ऐसी बहुत-सी बातें परत-दर-परत एकजुट होकर उस जटिल मानसिक ऊर्जा की रचना करती हैं जिससे तय होता है कि उनके लिए सुन्दर क्या है? रचने की उनकी प्रेरणाएँ क्या हैं और उनकी रचना शक्ति यानि कल्पना कैसे व्यवहार और किस विधि से इन प्रेरणाओं को कृति में ढालती है।

संकट के साथ संघर्ष का धनात्मक पक्ष यह है कि वह चैतन्य को धक्का देकर एक सजग, सतर्क तत्परता में जगा देता है। टकराहट एक ऐसी परिस्थिति है जिससे प्रबल ऊर्जा तरंगों का उद्भव होता है, एक बौद्धिक प्रत्याशक्ति और भावात्मक उत्तेजना का आचरण होता है और वैचारिक मंथन की पीठिका तैयार होती है। 1850 से लेकर 1947 तक के लम्बे अन्तराल में अपनी स्वाधीनता के लिए जूझते हुए भारतीय मानस ने अपनी मनन धारा में प्रमुख रूप से दो आन्दोलनों को महसूस किया। पहली हलचल 19वीं सदी से लेकर 20वीं सदी

के प्रारम्भ के वर्षों की थी। स्वाभिमान और आत्मगौरव की भावना से ओत-प्रोत यह जिजीविषा के उत्कट जागरण व आक्रामक अस्मिता की उग्र प्राण प्रतिष्ठा के वर्ष हैं। इस हलचल का स्वरूप धार्मिक आन्दोलनों का था पर उनसे सामाजिक सुधार की चेतना अभिव्यक्त हुई थी। धार्मिक आवरण में सामाजिक सुधार के इन आन्दोलनों के प्रच्छन्न उद्देश्य का प्रकट परिणाम राजनैतिक था। दूसरी हलचल 1930 के आसपास के वर्षों की थी जिसमें इस पहली हलचल के परिणाम की टकराहट पश्चिमी चिन्तन की विभूति के साथ थी। निराला की एक मानसिक बनावट पहले उत्कर्ष की उपज है। जो आत्मान्वेषण, स्वाभिमान और आत्मगौरव के तन्तुओं से रचित है। इस प्रज्ञा को लेकर वे दूसरी हलचल के सम्पर्क में आए और वस्तुस्थिति की समझ में सन्दर्भ में अपनी दृष्टि को और अधिक पैना कर सकने में समर्थ हुए।

स्वाधीनता आन्दोलन में इन दोनों विचार सूत्रों को छू चुकने के बाद निराला की रचनाधर्मिता अपने सर्वोच्च शिखर की यात्रा पर निकली। 1934 से लेकर '41 तक के वर्षों के बीच उन्होंने अपनी सर्वश्रेष्ठ कृतियाँ रचीं जिनमें उनकी चारों प्रसिद्ध लम्बी कविताएँ शामिल हैं और चारों ही अपने परिप्रेक्ष्य में पूर्वोक्त दोनों वैचारिक धरातलों का अद्‌भुत सम्मेल करती हैं। पहले के बिना दूसरे का अस्तित्व उनके लिए सम्भव नहीं था। पहला धरातल उनकी संरचना का मौलिक धरातल था, उनकी अस्मिता की पहचान, उनके लिए अपने होने का अर्थ जिसकी बुनियादी सत्ता के बाद ही दूसरे के योग से उसमें कुछ घटाया या बढ़ाया जा सकता था। भारतीय जनता को स्वाधीनता संग्राम में सैन्य शक्ति की तरह इस्तेमाल करने के लिए रण क्षेत्र में ले आने के बावजूद राष्ट्रीय आन्दोलन की शिखर राजनीति में बहुत कम लोग ऐसे थे जो एक ओर शासनतन्त्र व संग्राम के अभिजात नेतृत्व तथा दूसरी ओर जन-मन और जीवन के बीच फैले हुए तनाव को, सम्प्रेषणहीन सन्नाटे को समझते हों। "धार्मिक विश्वास और अन्धविश्वास हमारे दैनिक जीवन की मान-मर्यादाओं, हमारी खामोश संस्कृति के खिड़की-चौखटे जो उस अनुशासन के बिल्कुल बाहर थे इतिहास की धारा के बीच 'नो मैन्स लैंड' की तरह। जिसे न अंग्रेज़ छिपाते थे, न राजा राममोहन राय की पीढ़ी के शिक्षित भद्र हिन्दुस्तानी जो विक्टोरियन आदर्शों को भारतीय संस्कृति का अन्तिम लक्ष्य मान बैठे थे।" निराला ने इन शिक्षित भद्र हिन्दुस्तानियों में, बाद की पीढ़ी के नेहरू व उनके संगी-साथियों और प्रगतिशील आन्दोलन के अगुआ रईसजादों का नाम भी जोड़ा। सन् 1930 के आस-पास के वैचारिक दौर ने निराला के परिप्रेक्ष्यबोध में यह महत्वपूर्ण

विस्तार किया कि वाद और वादी के अन्तर की पहचान, अभिजात नेतृत्व के चरित्र की परख और जन-सामान्य के साथ उसके रिश्ते की जाँच में उन्हें समर्थ बनाया। निराला दोनों ओर से अछूते छूटे हुए उसी भारतीय मन की ओजस्वी प्रतिमा थे। इस परिवेश में रचनाकार का एक निजी स्थान होता है—उसका अपना व्यक्तित्व, उसकी रुझान परिवेश के साथ एक द्वन्द्वात्मक सम्बन्ध में जुड़ती और अभिव्यक्त होती है। रचना में जीवन की अभिव्यक्ति का अर्थ साहित्य समाज का दर्पण मात्र नहीं, अपितु रचनाकार की चेतना जिस तरह से जीवन को ग्रहण करती है—विरोध, आलोचना, असहमति, तारतम्य, संशोधन, बिम्ब-प्रतिबिम्ब आदि अनेक सम्भव अर्थ छायाओं के साथ उसी तरह उसे अभिव्यक्त भी करती है।

रचनाकार को दोहरे व्यक्तित्व का स्वामी कहा गया है। पहली परख भोक्ता व्यक्तित्व की है और दूसरी परख सृष्टा व्यक्तित्व की है। भोक्ता कवि के व्यक्तित्व का वह अंश है जिसमें वह एक सामान्य व्यक्ति के समान होता है। इसके सहारे वह जीवन के अनुभवों, विचारों, प्रतिक्रियाओं, उत्तेजनाओं और परिस्थितियों में लिप्त होता है। भोक्ता मन द्वारा गृहीत अनुभव कोश का बृहत्तम अंश अचेतन में संचित होता है। अचेतन के विषय में हमारी धारणा यह है कि असामाजिक, अव्यावहारिक और दुःखद वासनाएँ दमित होकर अचेतन में ढकेल दी जाती हैं। सामान्य जीवन के अनुभव और व्यवहार के साक्ष्य पर यह कहना शायद अधिक उचित हो कि अचेतन से वे ही वासनाएँ चेतना की सतह पर आती हैं जिनका कोई सामाजिक और व्यावहारिक उपयोग है अथवा जिन्हें तृप्त किया जा सकता है। मानसिक क्रियाशीलता के बहुत कुछ अंश पर विवेक का जो नियमन और अंकुश हम महसूस करते हैं वह केवल इस ज्ञान का है कि हमें क्या नहीं करना है। हम क्या अनुभव नहीं करेंगे यह तय करना हमारे वश के परे है।

सामान्य भोक्ता के पास कुछ मानसिक आच्छादन होते हैं जिनका इस्तेमाल वह वस्तु जगत की अपरिचित बर्बरता और हिंसा के खिलाफ खुद को असुरक्षा से बचाने के लिए करता है। अपने युग की सामाजिक और नैतिक मर्यादाएँ, स्वीकृत आदर्श आचरण के बने बनाए मूल्य इसी किस्म के आच्छादन या सुरक्षा कवच होते हैं। उसकी सैद्धान्तिक प्रतिबद्धताएँ, वैचारिक अवधारणाएँ भी उसकी भावात्मक प्रतिक्रियाओं को अस्वीकार करती है जो जीवन को एक साफ सुथरा, कटा-छंटा समाधान बना पाने की इच्छा से परे नहीं देखता। रचनाकार इसके विपरीत अपने लिए किसी सुरक्षा कवच का बार-बार आविष्कार करने की कोशिश करते हुए भी किसी एक के साथ अपने को अन्तिम रूप से

जोड़ नहीं पाता। निराला इसी कोटि के रचनाकार हैं जिसकी प्रकृति आत्म और वस्तु के योग में स्वयं को विलय कर देने की अथवा सौन्दर्यानुभूति में पर्यवसित होने की है। जितना ही सच्चा और गहरा रचनाकार का इस अनुभूति के साथ समर्पण होता है, उतना ही जीवन के समक्ष वह असुरक्षित और प्रायः सुरक्षा के प्रति लापरवाह होता है। सौन्दर्यानुभूति उसकी मूल्य भावना को जन्म देती है। सौन्दर्य का पक्षधर होकर वह अन्याय के विपक्ष में खड़ा होता है। निराला की सौन्दर्य चेतना का यह एक विशेष आयाम है कि वह केवल नयन मनोरम के प्रसन्न अनुभव तक ही सीमित नहीं है, मूल्य भावना का पर्याय भी बनती है।

सृष्टा रचनाकार के व्यक्तित्व का वह अंश है जिसके सहारे वह अनुभव को भीतर से भोगकर बाहर से देख सकने में समर्थ होता है। सृष्टा में अपनी अन्तर्दृष्टि और मूल्य भावना के प्रति गहरी निष्ठा और भाषिक क्षमता होती है। उसमें अपनी अन्तर्दृष्टि के फल अथवा अपनी रचना को दूसरों के सहारे मूल्यांकन के लिए प्रस्तुत करने का आत्मविश्वास और साहस होता है और स्वयं को अभिव्यक्त करने की बेचैनी लगभग अनिवार्यता की हद तक महसूस होती है क्योंकि अभिव्यकित ही उसके पास अपने आप को, अपनी मूल्य भावना का और सौन्दर्यानुभूति के वास्तवीकरण का एकमात्र तरीका है। निराला का सृष्टा मन जीवन को उसकी सम्पूर्णता में सभी आयामों के साथ ग्रहण करता है—अन्तर्मुख, बहिर्मुख और ऊर्ध्वमुख। छायावाद की सौन्दर्य चेतना, और निराला की भी अपनी प्रकृति, आत्मपरक और वैयक्तिक है।

अचेतन मन की रहस्यमय भूमिका की बात कविता की सृजन प्रक्रिया के सन्दर्भ में इतनी बार कही गई है कि वह स्वयं अपना सरलीकरण-सा प्रतीत होने लगी है। निराला हमारे पास एक ऐसे कवि हैं जिनकी रचना में हम अचेतन की उपस्थिति को महसूस कर सकते हैं। उनकी कविता 'सरोज स्मृति', 'तुलसीदास', और 'राम की शक्ति पूजा' विशेष रूप से इस बात की प्रमाण है कि अचेतन यहाँ एक ऐसा प्रबल आवेगमय ज्वार है जिसे एक कठिन आत्मानुशासन और संयम के अंकुश के सहारे अपनी चेतना में धारण करने की सजग यातना से होकर कवि गुज़रता है और अचेतन की दी हुई सामग्री में से चयन और काट-छाँट करके उस सचेत उद्यम को झेलता है जिसे स्वयं अपने अंगों पर अपने आप नश्तर लगाना कहा जाता है। यह एक जटिल और कठिन यात्रा है मगर तर्क, विवेक इत्यादि के पक्ष से देखकर ऐसी कविता की प्रक्रिया को अचेतन की निरंकुश और स्वेच्छाचारी साहचर्य पद्धति का परिणाम कहा जा सकता है कुछ-कुछ उपहास और उपेक्षा के साथ भी। पर वस्तुतः तर्क और विवेक वहाँ

अनुपस्थित नहीं हैं। वे हमारी परिचित तर्क पद्धति और विवेक प्रणाली से भिन्न हैं तथा कवि की अपनी मूल्य भावना और सौन्दर्यानुभूति से अनुशासित हैं। आत्मपरकता और वैयक्तिकता इसलिए छायावाद के सन्दर्भ में विशेष रूप से विवेच्य है। प्रायः इन बातों का अर्थ काव्य को कवि की जीवनी का बिम्ब समझना हो गया है। कोई न कोई जीवनी तो कविता के भीतर होती ही है, कवि की हो या किसी और की क्योंकि कविता जीवन का बिम्ब है।

इसके पहले तक की भारतीय साहित्य परम्परा में रचनाकार को निर्वैयक्तिक दृष्टा की हैसियत दी गई थी। रचना के द्वारा वह अपनी संस्कृति के उच्चतम आदर्शों की दिव्य निर्वैयक्तिक कल्पनाओं की स्थापना, पुनर्स्थापना, प्रामाण्य और सत्यापन करता था। रीतिकाल में यह निर्वैयक्तिकता एक निर्जीव अलंकृति में विघटित हो चुकी थी और द्विवेदी युग में उसने इसमें अपने नैतिकतावादी आग्रह से सपाट, नीरस उपदेश वृत्ति का इजाफा कर दिया था। छायावाद के पास भी अपनी संस्कृति के मौलिक आदर्श हैं, दिव्य और विराट की कल्पनाएँ हैं और उन्हें देखने और अनुभव करने की विधि की तरह से वैयक्तिकता और आत्मपरकता है। छायावाद का व्यक्ति वस्तुतः अद्वैत वेदान्त के आत्म का भौतिक रूपान्तर है। विराट की कल्पनाओं को अपने वैयक्तिक वेदान्त तन्त्र देकर छायावादी कवि उसे अनुभूति की प्रमाणिकता से मंडित करता है। इस व्यक्ति को जैसा कि अक्सर किया गया है—पूँजीवादी प्रसार के व्यक्ति से जोड़कर देखना गलत है। वैयक्तिक जोखिम के सहारे नायक के रूप में उदित होने वाले सफल व्यक्ति या फिर वैयक्तिक जोखिम की कठिन प्रतियोगिता में असफल, हताश व्यक्ति की एकान्तित असामाजिक या प्रतिसामाजिक मनोवृत्ति वाले व्यक्तिवाद से इसे जोड़कर देखने का अर्थ शोषक की मनोवृत्ति को शोषित की कसौटी बना लेने की भूल है। यह वैयक्तिक स्वाधीनता की आकांक्षा नहीं, स्वाधीनता की राष्ट्रीय आकांक्षा की वैयक्तिक अनुभूति है जिसे छायावाद व्यक्त करता है।

आत्मपरक रचनाओं को लेकर एक महत्वपूर्ण सवाल यह उठता है कि वे साधारणीकरण अथवा सार्वजनिक भागीदारी की योग्यता से सम्पन्न तथा सार्वभौम के अर्थ में निर्वैयक्तिक हैं अथवा नहीं? व्यक्तित्व की सम्पन्नता से विभूषित कवि द्वारा व्यक्तित्व का विसर्जन ही यदि सृजन प्रक्रिया की ज़रूरत है तो छानबीन का विषय यह नहीं रहता कि 'तुलसीदास' और 'राम की शक्ति पूजा' के चरित्र नायकों के बीच निराला स्वयं कितने उपस्थित हैं बल्कि यह हो जाता है कि 'सरोज-स्मृति' के नायक में वे कितने अनुपस्थित हैं। निराला की सौन्दर्यपरक चेतना आत्मपरक अभिव्यक्तियों में भी आत्मलिप्त नहीं होती है।

निराला की कविता एक समग्र सौन्दर्यपरक चेतना की अभिव्यक्ति है, यह कहा जा चुका है। समग्र व्यक्तित्व से तात्पर्य ऐसा व्यक्तित्व है जो अपने आपको एक साथ अस्तित्व की अनेक दिशाओं-अन्तर्मुख, बहिर्मुख व ऊर्ध्वमुख तथा इनके पारस्परिक अनुपातों के अनन्त समीकरण में अभिव्यक्त करता है। **इस अनेकमुखता की केन्द्रीय धुरी अद्वैत वेदान्त है**। वह भीतरी शक्ति पुंज व मौलिक आलोक स्रोत जो केन्द्र की तरह स्वयं स्थिर रहकर परिधि का संचालन करता है। उनकी मूल भावना का उद्‌गम अद्वैत वेदान्त में है जो उनकी कविता की हर प्रेरणा के भीतर समाया हुआ है। प्रकृति और प्रेम की ही नहीं सामाजिक यथार्थ और प्रगतिशील चेतना की कविताओं में भी। उनके लिए यह जितना परम्परा से पाया हुआ है उससे कहीं अधिक स्वयं जूझकर कमाया हुआ सत्य है, इसीलिए वह निराला का वेदान्त है, उनकी सांस्कृतिक चेतना और विश्वदृष्टि का पर्याय है। यह उनकी अपनी ज़मीन तो है ही जिस पर खड़े होकर वह अपने युग के आर्थिक, सामाजिक, राजनीतिक यथार्थ को देखते हैं। वे इसे समूचे विश्व की ज़मीन बनाने के आकांक्षी भी हैं। गहराई से लेकर ऊँचाई तक को नापने वाले कल्पना के पंखों का द्विविध स्वभाव निराला की रचना का ऊर्ध्वाधर आयाम है। यह मानवीय अस्तित्व का कालिक आयाम है। स्वयं निराला की कविता से शब्द लेकर कहें तो–

'विहग के वे पंख बदले किया जल का मीन'। अचेतन की गहराइयों को स्पर्श करती हुई चेतना का बिम्ब है जल का मीन। यह काल का अनुभूत और अभ्यन्तरीकृत रूप है, यही स्मृति है। विहग के पंख में ऊँचाइयों का वह संकल्प है जो अभ्यन्तरीकृत होने को बाकी है। यह आशा है, कल्पित है किन्तु अनुभूत होकर स्मृति में रूपान्तरित होने की प्रत्याशी है। स्मृति यदि अतीत है तो आशा और संकल्प भविष्य हैं। निराला की अद्वैत की कल्पना में यह बात समझनी जरूरी है कि आदर्शों के आशामय भविष्य की यह संकल्पना शताब्दियों से परम्परा द्वारा हस्तान्तरित होती हुई स्मृति का अंश बन चुकी है। अर्थात् एक साथ ही वह अतीत भी है और भविष्य भी, स्मृति भी है और कल्पना भी, अनुभूत भी है और सम्भावित भी। वर्तमान क्षण अथवा उपस्थित यथार्थ को झुठलाए बिना उसका अतिक्रमण करना है। उससे बँधकर भी उससे मुक्त होना निराला के स्वभाव का ज़रूरी हिस्सा है। उनकी मूल्य भावना की जड़ें अस्तित्व के कालिक आयाम अथवा उनके परम्परा बोध में है। परम्परा से उन्हें किसी अखण्ड, अविभाज्य और बृहत्तर सत्य का आभास विरासत में मिला है जिसे वे अद्वैत वेदान्त कहते हैं और उसके सहारे सृष्टि प्रक्रिया की व्याख्या करके उसका

एक भौतिक संस्करण उपलब्ध करते हैं। उनका यह दार्शनिक विश्वास, उनकी सौन्दर्य चेतना की प्रकृति को भी निर्धारित करता है। जिन वस्तुओं की मूर्त सत्ता में, उनकी ससीमता में, अमूर्त असीमता को धारण करने की योग्यता जितनी ही अधिक है वे निराला के निकट अपने अस्तित्व में उतनी ही काव्यात्मकता का वहन करने में समर्थ प्रतीत होती हैं।

लघु के भीतर विराट का दर्शन करते हुए निराला 'जूही की कली', 'शेफालिका', 'नर्गिस', 'सन्ध्या सुन्दरी' 'वनबेला' आदि सौन्दर्य की देह प्रतिमाओं को जो विभूति और ऐश्वर्य देकर अंकित करते हैं वह उन्हें विराट की छवि में परिणत कर देती है। यह प्रकृति के विषय में कविता की बात है तो छायावाद में प्रकृति के प्रति जो अतिशय अतिरिक्त मोह है, आलंबन के रूप में प्रकृति को अभिव्यक्त करने की जो बात है उससे और जो बहुत-सी बातें समझाई गई हैं उससे हम सब परिचित ही हैं। एक बात मुझे सम्भावित प्रतीत होती है कि शायद यह इस अद्वैत की प्रकृति में भी एक मौलिक रूपान्तर है। यह ब्रह्म को प्रकृति से स्थानान्तरित करने जैसी चीज़ है और प्रकृति पुनः इस अद्वैत का भौतिक संस्करण है जो प्रकृति को सबके मानने के लिए, सृष्टि को सत्य मानने के लिए कवि को इस रूप में बाधित करता है कि वह इसे ब्रह्म की साकार प्रतिमा के रूप में देखे।

'जूही की कली' का प्रणय व्यापार एक कॉस्मिक प्रक्रिया के अनन्त अमूर्तन का विशेष क्षण में रूपबद्ध अतः वास्तविक होना है। 'संध्यासुन्दरी' में 'चारों ओर गूँजते हुए चुप चुप चुप में अव्यक्त मौन का व्यक्त हो जाना' इसी अद्वैत को अभिव्यक्त करने के लिए रचित रूपकों की तरह अपने पुराणों की व्याख्या भी निराला करते हैं। यह उनके निबन्ध से लिया गया एक अंश है—कश्यप और उनकी तेरह पत्नियों की चर्चा में उन्होंने कश्यप को पश्यक अर्थात् दृष्टा रूप ब्रह्म बताया है, दिति और अदिति उनकी प्रधान पत्नियाँ हैं। दिति दैत्यों की माँ हैं। दिति का अर्थ करते हुए निराला कहते हैं कि यह उनके अनुसार द्वैत बुद्धि या भेद दृष्टि है। क्षुद्र अहंकार का पोषण, पृथकता भाव का वर्द्धन और विभाजन इस बुद्धि का परिणाम है। शक्ति और सत्ता का मदांध लोभ, जन-शक्ति का उन्मेष, आसुरी शक्ति का प्रसार निराला के लिए ग्रीक सभ्यता का दानवी प्रवाह है और गत दो शताब्दियों से 'दानवी माया अपने पूर्ण यौवन पर आ गई है' ऐसा भी कहते हैं।

दूसरी ओर अदिति है जिसका सूक्ष्म अर्थ वह बताते हैं कि जिसका खण्डन न हो, सीमा न हो, विभाजन न हो। अदिति देवताओं की माँ है। यानि दैत्य के

विरुद्ध देवता निराला के लिए अद्वैत के विरुद्ध द्वैत का समतोल है। अद्वैत उनके अनुसार एक ऐसी मूल्य दृष्टि है जिसके भीतर हर पृथक खण्ड के पास अपने लिए एक सही जगह है। 'राम की शक्ति पूजा', 'कुकुरमुत्ता' और 'तुलसीदास' के माध्यम से निराला अद्वैत को एक विश्वदृष्टि के रूप में स्थापित करते हैं और इन कविताओं को अपने युग के वास्तविक भौतिक संकट के अर्थों और अभिप्रायों से मण्डित करते हुए वे ऐसा करते हैं। 'तुलसीदास' के भीतर चित्रित ऐतिहासिक काल उस घटनास्थल की भूमिका सम्पन्न करता है जिसके कार्य व्यापार की तरह निराला का अपना काल घटित होता है। सांस्कृतिक सूर्य के अस्तमित होने की चिन्ता, राजनीतिक पराजय का क्षोभ, वर्णाश्रम धर्म के ह्रास के रूप में सामाजिक विघटन से उत्पन्न सामान्य जन की आर्थिक शोचनीयता आदि सूत्रों के सहारे तुलसी और निराला के कालों को बेधकर 'ये शीतलक छाए सांस्कृतिक सूर्य' हज़ारों साल पहले की गहनतम स्मृतियों की गुफाओं से निकलकर अपनी यात्रा को खेता हुआ तुलसी के बहाने से निराला और उसके आगे पाठक तक लाता है। उसके पुनःअन्वेषण की व्यग्रता निराला को तुलसी तक और उसके भी पीछे स्मृतियों की गहन गुफा तक ले जाती है।

'राम की शक्ति पूजा' में निहित काल अचेतन की बद्धमूल स्मृतियों का गहनतम संस्कारों की मिथकीय शक्तियों से समन्वित सांस्कृतिक काल है जिसमें निराला ने अपने वर्तमान को पिरो दिया है। इस ऊर्ध्वमुखी आयाम में निराला की सौन्दर्य चेतना की उछाल है। दूसरा अन्तर्मुख आयाम, उसमें उनकी अनुभव की विधि है डूबना। विहग के वे पंख बदलकर मीन के पंख बन जाते हैं। 'तुलसीदास' और 'राम की शक्ति पूजा' के सन्दर्भ में उछाल जितनी प्राणवन्त है 'सरोज-स्मृति' तथा अन्य अन्तर्मुख कविताओं में विषाद के प्रति समर्पण भी उतना ही निर्विरोध और सम्पूर्ण है। जिन प्रसंगों में वे हमें आत्मक्षय, जर्जरता, अविसंगता, पीड़ा और विषाद का सामना करते हुए मिलते हैं उनमें भी वे बवण्डर जैसे किसी विकट अराजक अनुभव को अपनी चेतना की सीमाओं में धारण कर सकने की क्षमता से अभिभूत कर लेते हैं। दोनों ही आयामों में अनुभव के प्रति निष्कवच समर्पण निराला की सौन्दर्य चेतना का लक्षण है। परिवेश या कि उनका युगीन यथार्थ वह सतह है जिसके लिए प्रतिरोध उनकी चेतना में उछाल पैदा करता है। लेकिन यह प्रतिरोध परिवेश के लिए है अनुभव के लिए नहीं। जब यह परिवेश अपनी आक्रामकता और हिंस्रता के दबाव में आकर उन्हें अन्तर्मुखता में ढकेल देता है तब भी वे समर्पित अपने अनुभव के प्रति होते हैं, परिवेश के प्रति नहीं। इसीलिए अतल के स्पर्श से पहले ही प्रतिरोध

पुनः जीवित होता है, डूबना उछाल में परिवर्तित होती है और उन्हें वापस सतह पर ले आती है।

'वनबेला', 'राम की शक्ति पूजा', 'सरोज-स्मृति' आदि कविताओं में दबाव और उछाल एक साथ घटित होते हैं। पर गीतिपरक संरचना वाली कविताओं में प्रायः एक ही अभिव्यक्ति में दोनों स्थितियाँ गुँथी हुई नहीं मिलतीं। अलग-अलग कविताएँ इन मनःस्थितियों को अलग-अलग अभिव्यक्त करके भी एक-दूसरे की पूरक बन जाती हैं। संगीत के स्वीकृत चौखटों में अनुभव को घटाने की जो कोशिश अनुभव की प्रक्रिया को यान्त्रिक बनाती है पर साथ ही जीवन को सुरक्षा देती है निराला की दूरभेदी दृष्टि के लिए ऐसे किसी चौखटे को स्वीकार करना बहुत देर तक सतह पर बने रहना मानो सम्भव ही नहीं है। एक तीसरी आँख की तरह यह दृष्टि घटना और रूप की सतह के पार देखती है और चौखटा चरमरा जाता है और अक्सर निराला भीतरी और गहरी सतह पर दुर्दमनीय अन्धकार के अप्रत्यक्ष दर्शन का सामना करते हुए, जूझते हुए दिखाई देते हैं। जहाँ-जहाँ यह अन्धकार पराजय और अपमान का, परिवेश के दबाव का अन्धकार है वहाँ-वहाँ निराला इसके आगे सर झुकाने से इन्कार करते हैं। पर जहाँ यह मृत्यु से साक्षात्कार का अन्धकार है वहाँ वे निष्कवच भाव से पुनः समर्पित हो जाते हैं। यह साक्षात्कार उनके रचना जीवन में आद्योपान्त फैला हुआ है। मृत्यु का एक रूप उनके लिए मानसिक जड़ता है। इसका जन्म संकीर्ण हृदय की स्वार्थबद्ध लोलुपता से होता है। निराला के निजी शब्दकोश में इसका सम्बन्ध दिति से अर्थात् द्वैतग्रस्त मन और बुद्धि के व्यवहार से है।

खड़ी के दीवार जड़ की भेदकर
बोलते हैं लोग ज्यों मुँह फेरकर
भर गया है ज़हर से संसार जैसे हार खाकर
देखते हैं लोग लोगों को सही परिचय न पाकर

या

जीते हैं जन जन को खाकर
कहाँ रहूँ मैं ठौर न पाकर

जैसी पंक्तियों में जड़ की दीवार या सही परिचय का अभाव निराला की व्यथा को द्वैतग्रस्तता के दार्शनिक आयाम से जोड़ता हुआ भी दैनिक अनुभव की भाषा में अभिव्यक्त होता है और दर्शन को उनका अनुभूत सत्य बनाता है।

दीनता, असहायता और भय की स्थितियाँ मृत्युगीतों की सम्पूर्ण संख्या को देखते हुए विरल है। जर्जरता और हताशा उन्हें विषाद की ओर ले जाती है और विषाद प्रपत्य भाव की ओर। प्रपत्य भाव को उनकी अन्तर्मुख चेतना का ऊर्ध्वमुख आयाम कहा जा सकता है। 'सरोज-स्मृति' के पहले तक की ऐसी रचनाओं में मृत्यु के प्रति आमन्त्रण और वरण का भाव दिखाई देता है और यह मृत्यु से अधिक मृत्यु की सम्भावना का अहसास नहीं है, वास्तविक नहीं कल्पित अनुभूति है। मृत्यु का दूसरा रूप अपनी सर्जनात्मकता के क्षय का अहसास है।

जीर्ण शीर्ण होकर जीती है।
जीवन में रहकर रीती है,
मन की पावनता पीती है
एक यह अकाम सरणि है

अथवा

स्नेह निर्झर बह गया है
रेत ज्यों तन रह गया है

जैसी रचनाओं में जीर्णता के बावजूद जीवन की इच्छा और जीवन के बावजूद रीतेपन का अहसास उस अन्तर्व्यापी शून्य के साक्षात्कार से उत्पन्न होता है जिसे भरने के प्रयत्न में मानव के सभी सर्जनात्मक कार्य सम्पन्न होते हैं। यह शून्य मूल्य सर्जना द्वारा स्वयं को भरने के प्रयास में ऊर्ध्वमुखता और बहिर्मुखता की ओर प्रस्थान करता है। मृत्यु का साक्षात्कार इसकी मूल्य चेतना की कसौटी है। अपनी और अपने रचे हुए की नश्वरता जानने के बावजूद वह रचना चाहता है। इस जगह निराला का अद्वैत मृत्यु के लोभ से रचा गया जीवन सत्य है। इसमें सर्जना की आकांक्षा और मृत्यु के निर्भय वरण की तत्परता द्वारा नश्वरता पर विजय पाई जाती है। परवर्ती संग्रहों में प्रकृति के सौन्दर्य के ईश्वरीय वैभव की रचनाओं के बीच मृत्यु के साक्षात्कार की मनःस्थिति को प्रयत्नपूर्वक बनाए रखा गया है और एक उदास सहज स्वीकृति के साथ तो कहीं एक उल्लास के साथ उसके स्वागत की तैयारी भी दिखाई देती है। दूधनाथ सिंह ने इसे मृत्यु के भय से प्रभु की फैन्टेसी और शरणागति कहा है। पर इन कविताओं से जो प्रकट होता है वह पूर्णता की ओर जाते हुए जीवन का चौथा पुरुषार्थ है।

मृत्यु का तीसरा रूप कवि के लिए अपनी क्षमता की कसौटी और जीवन की पूर्णता है। यहाँ वह एक निर्भय उल्लास के साथ या फिर शान्त, निष्काम भाव से उसके स्वागत में तत्पर होता है। जीवन और मृत्यु का अद्वैत इन गीतों में वे न केवल देखते, बल्कि उसे अपने प्रपत्य भाव में प्रार्थना गीतों में भी एक दूसरे स्तर पर उपलब्ध करते हैं। एक प्रार्थना गीत यहाँ मैं उद्धृत कर रही हूँ—

नई शक्ति अनुरक्ति जगा दो
विकृत भाव से भक्ति भगा दो
उत्पादन के मार्ग लगा दो
साहित्यिक वैज्ञानिक के बल

इन पंक्तियों को उद्धृत करके डॉ. रामविलास शर्मा तथा डॉ. नन्द किशोर 'नवल' ने कहा है कि निराला ने वेदान्त का अतिक्रमण भी किया है; पर वस्तुतः 'विकृत भाव से भक्ति भगा दो' कहकर निराला वेदान्त का अतिक्रमण नहीं, अद्वैत की सिद्धि की ही कामना कर रहे हैं। भक्ति द्वैतग्रस्त मन का विभाजित भाव है जिसके कारण आत्म और वस्तु एक-दूसरे से अलग हो जाते हैं। द्वैतग्रस्त वैज्ञानिक उत्पादन की बजाए विनाश में लगा रहता है और द्वैतग्रस्त साहित्यिक शून्य में विहार के निरर्थक श्रम में। वैज्ञानिक और साहित्यिक अथवा हृदय और बुद्धि की विभक्ति को, दूर करके यहाँ निराला एक 'नई शक्ति का अनुरक्त' प्रसाद मानते हैं वह अद्वैत है।

अद्वैत धर्म जिस पूर्ण काम जीवन की तस्वीर खींचता है वह धर्म, अर्थ, काम और मोक्ष के पुरुषार्थों से बना है। पहले तीन पुरुषार्थों को भी अपने मूल्य भाव से समन्वित करके निराला मोक्ष से गर्भित करते हैं क्योंकि मोक्ष की चेतना से रहित धर्म केवल पाखण्ड और आडम्बर है, अर्थ केवल धन लोलुपता एवं काम केवल ऐन्द्रियपरायणता की कुत्सिल लीला। 'तुलसीदास' कवि के काम-मोक्ष की अभिव्यक्ति है, 'राम की शक्ति-पूजा' धर्म मोक्ष की और 'कुकुरमुत्ता' अर्थ मोक्ष की। भौतिक और आध्यात्मिक का यह अन्तर्भेद निराला के अद्वैत को निराला बनाता है।

निराला के कवि व्यक्तित्व के बहिर्मुख आयाम को समझने में प्रायः अनेक गुत्थियाँ आती हैं। इन्हें हम प्रायः निराला के व्यक्तित्व का अन्तर्विरोध कहकर समझ के परे मान लेते हैं। इसे एक प्रचलित शब्दावली में कहें तो निराला की प्रगतिशील चेतना या उनका सामाजिक यथार्थ का बोध। दुर्भाग्यवश निराला यह छूट अपने समीक्षकों को नहीं देते कि उनकी रचना यात्रा को भाववाद की ओर,

यथार्थवाद की ओर, भावुकता से बौद्धिकता की ओर, अन्धकार से प्रकाश की ओर विकास की एक सीधी रेखा की तरह समझा जा सके। उनकी रचना में ये धाराएँ एक-दूसरे से न भिन्न हैं न सामानान्तर। वे बुनी हुई रस्सी के सूत्रों की तरह आपस में गुँथी हुई हैं। उनका अद्वैत वेदान्त किसी अतार्किक श्रद्धा जैसी मानसिक अपर्याप्तता से नहीं जन्मा है बल्कि अपनी निजी ज़िन्दगी के साथ-साथ अपने युग और परिवेश की गुत्थियों को सुलझाने का पर्याय है।

उनकी सर्वश्रेष्ठ कविताओं में जिस प्रकार विराट की अवधारणा में एक साधारण की निश्चित भूमिका है उसी प्रकार उनके साधारण के बोध में भी विराट की चेतना का एक निश्चित बोध मिलता है। इस स्तर पर साफ देखा जा सकता है कि निराला अपने दार्शनिक विचार को रूपों और व्यापारों, वास्तविक जीवन के ठोस धरातल पर ऐन्द्रिय प्रत्यक्ष का विषय बन सकने लायक अनुभव सत्यों में अनूदित करते चलना अनिवार्य पाते हैं।

उनकी मूल्य दृष्टि में बहिर्मुखता का वह रूप जो मानव को जगत के साथ स्नेह सम्बन्ध के तन्तुओं से जोड़ता है, बहिर्मुख मन की गुलामी से भिन्न है। उनकी असहमति विज्ञान के विकास से नहीं, जड़वादी मूल्य दृष्टि से है। वे वस्तु जगत की सत्ता और शक्तिमत्ता को चैतन्य आत्म द्वारा अनुशासित देखना चाहते हैं। जड़वाद ग्रस्तता के रूप में परिभाषित वस्तुवाद की इस विरोधी दृष्टि से वस्तु जगत, वस्तुगत यथार्थ की अपनी भूमिका है। इसके निर्धारण में सन् 30 के आस-पास की उस वैचारिक हलचल का एक निश्चित योगदान है जिसने देश के बौद्धिक वातावरण पर गहरा प्रभाव डाला था। निराला के चिन्तन पर इसका प्रभाव यूँ नहीं पड़ा कि इसके धक्के से वेदान्तिक आदर्शों के सपने चूर-चूर हो गए हों बल्कि यूँ पड़ा जैसे नदी के गर्भ को खुदाई द्वारा गहरा करके उसे बाढ़ का जल सँभालने की क्षमता दे दी जाती है। उसी प्रकार अपनी वेदान्ती विचारधारा को और ज़्यादा गहरा और व्यापक बनाकर इस नए यथार्थ को धारण करने की क्षमता निराला ने इसे दी।

अद्वैत उनके लिए पारम्परिक, सांस्कृतिक सत्य का पर्याय है और इससे आगे जो अधिक महत्वपूर्ण बात है—यह संस्कृति उनके अनुसार भारत के सामान्य जन की जीवन पद्धति है। यहाँ आकर सांस्कृतिक चिन्ता का अर्थ निराला के लिए साधारण जन की चिन्ता का पर्याय बन जाता है। हालाँकि इसकी यह धारा पहले से ही उनकी कविता में चली आ रही थी। दूधनाथ सिंह ने इसे काव्यात्मक आभिजात्य से मुक्ति कहकर समझा है परन्तु वे यदि तत्सम प्रधान शब्दावली को ही आभिजात्य का पर्याय समझ रहे हों तो बात दूसरी है,

अन्यथा अपने सम्पूर्ण युग के परिप्रेक्ष्य में निराला जिसे अभिजात कहकर परिभाषित करते हैं उस संसार में तो हिन्दी और हिन्दी भाषी का प्रवेश ही नहीं है भले ही वह तत्सम प्रधान बहुल हिन्दी ही क्यों न हो।

तुलसीदास, राम और वेदान्त निराला के लिए आभिजात्य का नहीं जन-संस्कृति का पर्याय है। निराला की संस्कृति विषयक अवधारणा में भी एक समग्रता है। तुलसीदास के साक्ष्य पर कहा जा सकता है कि सांस्कृतिक क्षय को लेकर उनकी व्याग्रता का एक पक्ष राजनीतिक पराजय का क्षोभ है, दूसरा पक्ष सामाजिक विशृंखलता जिसे वह वर्ण व्यवस्था का विघटन कहकर समझते हैं, उससे उत्पन्न असन्तुलन की समझ है, तीसरा पक्ष पहले दोनों पक्षों से उत्पन्न दीन-हीन सामान्य जन की आर्थिक शोचनीयता का दर्द है। तुलसीदास के ही साक्ष्य पर सांस्कृतिक पराजयता का सीधा अर्थ निराला के लिए 'जाति की जीवनी शक्ति का विनाश है।' वह अन्तिम समर्पण है जिसमें इच्छा शक्ति भी परतन्त्र हो जाती है। अलग-अलग कविताओं में, अलग-अलग सन्दर्भों में निराला ने जहाँ भी परिवेशगत यथार्थ की परीक्षा करते हुए अभिजात की भूमिका को देखा है वहाँ उसे जनजीवन और जन-संस्कृति के पक्ष में खड़ा पाया है। तुलसीदास में आभिजात्य की तस्वीर यह है—

'तृज्जोद्धृत स्पर्द्धागत सगर्व
क्षत्रिय रक्षा से रहित सर्व
द्विधि चाटुकार, हत इतर वर्ण पर्णों के

'कुकुरमुत्ता' में यह भूमिका उन्होंने गोली और उसकी माँ को सौंपी है। 'राम की शक्ति की पूजा' में भी इस अभिप्राय का हल्का-सा संकेत विभीषण के चरित्र में उन्होंने गूँथा है, भले ही वह उनके नायक राम के कृपापात्र और सहायक हैं। इस सांस्कृतिक पराजय के ज़िम्मेदार वे अभिजातवर्गी नेताओं को ठहराते हैं जो दरबार में दाखिल की इच्छा से और पुरस्कार-पारितोषिकों के लोभ से अपने देश, जन और संस्कृति को भी गिरवी रखने से नहीं चूकते। 'कुकुरमुत्ता' और 'नए पत्ते' की कविताएँ निराला की पूरी कविता यात्रा में एक अव्याख्येय-सा मोड़ जान पड़ता है। यथार्थवाद की प्रचलित परिभाषा इन कविताओं पर लागू करने से यह दिक्कत होती है। उनकी बाकी कविताओं में यह मोड़ इसलिए अलग है कि यहाँ उन्होंने अपने खड़े होने के लिए एक भिन्न बिन्दु का चुनाव किया है। इसके पहले तक की रचनाएँ अद्वैत के सिरे से बहिर्जगत को देखती थीं। इनमें बहिर्जगत के सिरे से अद्वैत को देखा गया है। 'तुलसीदास' और 'राम

की शक्ति पूजा' अपनी युग संस्कृति में उतनी ही गम्भीर है जितनी 'कुकुरमुत्ता' और 'नए पत्ते'। पर जिस बिन्दु पर टिककर कवि अपने सत्य को देखता है वह यथार्थ की सूरत बदल देता है। यहाँ उनकी रचना का कार्य व्यापार कालिक आयाम में नहीं देशिक आयाम में घटित होता है। तुलसी में मन विहंग की उड़ान या महावीर की उछाल द्वारा ऊर्ध्वमुखी आयाम में कवि मन का जो व्यापार प्रकट हुआ है वह देशी आयाम में 'कैलाश में शरत्' और 'स्फटिक शिला' नामक कविताओं में यात्रा द्वारा अभिव्यक्त किया है। एक जगह जो उड़ान है, दूसरी जगह वही यात्रा है। एक यात्रा पर्वत की है दूसरी नदी की। इन कविताओं द्वारा वे अपने देश की भौगोलिक प्रकृति में अद्वैत के भौतिक आधारों की तलाश करते हैं और उनके समाज का अभिजात वर्ग वेदान्त का नहीं, एक जिस भिन्न संस्कृति का उपासक है उसकी संस्कृति वही है जो उस युग के दरबार की है। अपनी संस्कृति उसके लिए सजावट का माल है, महज़ एक अजूबा जिसे सजा-सँवारकर शिष्ट जनोचित बनाकर विलायती रसेन्द्रिय के समक्ष चटखारे के लिए परोसने में उसे कोई हिचक नहीं होती। परोसने के पहले कुकुरमुत्ता को कलिया कबाब में बदला जाता है। ये सब एक ही थैली के चट्टे-बट्टे हैं। 'महंगू महंगा रहा' के पण्डित जी, 'मास्को डॉयलॉग्ज़' के गिडवानी तथा 'खुशखबरी' के देविका रानी और उदयशंकर एक ही स्वभाव के अलग-अलग क्षेत्र और अलग-अलग नाम जिन्हें अपनी उपलब्धि का प्रमाण-पत्र पश्चिम से पाना है, अपने खुद के आचरण से नहीं।

निराला का मर्मभेदी अन्तःकरण हर समय, हर जगह प्रच्छन्न अभिप्राय देख पाता है। किसानों और मजदूरों के अपने सगे पण्डित जी की असलियत से लेकर सुदूर विदर्भ में ऋषियों की करतूत तक ने दगा की, सभ्यता ने दगा की। 'तुलसीदास' का कवि आर्थिक विषमता का अभिशाप अपने सामाजिक जीवन में व्याप्त देखता है। 'सरोज-स्मृति' का कवि इस विपन्नता के दंश से विष जर्जर होता है। उसके अनुसार सांस्कृतिकता मानव का आत्मबद्ध लाभ है, गरिमा का उच्च्च शिखर, आध्यात्मिक तलाश का फल, पर आर्थिक विपन्नता उसे दलदल की तरह यूँ जर्जर करती है कि धँसते जाना ही उस की मजबूरी हो जाती है। 'सरोज-स्मृति' के नायक का कवित्व, उसकी आध्यात्मिक तलाश और सांस्कृतिक उपलब्धि का निकष है तो उसका विफल पितृत्व इस ऊर्ध्व शिखर से नीचे घसीट लाती विपन्नता की दलदल का परिणाम। कविता के अन्त का चीत्कार इस सम्भावी दुर्घटना की ओर संकेत करता है कि विकट स्नायविक तनाव का परिणाम दलदल के प्रति अन्तिम समर्पण नहीं हो सकता

है। पर निराला लौटकर फिर इस यथार्थ को 'वनबेला' में पराजय के बावजूद उपलब्ध और स्वीकृत करते हैं।

ज्ञान की वास्तविक विभूति अर्थात् अद्वैत को जिन ब्रह्मर्षियों ने, राजर्षियों ने गोपनीय और रहस्यमय बनाए रखकर जन-सामान्य को ठगा उनसे उनका मोह भंग होता है। इस दौर में वे उस सत्य की निश्छल अभिव्यक्ति अपने साधारण जन की जीवन-पद्धति में देखते और नत-मस्तक होते हैं। वे अपने को उसी सांस्कृतिक परम्परा से जोड़कर धन्य होते हैं जिसे अभिजात वर्गों ने तो छोड़ दिया पर जो जनता जनार्दन की मुख्य परम्परा में आज भी जीवित है। 'चर्खा चला', 'देवी सरस्वती', 'झींगुर डटकर बोला', 'कुत्ता भौंकने लगा', 'डिप्टी साहब आए' आदि कविताओं में जन और जन-संस्कृति से निराला का जो अभिप्राय है उसकी तस्वीर देखी जा सकती है। आर्थिक रूप से विपन्न और शोषणग्रस्त इस जिन्दगी में विकट जिजीविषा है। उसके लिए निराला अन्तिम रूप से यह समाधान स्वीकार्य नहीं पाते हैं कि—

भूख अगर रोटी की ही मिटी,
भूख की ज़मीन न चौरस पिटी

इस कविता की जो प्रथम पंक्ति है वह तो रोटी की भूख के समान ही चिर सुन्दर की भूख को भी अनिवार्य देखना चाहते हैं

तुम्हें चाहता वह भी सुन्दर
जो द्वार-द्वार फिरकर
भीख माँगता कर फैलाकर।

वे मानव के मूल आदिम मनोभाव को पहचानते ही इस रूप में हैं कि भूख की मार भी उसकी कल्पना की उड़ान को रोक नहीं सकती।

मानव जहाँ बैल-घोड़ा है
कैसा तन-मन का जोड़ा है

बैल की तरह बोझ ढोने को बेबस तन और घोड़े की तरह छलाँग मारता स्वप्नपंखी मन, ये निराला के जन-मन की तस्वीर है, विज्ञ आधुनिक की समझ के परे। ये पेच पकड़ने में उस्ताद महंगू और झींगूर की तस्वीरें 'देवी सरस्वती' में चित्रित वह किसान है जो कबीर और तुलसी के भजन गाता है, वह भूखा है और भूख का निदान सबसे पहले ज़रूरी है। पर भूख उसकी संस्कृति नहीं है यह बात

निराला अच्छी तरह से पहचानते हैं। इसीलिए हिन्दी के साहित्यकारों की कल्पना पर पण्डित नेहरू की फटकार का बिल्कुल अलग ही असर निराला पर हुआ था। नेहरू ने कहा था—"हिन्दुस्तान तो मुख्यतः उन किसानों मज़दूरों का देश है जिनका चेहरा खूबसूरत नहीं क्योंकि गरीबी खूबसूरत नहीं होती।" निराला के लिए खूबसूरती का अर्थ कुछ और था। पण्डित नेहरू के बताने से गरीबी की असह्य बदसूरती की जानकारी उन्हें पहले तो न थी परन्तु रूप को भेदकर सत्य का देखने की आदी उनकी दृष्टि बदसूरती के बावजूद उसके भीतर जीवित जन की आत्मा का सौन्दर्य परखने में नहीं चूक सकती थी। 'कुल्लीभाट' में अपने लोगों पर उनका अभिमान प्रकट हुआ है। इस समुदाय के समक्ष वे स्वयं अपने अद्वैत की कसौटी पर चढ़ जाते हैं। लज्जित होते हैं कि इसके पहले क्यों उन्होंने अपने ईश्वर, सौन्दर्य और क्रान्ति को इस कसौटी पर नहीं परखा। उनसे आलिंगनबद्ध होकर उन्हें लगता है कि 'वह भेद मिटते ही आदमी आदमी और मन आत्मा से मिले, शरीर की बाधा न रहे।'' यही निराला का नया अद्वैत है। उनका दावा था कि वेदान्त की भूमि से जनता की जैसी सेवा की जा सकती है वैसी और किसी भूमि से नहीं और 'कुकुरमुत्ता' के द्वारा उन्होंने अपनी प्रतिज्ञा सच कर दिखाई। 'कुकुरमुत्ता' में दूसरा खण्ड जन जीवन की जो कथावस्तु सुनाता है उसका भाववादी स्थापापन्न पहले खण्ड में कुकुरमुत्ता और गुलाब का लम्बा संवाद प्रस्तुत कर देता है। जो पहले खण्ड का कैपिटलिस्ट है—गुलाब, उसकी वास्तविक परिभाषा, वास्तविक पहचान दूसरे खण्ड में है। एक अंश है उसमें—

आगे चले गोली जैसे डिक्टेटर
पीछे बहार जैसे भुक्खड़ फौलोअर
उसके पीछे टेरियर जैसे आधुनिक पोयट

उसके आगे की दो पंक्तियाँ अक्सर उद्धरण में छोड़ दी जाती हैं। 'पीछे चली बाँदी बचत की सोचती कैपिटलिस्ट क्वेट, पूँजीवाद चाण्डाल चौकड़ी' यानि बहार जो कि वास्तविक डिक्टेटर है लेकिन यहाँ उसे इस समय एक स्थानीय दलाल की ज़रूरत है जिसके सहारे वह इस बस्ती में प्रवेश करती है। इसलिए उसने यह काम गोली को सौंप दिया है। जो आधुनिक कवि है जिसे निराला के अनुसार रक्षा करनी चाहिए अपनी पूरी थाती की, वह उनकी प्रशंसा में गीत गा रहा है। 'पीछे-पीछे बाँदी' जो शायद यहाँ की नौकरशाही का प्रतीक हो सकती है। तो यह जो चाण्डाल चौकड़ी है यह वही जड़वादी सभ्यता, पूँजीवादी सभ्यता है जिसे उन्होंने दिति के साथ, द्वैतवादी बुद्धि के साथ, भेद बुद्धि, क्षुद्र स्वार्थ का पोषण इत्यादि के साथ

जोड़ा है इसलिए गुलाब इस कैपिटलिस्ट क्वेट का प्रतिनिधि है और 'कुकुरमुत्ता' निश्चित रूप से सर्वहारा है ही, वह सर्वहारा जिसकी जीवन पद्धति में ब्रह्म और उसके प्रति आस्था समाई हुई है। इसीलिए तो कुकुरमुत्ता जो अपना परिचय देता है वह बहुत बड़े अंशों में अपने आपको अद्वैत के परमात्मा से या ब्रह्म से जोड़ता हुआ दिखाई देता है। और इस तरह निराला अपने अद्वैत को एक यथार्थ दर्शन के रूप में में भी उपलब्ध करते हैं जो भौतिक रूप से वास्तविक नहीं होता वह सचमुच विगत भी नहीं होता, और उसका एक बार का वास्तवीकरण आगामी वास्तवीकरणों का निषेध नहीं करता। अद्वैत निराला के लिए एक ऐसा ही अमूर्तन है जिसका वे बार-बार वास्तवीकरण करते हैं और अपनी सौन्दर्य चेतना को नए-नए जन्मान्तर प्रदान करते चलते हैं। आत्म और भूत, अन्तरंग और बहिरंग, ब्रह्म और शक्ति, जीवन और मृत्यु आदि अनेक प्रतिकूलों के द्वैत को देख सकने और मूलभूत अद्वैत को जान सकने की क्षमता का परिचय निराला की कविता देती है। वह द्वन्द्वात्मकता का वहन करती है पर द्वन्द्व से खण्डित नहीं होती। उसका अद्वैत द्वैतों का निषेध करनेवाला सरलीकरण नहीं बल्कि एक ऐसा विराट विन्यास है जिसमें द्वैत एक-दूसरे की पूरकता में अपनी जगह खोज लेते हैं। इसी अर्थ में उनकी सौन्दर्य चेतना एक समग्र व्यक्तित्व की अभिव्यक्ति है। सर्जनात्मक ऊर्जा आलोक का ऐसा पुंज है जिसे बिंब कोश के एक बहुशय उद्धृत बिम्ब के सहारे समझा जा सकता है।

है अमा निशा, उगलता गगन घन अन्धकार
हो रहा निशा का ज्ञान स्तब्ध है पवन चार
अप्रतिहत गरज रहा पीछे अंबुधि विशाल
भूधर ज्यों ध्यान मग्न केवल जलती मशाल।

यदि तय करना हो कि अन्धकार और मशाल में निराला की रचनात्मकता का सही बिम्ब कौन-सा है तो इसके सिवा कोई और उत्तर नहीं हो सकता कि दोनों एक साथ हैं। 'तुलसीदास' तक निराला ने कवि-कर्म को प्रकाश वरण का पर्याय समझा था, 'सरोज-स्मृति' में उन्होंने प्रकाश के दाह का स्पर्श पाया और प्रकाश की अनुपस्थिति में अन्धकार का साक्षात्कार किया। 'राम की शक्ति पूजा' के साथ ही उन्होंने दीप्ति और दाह को एक साथ अपनी चेतना में धारण किया। दीप्ति में दाह का और दाह में दीप्ति के आविष्कार को अपनी दृष्टि का धर्म बना लिया, उनके अद्वैत का यह एक आयाम भी है जो उनकी सृजन प्रक्रिया और सौन्दर्य चेतना से जुड़ा है।

निराला की प्रगतिशील चेतना

डॉ. सत्यपाल चुघ

निराला न तो छायावादी थे, न रहस्यवादी, न प्रयोगवादी, न प्रगतिवादी। वह निर्बन्ध थे, और स्वच्छन्दतावादी भी नहीं थे, स्वच्छन्द कहने के बाद किसी बड़े आलोचक ने उनको स्वच्छन्दतावादी कह दिया, तो मुझे लगा कि जैसे स्वच्छन्दता की हत्या कर दी गई हो। ऐसे जो कवि थे वही निराला हो सकते हैं। जब वह 'मतवाला' के सम्पादक थे तब वह निराला बने थे। वह मस्ती उनके अपने व्यक्तित्व की मस्ती है जो कि सबके पास नहीं होती और इसलिए वह निराला थे, और ऐसा आदमी कभी रूढ़ियों से बँधा होकर नहीं चलता। परन्तु परम्परा की तेजस्विता उसमें पूरी रह सकती है और फिर वह प्रगति को अधिकाधिक स्वायत्त कर सकता है। उसको कोई खतरा नहीं रहता क्योंकि जड़ उसकी बहुत मज़बूत होती है और मज़बूत जड़ें उसको बड़ी ऊँचाइयों तक ले जा सकती हैं। यही थे निराला।

निराला की जड़ बड़ी मज़बूत थी, इसलिए 'परिमल', मैं कहा करता हूँ कि 'परिमल' कोई सूँघ लेता, 'अनामिका' के इंगित कोई समझ लेता, तो आगे कुछ कहने की ज़रूरत नहीं पड़ती। लेकिन ऐसा लगता है कि उसके पहले के काव्यों को ही नहीं समझा गया। निराला जी ने अपनी 'परिमल' के तीन खण्ड तो कर दिए लेकिन तीन खण्ड कैसे अखण्ड हैं? एक ही कवि वेदों से लेकर अतीत के गान गाते-गाते शिवाजी के पत्र की बात भी करता है। 'एक बार बस और नाच तू श्यामा' की बात भी वह करता है। 'बादल राग' भी लिखता है, 'पंचवटी' के प्रति भी वह लिखता है, 'कण' के प्रति भी लिखता है, 'रास्ते के फूल' के प्रति भी लिखता है—एक ही 'परिमल' में हैं ये सब चीज़ें। विधवा भी है, 'भिक्षुक' भी है, दीन भी है। अब कैसे कहेंगे कि प्रगतिशील चेतना

कहाँ से शुरू होती है? प्रगतिशील चेतना इसमें विद्यमान है और मैं कैसे कहूँ कि जिस 'राम की शक्ति पूजा' की स्वाधीनता संग्राम के आलोक में अभी व्याख्या हुई, जो बहुत ठीक हुई वह स्वयं में प्रगति चेतना नहीं है क्या? क्या प्रगति चेतना कुछ और होती है जिसमें लघुता की ओर ही दृष्टिपात किया जाए?

प्रसाद जी जो छायावाद के ही कवि थे, वह भी लिखते हैं 'यथार्थवाद और छायावाद'। इसका मतलब यह है कि छायावाद में भी यथार्थवाद के साथ कोई सम्बन्ध था और वेदना की बात वह करते हैं और लघुता की ओर दृष्टिपात सहानुभूतिपूर्ण और संवेदनापूर्ण दृष्टिपात करने की बात करते हैं। जब 'कानन कुसुम' में होते हैं तो जो अछूत का जगन्नाथ हो, कृषक करों का कल हो, उन सबकी बात भी वह करते हैं। वह एक ऐसी कविता भी लिखते हैं कि जिसमें एक सौंदर्य प्रेमी जब देखता है कि इस मन्दिर को मस्जिद बना दिया गया है और वहाँ पर वह चाहता है कि वह भी इसका बदला ले तो उसकी सौन्दर्यानुभूति कहती है कि नहीं। ऐसी कविता प्रसाद जी भी लिखते हैं और नाटकों के भीतर सारे युग की समस्याएँ लेते हैं। कहने का मतलब यह है कि एक छायावादी यथार्थवादी हो ही नहीं सकता, वह समाज को देख ही नहीं सकता, इस गलत धारणा को खत्म करना है। छायावाद को एक ऐसा काव्य मान लिया गया जो बड़ा धूमिल काव्य है, ऐसा कहना छायावादियों का अपमान है और हिन्दी का भी अपमान है।

निराला के सन्दर्भ में बात करते हुए यह कहना मुझे बहुत ज़रूरी लगता है कि कहीं मैं यह तो नहीं सोच रहा कि निराला निस्संदेह बड़े उच्च कवि हैं, लेकिन मेरा यह मतलब नहीं है कि बाकियों को मैं झुठला रहा हूँ। या महादेवी है और वे एक काव्य लिखती है और भूल जाती हैं कि उनकी गद्य में ही कौन सी कृतियाँ हैं। कुछ ऐसे क्षण आ सकते हैं, प्रगतिशील चेतना जब तीव्र हो सकती है। वह 40-41 के बाद शुरू हुई निराला में लेकिन उसका बीज, उसका मूल व्यक्तित्व पहले ही है इसको समझना चाहिए।

मैंने मैं शैली अपनाई,
देखा दुखी एक निज भाई,
दुख की छाया पड़ी हृदय पर मेरे,
झट उमड़ वेदना आई, मैंने में शैली अपनाई

और 'छूटता है यद्यपि अधिवास
फिर भी न मुझे कुछ त्रास
कहाँ मेरा अधिवास कहाँ?
रुकती है गति जहाँ?

वह गति रुकी नहीं आज तक, वह प्रगति रुकी नहीं और ठीक है कि वह कहते हैं कि मैं ब्रह्म हूँ।

नश्वर है दीन भाव कायरता
कायरता है दीन भाव नश्वरता
पद-रज भी नहीं है यह विश्व का भार
मैं ब्रह्म हूँ

वाकई वह शक्ति देते हैं

लेकिन यह सारी ऊर्जा यह सारी तेजस्विता, यह सारी ओजस्विता उनके अन्दर जो है, वह ब्रह्म से प्राप्त है। जिसके कारण वे कहते हैं कि छन्दों की मुक्ति मान ली किसमे हैं? कर्मों के बन्धन में आदमी की मुक्ति है तो छन्दों की मुक्ति मुक्त होने में है। इसमें भी मुक्ति गाती है। यह उस काल का स्वाधीनता संग्राम है। ऐसे ही मुक्ति की बात नहीं कर रहे हैं। शैली से भी निराला में अनेक निर्बन्ध, स्वच्छन्द इस प्रकार के शब्द आए हैं। 'मुक्ति' की बातें आई हैं उस शैली से भी हम जान सकते हैं कि निराला क्या थे।

नव पर नव स्वर दे
नवल गीत लय ताल छन्द नव

यह यों ही नहीं आ रहा है—

नव-नव के नव वेदवृंद को
नव पर नव स्वर दे, वीणावादिनी वर दे।
अमृत मन्त्र नव प्रिय स्वतन्त्र रव भारत में भर दे।

इस प्रकार उस समय भारत में जो स्वाधीनता संग्राम था निराला उसके साथ बँधे हुए हैं। निराला का मुक्त छन्द, जो छन्दहीन है जिसमें अपना ताल और लय बराबर है वह सारा कुछ जुड़ा हुआ है और उससे आगे निराला बढ़ते हैं तो प्रगतिशील चेतना निराला में है जिसे समझना बहुत ज़रूरी है कि वह

प्रगति भीतर से है वे जब राष्ट्र के साथ एक-मेक होते हैं। राम की शक्ति पूजा में वाकई वह दुर्गा कौन सी है? अब हमें वह दुर्गा, वह शक्ति तो अर्जित करनी है और राम हमारे संस्कारों में बैठे हुए राम हैं। वह राम हमारे वाल्मीकि के राम, तुलसीदास के राम हैं और आप सोचिए कि हर युग में राम नया जन्म लेता है क्योंकि हर युग को अपना नया सन्देश देना होता है, कवि की दृष्टि बदल जाती है। कवि के बारे में उन्होंने साफ-साफ कह दिया है कि जो अपने दुख से मुख मोड़कर दूसरों को सुख देता है वही कवि है। यह कवि की परिभाषा है। 'जीवोमय देते हो जीवन ही जीवन जो' यह महाप्राण निराला कवि को स्वयं कहते थे।

'मोड़ निज सुख से मुख', तो राम ने क्या किया? बलिदान, त्याग वह स्वीकार किया। त्यागपूर्ण जो शक्ति है, उसकी कमी है, आज उस संगठित शक्ति की कमी है, वही शक्ति की पूजा है। पूजा शब्द ऐसे ही नहीं आया। इस 'पूजा' शब्द में कौन से संस्कार हैं हमें कहने की ज़रूरत नहीं। यह जो 'राम की शक्ति पूजा' है यह शक्ति उस शक्ति को प्राप्त किए बिना स्वाधीनता भी कैसे प्राप्त करे? स्वाधीनता ऐसे ही प्राप्त नहीं की जा सकती। हिन्दी साहित्य में प्रगतिशीलता पर विचार करते हुए हम कबीर के साथ आम तौर पर एकदम बढ़ते हैं भारतेन्दु पर, उसके बाद प्रेमचन्द पर और प्रेमचन्द के बाद एकदम निराला। यह क्रम गलत है। वह तुलसीदास से नहीं लेते, कबीर तक जाते हैं? लेकिन यह तो तुलसी दास पर काव्य लिखते हैं, प्रसाद जी तुलसीदास पर काव्य लिखते हैं। इसलिए तुलसीदास में 'शीतलक छाए सांस्कृतिक सूर्य' और तुम को हटाना है, ये निराला के तुलसीदास हैं इसलिए तुलसीदास पर लिखते हैं। ये कौन सी सांस्कृतिक चेतना है, यह कौन सी समृद्ध परम्परा है? उसी के कवि हैं निराला। और इसलिए 'तुलसीदास' और 'राम की शक्ति पूजा' और उसके बाद खड़ी बोली में राम का अनुवाद, प्रह्लाद पर लिखना, ध्रुव पर लिखना शिवाजी को याद करना, गोविन्द सिंह को याद करना और तब का याद करके आगे बढ़ना यह यों ही नहीं है। पंचवटी पर लिखना, यह देखिए इसके पीछे कौन से संस्कार हैं? वह एक महान् परिश्रम करने जा रहे थे और उन्होंने कुछ किया भी और वह खड़ी बोली में अनुवाद कर रहे थे 'रामचरितमानस' का। रावण को क्या मानते हैं

> दारिद दसावन दबाई दुलि दीनबन्धु
> दुरिद दहन देख तुलसी हा-हा कारी।

दरिद्रता रूपी रावण की बात है तो निराला प्रगतिशील क्यों नहीं हो सकते?

नीचा अन्दरि नीच जाति नीचा हो जाति नीच
नानक तिनके संग साथ वड्या क्या रीच।

सन्तों में भी वह परम्परा है, तुलसीदास में भी वह परम्परा है और निराला में है और छायावादियों में वह नहीं आई। जबकि हम देखते हैं कि तब सारा भारतवर्ष दीन था। इसलिए बात बड़ी साफ है और उनको समझना चाहिए कि 'जागो फिर एक बार' तभी हो सकता है अतः प्रगति चेतना कभी समाप्त नहीं हुई। लेकिन वह समाप्त न होने के बाद अन्तिम कृतियाँ कौन सी हैं? 'परिमल', 'अनामिका' और उसके बाद 'तुलसीदास', 'गीतिका', 'राम की शक्ति पूजा' जो कि पहले आ जाती हैं और उसके बाद 'नए पत्ते,' 'अणिमा', 'बेला' और 'कुकुरमुत्ता' आते हैं। इसमें निस्संदेह उनकी प्रगतिशीलता सक्रिय हो गई और उसमें भी एक बात बड़ी साफ हो गई। अगर इस सब का अच्छी तरह से अध्ययन किया जाए तो उनकी पूरी चेतना थी कि इसका शोषक कौन है। उस वक्त जो स्वाधीनता संग्राम चल रहा था उसमें मिलीभगत किनकी है—ज़मींदारों की भी उतनी है, धनिकों की भी उतनी है और साथ-साथ उस समय के जो शासक हैं उनका भी मुखौटा ठीक नहीं है। मुखौटे उड़े हुए हैं, यानि मतलब क्या है कि वह भी ऐसी बातें कर रहे हैं कि कहते कुछ हैं और करते कुछ हैं। जो आमतौर पर कहा जाता है कि सब से सशक्त रचना है और वाकई छायावादियों में यह चीज़ विरल है और वह है इतनी विषमता जो कि निराला की शैलियों में मिलती है। उनकी शैलियों में भी प्रगतिशीलता है क्योंकि विषय में इस प्रकार की सबसे ज़्यादा बहुवस्तुप्रदर्शिनी प्रतिभा और सब प्रकार के परुष और कोमल दोनों प्रकार के विषय लेने की शक्ति निराला में है तो व्यंग्यात्मकता निराला में जितनी है उतनी किसी में नहीं है। ये सारी चीज़ें हैं, अगर नई चीज़ें आई, नए विषय आए तो उसी के अनुकूल नया शिल्प आया 'नए पत्ते' में, 'बेला' में और 'कुकुरमुत्ता' में।

'कुकुरमुत्ता' उनकी सबसे ज़्यादा सशक्त रचना मानी जाती है और यह है भी ठीक। लेकिन यह कुकुरमुत्ता किसका प्रतीक है। हमें सब स्पष्ट है कि कुकुरमुत्ता जन सामान्य का और कई लोग कहते हैं कि सर्वहारा का प्रतीक है और गुलाब कैपिटलिस्ट का प्रतीक है। वह किस प्रकार रक्तशोषी है, खाद का शोषण करता है—

अबे सुन बे गुलाब।
भूल मत गर पाई खुशबू रंगों आब
खून चूसा खाद का तूने अशिष्ट
डाल पर इतरा रहा है कैपिटलिस्ट।
कितनों को तूने बनाया है गुलाम
माली का कर रखा सारा जाड़ा हराम

इसी प्रकार उनकी वह पहली कविताएँ 'वह तोड़ती पत्थर,' 'विधवा', 'कण' इन सबका मैंने उल्लेख नहीं किया। एक उदाहरण मैं देता हूँ सिर्फ 'बादल राग' का निराला तो वह बादल राग थे जिसके अंदर सघन करुणा है लेकिन सघन करुणा के साथ साथ बिजली भी है। चाहे तो वह तूफान भी ला सकता है और चाहे तो वह कितनों को गिरा भी सकता है, समाप्त भी कर सकता है और चाहे तो हरीतिमा भी प्रदान कर सकता है।

खिल-खिल-खिल-खिल तुझे बुलाते
विप्लव रव से छोटे ही हैं शोभा पाते

और

जीर्ण बाहु है क्षीण शरीर,
वह तुम्हें बुलाता कृषक अधीर

और

अंगना अंग से लिपटे
धनी आतंक अंक पर काँप रहे।

ये सारी बातें उन्होंने कह दीं। ये जो धनी हैं, ये अँगना अंग से लिपटे हुए कामुक होकर के और फिर भी आतंक अंक पर काँप रहे। ये सारी बातें विप्लव का प्लावन आनन आनन में कानन में जो एक प्रकार से कठोर धरा अटूट पर छूट पड़ने का गुमान जो उनमें मिलता है। वह बहुत पहले से है। और उसी बात को और नई शैली में, नए प्रतीकों के माध्यम से, व्यंग्य को अधिक तीखा करते हुए वह इस गुलाब और कुकुरमुत्ता में लाए। 'नए पत्ते' और 'बेला' में भी नए नए सन्दर्भ लेकर के उन्होंने यह सारी बातें कही हैं। एक देश दूसरे देश का शोषण कैसे करता है, अंग्रेज़ हमारा शोषण कैसे कर रहे हैं, ये

साम्राज्यवादी हैं, इनको निकालो, सीधी सीधी बातें भी इनके विरुद्ध कही है, ये सारी बातें निराला में मिलती हैं। निराला में प्रगतिशील चेतना तो हमेशा रही है। हाँ, अन्त में 'आराधना', 'अर्चना' और 'गीत गूंज' को नहीं भूलना चाहिए क्योंकि निराला हमेशा प्रार्थनारत रहे हैं। निराला की आध्यात्मिकता हमेशा सम्पन्न रही है, प्रार्थनापरक गीत वह हमेशा अन्त तक लिखते रहे हैं इसको भी नहीं भूलना चाहिए। इसलिए एक बात मुझे साफ साफ कहनी है और उसको समझ लेना चाहिए। निराला जैसे प्रगतिशील कवि आज भी अपेक्षित हैं, और इसको नहीं भूलना चाहिए कि उन्होंने 'मास्को डॉयलॉग्ज़' भी लिखा था जिसमें उन्होंने साफ कहा कि यह जो आयातित साम्यवाद है और जो यहाँ पर कोठियाँ बनाकर रहते हैं और साम्यवाद का गान करते हैं उनको भी सोचना चाहिए और इसलिए जब वह 'कुकुरमुत्ता' लिखते हैं तो उसमें बहुत लोग यह मानते हैं कि यहाँ पर उस काल की पूंजीशाही, पूंजीवादी ढाँचा है उस पर करारी चोट है, वहाँ ये मज़दूरों, पीड़ितों, शोषित, अपमानित जितने हैं उनको सक्रिय सहानुभूति देते हैं, उनको उघाड़ते हैं वहाँ ये उन पर भी चोट करने वालों पर भी चोट करते हैं। यानि जो बड़ी बड़ी अदाओं से चोट करते हैं, व्यंग्य करते हैं लेकिन स्वयं भी उससे उबर नहीं पाते, स्वयं भी वैसा ही जीवन जीते रहते हैं उस पर चोट है। इसलिए निराला अक्खड़, फक्कड़ आदमी थे। जैसे जीते थे, वैसे रहते थे। मानव प्रेम उनका सबसे बड़ा था—करुणा, वेदना, संवेदना उनमें बहुत गहरी थी, ऐसा आदमी जो होगा वह प्रगतिशील चेतना की हमेशा-हमेशा हमें स्फूर्ति देता रहेगा। ऐसे निराला को पाकर हम धन्य हैं और हमारा काव्य भी गौरवान्वित हुआ। धन्यवाद।

महाकवि निराला

प्रो. नित्यानंद तिवारी

मित्रो, अब तीसरे भाषण के बाद प्रश्न करने के साथ-साथ गोष्ठी में थोड़ी ज्यादा जान आ गई है और मुझे यह अवसर मिला है कि ज्यादा जान आ जाने का सन्दर्भ मुझे मिला है और इसमें मैं बात करूँगा। मैं शायद और वक्ताओं के मुकाबले इसलिए ज्यादा भाग्यशाली हूँ।

जब श्रीमती विद्या सिन्हा ने मुझसे इस गोष्ठी के बारे में बातचीत की थी पूरी गोष्ठी के बारे में, तो उनका जहाँ तक मेरा ख्याल है वह यहां बैठी हुई हैं, अगर मैं गलत कहूंगा तो वह उसे ठीक करेंगी कि विद्यार्थी बड़े परेशान होते हैं—अज्ञेय, निराला, मुक्तिबोध ये सभी पाठ्यक्रम में लगे हुए हैं। ये पढ़ाए तो जाते ही हैं फिर भी विद्यार्थी क्यों परेशान होते हैं और क्यों उनके लाभ के लिए इस तरह की गोष्ठियां की जाएँ। इस तरह की गोष्ठियाँ तो की ही जानी चाहिए लेकिन उसे परीक्षा से बाँधना जरूरी नहीं है। लेकिन जैसा हम जानते हैं कि ये जो तीनों कवि हैं इन पर कुछ इस तरह की सामग्री नहीं है जैसे प्रसाद पर है। प्रश्न बिल्कुल बँधे बनाए हैं—प्रसाद की 'कायायनी' में दार्शनिकता, रूपक तत्व और विद्यार्थी तैयार कर लेते हैं और परीक्षा पास कर लेते हैं। निराला के बारे में, मुक्तिबोध के बारे में, अज्ञेय के बारे में इस तरह के दर्शन, काव्य तत्व और रूपक तत्व सुलभ नहीं हैं। किसी परम्परागत शास्त्रबद्ध, सूत्रबद्ध, नियमबद्ध प्रणाली में इन कवियों को नहीं बाँधा जा सकता, न ही किसी पूर्व निश्चित आधार की सहायता से इन्हें समझा जा सकता है, यह भी एक कारण हो सकता है। इन कवियों पर एक साथ विचार करने का। निराला छायावादी कवि होते हुए भी छायावाद की सीमाओं से बहुत आगे निकल जाते हैं। जैसे प्रसाद को सौन्दर्य और प्रेम का कवि कहा जाता है, पन्त

को प्रकृति का, महादेवी को वेदना का, निराला को भी लोग कहने लगे हैं संघर्ष और सौंदर्य के कवि, लेकिन इन तीनों कवियों पर इस तरह के जुमले चिपके हुए नहीं हैं।

निराला सबसे बड़ी परेशानी यह पैदा करते हैं कि अगर उनको पढ़िए तो वे सूत्रबद्ध करने का, वर्गीकरण करने का काम बड़ा कठिन कर देते हैं। उनमें इतनी विविधता है जीवन स्थितियों की, छन्दों की कि कहीं एक जगह रखना बड़ा कठिन हो जाता है। तो हमें ज़रूरी हो जाता है कि उनको पूरा सरसरी निगाह से एक बार देख लें कि उन्होंने जो जीवन वृत्त लिया है अपनी कविता में उसमें कितनी विविधता है, कितना विस्तार है। उन्होंने जो चित्रण किया है, वर्णन किया है छन्द और भाषा के नए विन्यास बनाए हैं, उनको देखा जाए तो हमें निराला बहुत कुछ ऐसे कवि लगने लगते हैं जिनके बारे में किसी भाषा का इस्तेमाल करना बड़ा कठिन हो जाता है। मसलन पहली बात तो यही कि उनके परिप्रेक्ष्य में छायावादी ढांचा अपर्याप्त लगने लगता है। वे बहुत ही क्लासिक और यथार्थवादी कवि रहे हैं। दरअसल रोमानी कवि से अधिक वे क्लासिकल कवि लगते हैं, यथार्थवादी कवि लगने लगते हैं।

निराला की कविता में ऐसी ढेर सारी चीज़ें हैं जिन पर विचार करना आवश्यक होता है लेकिन कई बार विचार करना कठिन भी हो जाता है। निराला की कविता की व्याख्या मैं जैसा अक्सर अपने विद्यार्थियों से भी कहा करता हूँ कि चाहे वह निराला की हो या प्रसाद की यह चयन हमें करना ही होता है कि उनकी व्याख्या हम व्यक्ति, समाज और इतिहास के पदों में करना चाहेंगे या अद्वैत वेदान्त या शैव सिद्धान्त के जो पद हैं उनमें उनकी व्याख्या करना चाहेंगे। प्रभाव कुछ भी हो सकता है, किसी का भी हो सकता है लेकिन राम को या हनुमान को या कामायनी के किसी पात्र को लेकर आप यह साबित करना चाहें कि यह जीव है व्यक्ति नहीं तो हमें यह बड़ा अजीब-सा लगेगा क्योंकि हम लोग तो मनुष्य हैं। जीव एक दार्शनिक पदावली है। ब्रह्म एक दार्शनिक पदावली है। जीव, ब्रह्म, माया इनका प्रभाव संस्कार के रूप में हमारे मन पर हो सकता है लेकिन हम क्या सचमुच जीव ही बनना चाहते हैं क्या हम सचमुच ब्रह्म में ही मिलना चाहते हैं। आज के ज्ञान विज्ञान की पदावली में हमें उसकी भी व्याख्या करनी होगी। ब्रह्म है, द्वैत है, शैव सिद्धान्त है, अगर उस पदावली में जिस सीमा तक उसकी व्याख्या हो सकती है तो वह ठीक है, नहीं हो सकती हो तो वह टूट जाएगा,

उसे तोड़ देना चाहिए। जैसे 'अधिवास' शीर्षक कविता में निराला ने साफ लिखा है–

छूटता है यद्यपि अधिवास
फिर भी न मुझे कुछ त्रास

तो वह जो अधिवास है वह ब्रह्मवाद ही है। वह ब्रह्म का स्वरूप या ब्रह्म का विचार ही है। लेकिन उसी में वह कहते हैं कि मैं क्या करूं–

मैंने मैं शैली अपनाई
देखा दुःखी एक निज भाई

उसको गले लगाया, अब मैं क्या करूँ, मुझे तो ये सब काम करने हैं। तो अगर इसका दबाव हमारी ज़िन्दगी पर, हमारे विचारों पर, हमारे भावों पर पड़ता है तो अधिवास अगर छूट जाता है तो छूट जाए, हमें उसका कोई दुःख नहीं होना चाहिए। इसलिए इसमें शक नहीं है कि निराला में अद्वैत वेदान्त की भूमिका बहुत है लेकिन व्यवस्थित नहीं है। डॉ. रामविलास शर्मा ने बिल्कुल स्पष्ट लिख दिया है इसके बारे में और पहचान में भी आता है कि उन्होंने कुछ थोड़ा बहुत रामकृष्ण मिशन में सुना था, कुछ थोड़ा बहुत पढ़ा था और कभी-कभी व्यक्तिगत अनुभव में भी उन्हें यह अनुभूति हुई होगी। मान लीजिए कोई आदमी अपराधी न हो और सारे साक्ष्य उसके अपराधी होने को व्यक्त करते हों तो वह क्या करेगा, वह अन्तर्यामी पर भरोसा करेगा, कोर्ट तो उसको सज़ा दे देगी। कभी-कभी जीवन में ऐसी स्थितियाँ आती हैं जब किसी अन्तर्यामी पर भरोसा करने से बल मिलता है, लेकिन यह भरोसा परिस्थिति का होता है किसी व्यवस्थित विचारधारा का नहीं।

एक दूसरी बात भी है व्यक्ति होने की व्यक्ति के स्वरूप और अवधारणा की। दूसरी बात अर्चना जी ने कही कि निराला के व्यक्ति को पूंजीवाद का व्यक्ति नहीं मानना चाहिए। मेरा ख्याल है कि निराला के व्यक्ति को पूंजीवाद का ही व्यक्ति मानना चाहिए। प्रसाद जी के व्यक्ति को भी पूंजीवाद का ही व्यक्ति मानना चाहिए। व्यक्ति का विचार और कान्सेप्ट पूंजीवाद के बाद ही आया है। व्यक्ति तो हमेशा 'बायोलॉजिकल बींग' के रूप में रहे हैं। 'इंडीविजुअल' जो 'बायोलॉजिकल बींग' है वह तो हमेशा रहा है लेकिन इंडीविजुअल का जो कान्सेप्ट है वह पूंजीवाद के बाद ही आया है इसलिए व्यक्ति को पूंजीवाद का ही व्यक्ति मानना पड़ेगा। यही नहीं बल्कि मुक्तिबोध

ने तो प्रसाद के व्यक्ति को भी पूंजीवाद का व्यक्ति माना है और स्वयं निराला ने इतना लिखा है और जिस तरह के पदों का प्रयोग किया है, पूंजीवाद का इतना प्रयोग किया है कि हमको मानने में कोई कठिनाई नहीं है कि निराला का व्यक्ति पूंजीवादी व्यक्ति है। उस पूंजीवादी व्यक्ति की जो खामियाँ हैं उन्हें वह देखते हैं और उसको मनुष्य में रूपान्तरित करते हैं क्योंकि मनुष्य और व्यक्ति एक चीज नहीं हैं, दोनों धारणाएँ अलग-अलग हैं।

निराला की कविता में अद्वैत का विस्तार है, अद्वैत ही उसमें केन्द्रीय तत्व है यह स्वीकार्य नहीं है। अद्वैत वेदान्त तो उनमें है लेकिन किस तरह से है इसकी चर्चा आवश्यक है। 'भिक्षुक' कविता उनकी 1923 की है और फिर लगातार उन्हें यह मानने में कोई कठिनाई नहीं है कि निराला में प्रगतिशील चेतना आरम्भ से ही है। एक समय में अनेक प्रकार की कविताएँ लिखीं। इसके पहले भी उस प्रकार की कविताएँ बहुत पहले से निराला में मिलती हैं। कहा जाता है कि 'बेला' और 'नए पत्ते' में जो कविताएँ आईं उनकी वह अधिक ठोस काव्यबद्ध रचनाएँ हैं। दृश्य अधिक ठोस था, बहुत जनरल या सामान्य किस्म का नहीं था। जो चेतना उनमें विद्यमान थी, वह चेतना बाद में जाकर अधिक सघन होती है घनीभूत होती है।

प्रगतिवाद सौन्दर्य चिन्तन की शब्दावली है, साहित्य चिन्तन की शब्दावली है। यह समाज चिन्तन की और मार्क्सवादी दर्शन की शब्दावली नहीं है। प्रगतिवादी होने का तात्पर्य केवल इतना ही है कि जो चेतना उनकी अभी थोड़ी अपरिभाषित या सामान्य थी वह अधिक ठोस और विशिष्ट हो जाती है और वह पुरानी सौन्दर्यवादी धारणाओं को समाप्त कर देती है इसमें कोई सन्देह नहीं बहुत से लोग अभी भी ऐसे होंगे जो उनकी इस प्रकार की कविताओं को जैसे 'कुकुरमुत्ता' और 'मंगतू मंहगा रहा' जैसी कविताओं के लिए कहेंगे कि ये कविता है ही नहीं। इसका तात्पर्य केवल इतना ही है कि सौन्दर्य को जिस रूप में ये कविताएँ प्रस्तावित करती हैं जो वह गति में है, विकास में है उसका मतलब यह नहीं है कि वह ऊपर से सुन्दर है कि नहीं। गति और विकास की कोई नई अनुभूति यदि निराला की उन कविताओं में मिलती है तो वह सौन्दर्य की नई परिभाषा करेगा, सौन्दर्य के नए ढाँचों की प्रस्तावना करेगा क्योंकि कविता में निहित सौन्दर्य इसी में है। इसलिए बहुत से लोग तो उन कविताओं को देखकर के बिदक जाते हैं।

यहाँ तक कि पं. रामचन्द्र शुक्ल तक ने निराला की कविताओं के बारे में कोई बहुत अच्छी राय नहीं दी थी। हालाँकि एक बात उन्होंने ज़रूर कही

थी कि निराला की कविताओं में विविधता है और यह विविधता अपने आप में एक बहुत अच्छी टिप्पणी है जो निराला को छायावादी कवियों में बहुत महत्वपूर्ण बना देती है। निराला की कविताओं में जो अनुभव सम्बन्धी विशेषता है उस विशेषता को छन्द से ही सामने रखा जा सकता है कि एक छन्द का प्रयोग करने से कैसे संवेदना बदल जाती है। छन्द के प्रयोग से संवेदना का बदलाव हर छायावादी कवि में दिखता है। पहले पन्तजी में ही हम देख सकते हैं। पन्तजी ने एक रीतिकालीन कविता की एक पंक्ति पल्लव की भूमिका उद्धृत की है–

कूलन में केलिन कछारन में कुंजन में
क्यारिन में कलित कलीन किलकंठ है

अब यह पूरी तरह से रीतिवादी कविता है, मध्ययुगीनतावादी कविता है, पूरी संवेदना इसमें मध्युगीनता की है। पन्त जी ने सोचा कि इसी को थोड़ा बदल दिया जाए तो आधुनिक कविता हो जाएगी। आधुनिक संवेदना भी उसमें बहुत कुछ आ जाती है। तो छन्द और लय कितना उसमें काम करते हैं, पंत जी ने उसको बना दिया–

शुकूलन में केलिन में और कछारन कुंजन में सब ठौर
कलित क्यारिन में कल किलकंठ बदन में बधरो विप्र बसंत

अब यह छायावादी कविता लगने लगी। भाव-वस्तु तो वही है, लेकिन उसी भाव-वस्तु के होते हुए भी छन्द बदल गया तो कविता की संवदेना भी बदल गई। यह छन्द है जो पन्त जी ने बनाया 'कूलन में केलिन से' वाली पंक्ति से, यह छन्द छायावाद का प्रिय छन्द है और छायावादी संवेदना को पूरी तरह से धारण करता है। निराला ने भी ऐसे छन्द में लिखा है लेकिन बहुत कम जैसे यमुना के प्रति कविता में–

स्वप्नों सी उन किन आँखों की
पल्लव छाया में अम्लान
यौवन की माया-सा आया
मोहन का सम्मोहन ध्यान

इस तरह के छन्दों में निराला ने बहुत कम लिखा है और अगर ऐसे छन्दों में वह लिखते तो बहुत कम ही उनमें वह ताकत आ पाती जो उनमें

है। निराला का जो प्रिय छन्द है, वह है–

वर्ण गंधधर मधु मरंदधर
तरु उर की अरुणिमा तरण तर
खुली रूप कलियों में पल भर
स्तर स्तर सुपरिसर टूटे सकल बंध
कली के दिशा ज्ञान हो बहिर्गंध

इस छन्द को पढ़ने में परेशानी होती है। जो छायावादी कविता को पढ़ने का आदी है 'स्वप्नों सी उन किन आँखों में पल्लव छाया सा अम्लान', उसको यह पढ़ने में–'टूटे सकल बंध कली के दिशा ज्ञान हो बहिर्गंध'–थोड़ी परेशानी होगी। निराला ने छायावादी प्रवाह को स्वीकार नहीं किया, लय को स्वीकार ही नहीं किया, उस भाषा को स्वीकार ही नहीं किया। बहुत कम कविताएँ हैं जो आशु जैसी भाषा को धारण करती हैं या पन्त जी की जो कोमलकान्त पदावली है उसके जैसी भाषा को निराला की बहुत कम कविताएँ धारण करती हैं। निराला ने जो छन्द लिया है उसे हम अनुभव करते हैं और उसमें वजन है, प्रवाह तो बन ही जाता है वजन के साथ।

दूसरी बात यह कि निराला के छन्द छायावादी छन्दों से भिन्न हैं, लय भिन्न है। निराला ने इतनी लयों का प्रयोग किया है और इतनी तरह की शब्दावली का प्रयोग किया है कि अचरज होता है और मार्क्सवादी भी यह मानते हैं कि जो फॉर्म है उसको पकड़ लेना रचना है। लय तो कविता का एक विधान है। उस विधान को अगर किसी ने पकड़ लिया है–जो जीवन के समानान्तर है, जो जीवन में निहित है, तो सबसे बड़ा कवि वही है। उदाहरणतः विद्यापति की कविता चाहे कितनी भी शृंगारिक हो लेकिन जो लय उन्होंने पकड़ ली है उस लय के भीतर उनका समाज बोध या उस लय के भीतर ही उनका जीवन बोध निहित है।

प्रायः सभी मानते हैं निराला की कविताओं में बड़ी विपरीतता है। जैसे निराला की कविताओं में अद्वैतवाद है, अद्वैत वेदान्त है तो साम्यवाद भी खूब है और कम नहीं है। परिमाण में देखिए तो साम्यवाद ज्यादा ही है। उन में राग का प्रबल वेग है, लेकिन विराग का भाव भी है। शान्त और साक्षी भाव भी है। इससे हमें यह मान लेना चाहिए कि उस युग के समाज में यह द्वैत विद्यमान था। यह निराला की विशेषता या प्रसाद की विशेषता या पन्त की निजी विशेषता नहीं है यह उस समाज की विशेषता है जिसमें यह द्वैत विद्यमान

था। यह एक ऐतिहासिक तथ्य है। इसलिए उस युग के कवि जैसे निराला अगर विशुद्ध मार्क्सवादी कवि हो जाते तो अपने युग के सत्य का निषेध कर देते और कहीं के न रहते। निराला यदि विशुद्ध अद्वैतवादी कवि हो जाते तो फिर वह तो किसी काम के न रहते क्योंकि कविता जीवन पर लिखी जाती है मृत्यु पर नहीं। अतीत पर लिखी जाती है लेकिन उसको सजीव बनाने के लिए लिखी जाती है। तो अद्वैत वेदान्त अगर हमारे जीवन में आज कारगर नहीं है, व्यक्तिगत स्तर पर होगा, धर्म साधना में कुछ लोग कहते होंगे होगा, लेकिन पूरे समाज में अद्वैत वेदान्त यदि कारगर नहीं है, सजीव नहीं है तो उसको तोड़ देना चाहिए।

निराला की कविता में इन दो विपरीत स्थितियों और विचारों का रूप मिलता है लेकिन निराला की विशेषता प्रसाद से या पन्त से भिन्न किस माने में है—दर्शन को लेकर। प्रसाद तो शैव सिद्धान्त में अपनी सारी व्याकुलताओं का समन्वय कर लेते हैं। पंत भी मार्क्सवाद और गाँधीवाद का समन्वय कर लेते हैं। उन्होंने बड़ी भूमिका लिखी है और मार्क्सवाद और गाँधीवाद का समन्वय कर लेने के बाद फिर उन्होंने अरविंदवाद में भी समन्वय कर लिया, तो समन्वय उनके लिए बड़ा आसान रहा है। लेकिन निराला ने कहीं समन्वय नहीं किया, यानि उनकी कविता में अद्वैत वेदान्त और साम्यवाद के बीच समन्वय नहीं है पर बड़ा ज़बरदस्त तनाव है और उनकी कविता को इस पूरे तनाव के साथ ही हमें पढ़ना होगा। बहरहाल यह महत्वपूर्ण तथ्य है कि प्रसाद और पन्त के मुकाबले निराला में यह तनाव अनुभूति के स्तर पर बहुत प्रखर है, बहुत गहरा है, लेकिन बात इतनी ही नहीं है इससे अधिक भी है। उसकी दिशा जो है निराला में स्पष्ट है कि वे एक बिन्दु पर चाहे अद्वैत वेदान्त, उनको जितना प्रिय हो, लेकिन उसे टूटना पड़ेगा जैसे प्रेमचन्द को होरी बहुत प्रिय था, उसे बड़ी सहानुभूति दी है उन्होंने, लेकिन होरी को टूटना चाहिए था, मरना चाहिए था, मरना ही श्रेयस्कर है उसका, वह मरता है। तो निराला में इतने स्पष्ट रूप में तो नहीं लेकिन उसकी दिशा स्पष्ट है कि यह जो वेदान्त है, इसे टूटना होगा। निराला की एक कविता है—

> हारता है मेरा मन विश्व के समर में जब
> कलरव से मौन ज्यों शान्ति के लिए त्यों ही
> हार बन रही हूँ प्रिये गले की तुम्हारी मैं
> विभूति की, गन्ध की, तृप्ति की, निशा की

जानती हूँ तुममें ही शेष है दान मेरा अस्तित्व सब
दूसरा प्रभात फैलेगा जब विश्व में
कुछ न रह जाएगा मुझमें तब देने को
किन्तु आजीवन तुम एक तत्व समझोगे
और क्या विश्व में अधिकतर शोभन है
अधिक प्राणों के पास अधिक आनन्दमय
अधिक कहने के लिए प्रगति की सार्थकता है।

निराला के भक्ति गीतों में इस बात की चर्चा की गई है कि अद्वैत वेदान्त को वे उसके स्थान से धीरे-धीरे खिसका रहे हैं और प्रगति की सार्थकता को वे एक दूसरा विराट विचार मानते हैं। प्रगति की सार्थकता अद्वैत ब्रह्म के समान ही एक दूसरा विराट विचार है जो मरते समय भी वे स्वीकार करते हैं। यही नहीं बल्कि इसी के कारण वह दूसरा जन्म लेना चाहते हैं। ऐसा कहा जाता है, 1961 में जो उनकी अन्तिम कविता है, उसके अन्त में आता है–

पुनः सवेरा और एक फेरा हो जी का

'वह एक फेरा और लगाना' चाहते हैं। अगर अद्वैत वेदान्त में ही रुकना होता तो फेरा लगाने की ज़रूरत ही नहीं थी, वह उसी में हो जाते, वहीं विलीन हो जाते लेकिन वह एक फेरा और लगाना चाहते हैं। क्यों एक फेरा लगाना चाहते हैं? चूँकि प्रगति की दृष्टि से सार्थकता यह दूसरा बहुत बड़ा विचार है, विश्व विचार है। जैसे ब्रह्म विश्व विचार है उसी प्रकार प्रगति की सार्थकता एक विश्व विचार है और इसके लिए कहते हैं कि मरते समय भी वे इस विश्व विचार के लिए फिर से जीना चाहते हैं।

अब एक दूसरी बात की चर्चा आवश्यक है कि आखिर यह सब निराला के जी में आया कैसे। ब्रह्मवाद के स्थान पर प्रगति की सार्थकता का भाव या विचार निराला को कैसे मिला? मैं यहाँ पर सार्त्र का उल्लेख करना चाहता हूँ। सार्त्र ने इंटेलेक्चुअल्स का क्या रोल होता है इस पर एक बहुत बड़ा इंटरव्यू दिया है। इस इंटरव्यू में उसने कहा है कि बौद्धिकता वह आधारभूत व्यापार है जो समाज उस बौद्धिक को सौंपता है। बौद्धिकता कोई व्यक्तिगत वस्तु नहीं है, व्यक्तिगत प्रतिभा की वस्तु नहीं है। समाज जिस स्थिति में है उस स्थिति में बौद्धिक के लिए, रचनाकार के लिए एक बुद्धि सौंपता है। जैसे भक्तिकाल में जो समाज था, भक्ति का विचार उस समाज ने सौंपा।

ठीक आज का हमारा समाज जो है वह एक विशेष बुद्धि को सौंपेगा और वह किसी एक व्यक्ति पर निर्भर नहीं करता, पूरा समाज कौन-सी बुद्धि को उस रचनाकार के लिए सौंपता है जो सृजनात्मक है। निराला का जो समाज था वह समाज एक विशेष बुद्धि को सौंपता है। निराला की जो परम्परा थी वह एक विशेष बुद्धि को सौंपती है। निराला इन दोनों से लड़ते हैं। परम्परा जिस अद्वैतवादी बुद्धि को सौंपती है उसको भी वह धारण करते हैं और हमारा जो समाज है, वह जिस बुद्धि को सौंपता है उसको भी धारण करते हैं और इसमें आगे कौन जाएगा, आगे कौन-सा विचार विकसित होगा इसको भी कमोबेश वे तय कर लेते हैं। प्रगति की सार्थकता का विचार आगे जाएगा और इसका प्रमाण यह है कि सभी प्रगतिशील कवि निराला से जुड़ना चाहते हैं बावजूद उनके वेदान्तवादी होने के, क्योंकि उनमें इतनी अधिक प्रगतिशील या प्रगतिवादी किस्म की कविता है कि वे निराला से जुड़ेंगे नहीं तो जाएँगे कहाँ? अगर वे कहेंगे कि हम नहीं जुड़ेंगे तो भी उन्हें जुड़ना पड़ेगा। उन की रचना में इतनी ताकत है और विषय-वस्तु इतनी समृद्ध है कि वे उससे जुड़े बिना रह नहीं सकते।

निराला जी का समाज कैसा था और उसने कैसी बुद्धि सौंपी। निराला पराधीन समाज के सदस्य थे। निराला का समाज और निराला का ही समाज नहीं बल्कि आज का समाज भी गरीब समाज है। एक पराधीन और गरीब समाज किस तरह की बुद्धि को रचनाकार के लिए सौंपेगा? क्या वह वेदान्त, मोक्ष, व्यक्तिवाद और व्यक्ति-स्वातन्त्र्य की भावनाओं में लीन होने के लिए सोचेगा? किसी का विचार ऐसा हो सकता है क्योंकि व्यक्ति पर अंकुश तो है नहीं इसलिए कोई भी व्यक्ति किसी भी विचार को मानने के लिए स्वतन्त्र है, लेकिन एक पराधीन समाज, एक गरीब समाज क्या ऐसी बुद्धि सौंपेगा, व्यक्ति स्वातंत्र्य का विचार सौंपेगा उसे? वह समाज तो स्वाधीनता का विचार देता है। वह समाज गरीबी के भीतर सुन्दरता देखने का प्रयत्न करेगा और उसे तोड़ने का प्रयत्न करेगा। वह विद्रोह, विरोध और संघर्ष को महत्व देगा कि वह विद्रोह, विरोध, संघर्ष जो मनोभावों एवं विचारों का संगठन करेंगे, ऐसे विचार, ऐसे भाव महत्वपूर्ण होंगे। निराला के काव्य का और चिन्तन का जो केन्द्रीय स्वरूप है उसमें स्वाधीनता और श्रम ये दो महत्वपूर्ण बिन्दु हैं और ये सभी विचारों को, उनके सभी भावों को गठित करते हैं चाहे वह 'राम की शक्ति पूजा' हो, चाहे 'सरोज-स्मृति' हो, चाहे 'तुलसीदास' हो, चाहे और दूसरे किस्म की कविताएँ हों। सब जगह स्वाधीनता और श्रम का जो विचार है,

जो भाव है वह उनकी कविता को संगठित करता है। जैसे उनकी एक कविता स्वाधीनता के बारे में—

जानता हूँ एक बस स्वाधीनता शब्द
बहती है समीर पुष्प के शून्य उर में
लदी स्वाधीन सांस पाती है सुरभि, स्वाधीन गीत
आवर्तन परिवर्तन नर्तन सुख के तन में
विपुल उल्लास विश्व के तन-मन में
भूधर मौन और क्षुद्र क्षण-क्षण में
एक स्वाधीनता का किया जाता है विपुल हर्ष।

इस स्वाधीनता में गुंजाइश है कि आप इसे मोक्ष तक खींच ले जाएँ। इसीलिए 'स्वाधीनता एक' और 'स्वाधीनता दो' कविता उन्होंने लिखी है। स्वाधीनता दो कविता से मैं उद्धरण देता हूँ। एक क्रम में ही है :

कौन सी व्यवस्था वह रखती है समझा मैं
भय ही व्यवस्था का जनक है निर्भय अपने को
और दुर्बल समाज को करके दिखाता है।

जो भय है वह अपने को व्यवस्था का जनक कहता है, वह अपने को निर्भय दिखाता है और समाज को दुर्बल दिखाता है। निराला यह समझ गए कि कौन है जो अपने को निर्भय दिखा रहा है। स्वाधीनता का ही एक और अर्थ निर्भय है। निराला कहते हैं कि स्वाधीन होने का एक और अर्थ निर्भय होना है और वह निर्भय मनुष्य किसके ऊपर, किससे निर्भय होना चाहता है? यहाँ हम लोगों को कल्पना करने की गुंजाइश नहीं है क्योंकि निराला स्वयं लिखते हैं कि कौन-सी व्यवस्था है जो हमें भयभीत बनाती है, उसके प्रति हमें निर्भय होना है। अब यह व्यवस्था के प्रति विरोध तो अद्वैतवाद में नहीं आएगा, दर्शन में नहीं आएगा। यह व्यवस्था का विरोध तो उसी व्यक्ति में आएगा। जो पूंजीवाद से पैदा हुआ व्यक्ति है और पूंजीवादी व्यवस्था को तोड़ना चाहता है और मनुष्य को निर्भय बनाना चाहता है। दूसरा, जब भी निराला सौंदर्य को देखते हैं तो श्रम हमेशा तो नहीं लेकिन अक्सर आ जाता है—

देख दिव्य छवि लोचन हारे

उनकी रचनाओं में पद शैली का भी प्रयोग किया गया है,

रूप अतन्द्र चन्द्र मुख श्रम रुचि
पलक तरलतम मृग दृग हारे

श्रम रुचि है और अगर श्रम रुचि है और अगर श्रम रुचि नहीं है तो निराला को बहुत सौन्दर्य नहीं दिखाई पड़ेगा। जो सकर्मक नहीं है, श्रम की बूँदे जिसके ऊपर नहीं हैं वह निराला के लिए बहुत सुन्दर नहीं दिखता है। 'वह तोड़ती पत्थर' में श्रम और सेवासाध्य, ये दोनों चीज़ें निराला के लिए आवश्यक है उनकी सौन्दर्य चेतना में। जैसे–

'श्यामा तन भर बाँधा यौवन', तमाम लू के थपेड़े चल रहे हैं, लेकिन वह काम करती हुई स्त्री श्यामा तन भर बाँधा यौवन है, निराला को ऐसा लगता है कि यहाँ सौन्दर्य है। और सुन्दरता की बात उन सभी जगहों पर आप देखते हैं जैसे एक गरीब लड़की है–

मेरे घर के पश्चिम में रहती है
बड़ी-बड़ी आँखों वाली वह युवती
सारी कथा खुल-खुलकर कहती है
चितवन उसकी और चाल-ढाल उसकी,
पैदा हुई है गरीब के घर पर
कोई जैसे ज़ेवरों से सजता हो
उभरते यौवन की मींड़ खाता हुआ
राग साज़ पर जैसे बनता हो।
आसमां को छूती हुई वह आवाज़
दिल के तार-तार में मिलाई हुई
चढ़ती है गिरने को जहाँ नहीं डर
कली की सुगन्ध जैसे छायी हुई
चढ़ी हुई है वह किसी देवता पर
जहाँ से लगता है सारा जग सुन्दर।

तो जहाँ से जिस बिन्दु से सारा जग सुन्दर लगता है निराला को, ये कौन लोग हैं? ये उस गरीब देश के ऐसे ही नायक हो सकते हैं जो सुन्दर हो सकते हैं। अट्टालिकाओं में रहनेवाले तो और अधिक आतंककारी होंगे क्योंकि अट्टालिकाएँ तो उनको आतंक भवन लगती हैं इसलिए उनमें रहने वाले लोग तो और अधिक आतंककारी होंगे। ज़ाहिर है वे सौन्दर्य के विधायक नहीं हो सकते, सौन्दर्य

के स्रोत नहीं हो सकते।

निराला की कविता में सौन्दर्य और शक्ति का जो विधान है वह समाज का दिया हुआ वह प्रसंग है जैसे पराधीनता और गरीबी; उसने जो बुद्धि दी है, उसने जो काव्यबोध दिया है, उसने जो रचनात्मकता दी है, उसी रचनात्मकता के सहारे निराला अपनी कविता में शक्ति भी अर्जित करते हैं और सौन्दर्य भी अर्जित करते हैं।

निराला की कविता में सौन्दर्य और शक्ति का जो विधान है, वह पराधीनता और गरीबी जैसे प्रसंगों से समाज का दिया हुआ है।

अज्ञेय की प्रणय भावना

गंगाप्रसाद विमल

अज्ञेय की प्रणय भावना को समझने के लिए उनके गद्य और पद्य को साथ-साथ देखने में काफी सुविधा होगी। अज्ञेय एक ऐसे पारदर्शी लेखक हैं जिनके गद्य में भी लगभग वही बातें हैं जो पद्य में। कहना चाहिए कि जो उनका गद्य है वह पद्यात्मक है और जो उनका पद्य है वह गद्यात्मक है। यदि उनकी चिन्ता की कविताएँ पढ़ें और बहुत बाद में लिखा गया उपन्यास 'शेखर—एक जीवनी' पढ़ें तो 'शेखर—एक जीवनी' में भी प्रेम की जो स्तुति उन्होंने की है, लगभग वैसी ही स्तुति प्रेम की उनके आरम्भिक काव्य में है और प्रेम की यह स्तुति का भाव कोई नया नहीं है। छायावादी कवियों ने उसमें बहुत बड़ा योगदान दिया है। जब वह प्रेम की स्तुति से थक जाते थे तो प्रेम को वह प्रभु समझने लगते थे, रहस्यवाद की ओर वह उन्मुख हो जाते थे।

हाय मेरे सामने ही प्रणय का
ग्रन्थि बन्धन हो गया वह नव कमल
मधुप सा मेरा हृदय लेकर किसी
अन्य मानस का ही भूषण हो गया

ये तो पन्त जी हैं लेकिन बाद में आप पाएँगे कि निराला में और महादेवी में जो प्रेम है, वह अचानक, कहना चाहिए कि सहसा कोई उसका दैविक रूप नहीं है तो भी वह आध्यात्मिक रूप में परिवर्तित हो जाता है। यह प्रक्रिया छायावादी कवियों में तो एक क्रम से चलती है। वहाँ उन्होंने पहले आरम्भ में अपनी कविता के लिए जो उपादान चुना वह प्रकृति था और प्रकृति से मनुष्य का जो सम्बन्ध हो सकता है उस सम्बन्ध का उद्‌घाटन नहीं किया बल्कि प्रकृति में ही मनुष्य

के जो भाव और चिन्ता आदि हो सकते हैं उसको आरोपित कर दिया। अर्थात् जैसे दो फूल आपस में प्रेम कर रहे हैं तो कवि उसको वहीं समाप्त कर देता है उसको मनुष्य में नहीं लाता, बल्कि मनुष्य जैसा कर्म करता है वैसा वह प्रकृति कर रही है, वहाँ एक प्रकार का छिपाव है, स्पष्टता नहीं। इसे बहुत सारे आलोचकों ने अपने ढंग से स्वीकार किया है।

कालान्तर में हमारे बहुत सारे प्रगतिशील चिन्तकों ने तो यहाँ तक कहा है कि देश-प्रेम का भाव भी ठीक ऐसा ही है क्योंकि उस समय गुलामी से हम त्रस्त थे, दासता और तमाम तरह की बन्दिशें थीं, तो इसलिए बहुत सारी चीजें साफ-साफ नहीं कहीं जातीं। इसलिए छायावाद में साफ-साफ न कहने की जो प्रवृत्ति है वह युगानुरूप है। देश प्रेम भी आप अभिव्यक्त नहीं कर सकते क्योंकि जेल जाने का खतरा होता है। नामवर जी ने कहा है कि जिन कवियों ने अपने नदी तालों, पेड़-पत्तों, फूलों को प्रेम से देखा है या उनमें प्रेम की ऐसी कोई अवधारणा देखी है तो स्पष्ट है कि वह देश प्रेमी है।

मैं इसलिए ये बातें कह रहा हूँ कि कालान्तर में अज्ञेय के सम्मुख 'शेखर—एक जीवनी' में भी एक द्वन्द्व है। एक ओर शशि है और दूसरी स्त्रियाँ है जो उनके सम्पर्क में आती हैं और दूसरी ओर क्रान्ति है, देश है, सब चीज़ें हैं। इसका कारण अगर ढूँढ़ें कि ऐसा क्यों हुआ होगा कि जो एक ठोस, कंक्रीट भाव है उसको कवि किस तरह से छिपाव, रहस्य और आवरण के भीतर प्रस्तुत कर रहा है। कारणों की एक बड़ी लम्बी शृंखला है। लोग शायद यह कहते थकते नहीं हैं कि कवियों ने अपनी कला के किसी अन्य संविकास के लिए ऐसी शैली ढूँढी। आप उसकी तुलना में अगर पश्चिमी साहित्य में या संस्कृत साहित्य में ज़रा सा झाँके तो आप पाएँगे कि संस्कृत और पश्चिमी साहित्य में लगभग प्रेम के प्रति एक उदात्त भाव तो रहा ही है प्रेम के दैहिक रूप के प्रति एक ग्राह्य भाव भी रहा है लेकिन हमारे यहाँ इसे छिपाकर रखा गया, जैसे हम अपनी पूरी जो तथाकथित नैतिक धारणाएँ हैं, उनको बल दे रहे हैं।

कई बार हम सोचते हैं कि हमारे यहाँ बहुत नैतिक बन्धन है। प्रेम के बारे में खुलकर नहीं कह सकते इत्यादि-इत्यादि। अक्सर लोग भारत की उस महान सम्पदा को भूल जाते हैं जो खजुराहों में है, जो कुमारसम्भव में है या दूसरी जगह है। एक ऐसा मानवीय भाव जिसे स्पष्ट करने में भी आनन्द है और जिसके लोकोत्तर भाव को प्रस्तुत करने में और भी आनन्द है। यह जो लोकोत्तर स्थिति उसकी है वह आध्यात्मिक स्थिति नहीं क्योंकि अज्ञेय में यदि मनुष्य को प्रेम वेदना सिक्त करता है तो कालिदास में या दूसरी जगह प्रेम मनुष्य को परिष्कृत

करके और ऊपर ले आता है। कहने का अर्थ यह है कि जब अज्ञेय के गद्य और पद्य को आप देखें तो आप बहुत गहराई से देखिएगा कि 'शेखर—एक जीवनी' हो या 'नदी के द्वीप' में भुवन-रेखा और गौरा का तृत्व हो, तो कहेंगे कि एक बहुश्रुत, बहुप्रयुक्त तृत्व (त्रिकोण) है। हिन्दी फिल्मों में बहुत अधिक आप इसका विस्तार देखेंगे। जितना सस्ता साहित्य है उस सस्ते साहित्य में निरन्तर यह आपको घटनात्मक रूप में मिलेगा, उसमें कोई बहुत बड़ी मौलिकता नहीं है। 'कुमारसम्भव' में तृत्व नहीं है। 'मेघदूत' में तृत्व नहीं है लेकिन कालान्तर में हिन्दी में आ कर जब पारसी थियेटर मण्डलियों ने कुछ इस तरह की कथाओं के माध्यम से अपनी बात कहनी शुरू की तो अचानक उस भाव की एक ठोस तात्विक स्थिति वहाँ बन गई। यह चीज़ आप अधिकांश हिन्दी उपन्यासों और कथाओं में देखेंगे।

अज्ञेय की जो वास्तविक स्थिति है, वह है, उनके आरम्भिक काव्य में बहुत भावुक किस्म का प्रेम। उस भावुक किस्म के प्रेम ने जिसे कहना चाहिए कि कैशोर्य स्थिति है, वह किशोर जब अपनी काल्पनिक प्रेमिका को सम्बोधित करता है तो वह इसी तरह सोचता है। अज्ञेय में तो बहुत उन्नत प्रेम है और अगर वह भावुक किस्म का प्रेम आ गया है चिन्ता में या दूसरी उनकी आरम्भिक कविताओं में तो वास्तविक रूप से वह उनका कैशोर्य भाव है। इसको अगर आप लेकर विवाद करें और मथें, देखें कि क्या कविता या सृजन एक व्यक्तिशः उपक्रम है? यदि ऐसा होता तो लगभग सभी कवि और तमाम साहित्यकार वही लिख रहे होते जो आदि कवि वाल्मीकि द्वारा लिखा गया क्योंकि वह व्यक्तिशः जो अनुभव हुआ, जो देखा, जो श्रुति से मिला उसी को बार-बार दोहराते। अज्ञेय के बारे में चन्द्रकान्त बांदिवडेकर की जो यह सफाई है, यह बहुत ग्राह्य नहीं है क्योंकि अगर वहाँ कैशोर्य भाव भी है तो कैशोर्य भाव में भी एक प्रकार की चमत्कृति होनी चाहिए, एक नयापन, टटकापन होना चाहिए। यह ठीक वैसी ही स्थिति है, जैसे उच्छिष्ट है छायावाद का। कुछ पँक्तियाँ उद्धृत है जो ठीक छायावाद के उत्तर काल में मिलती हैं। अब थोड़ा सा इस पर दृष्टि पलटकर देखें तो छायावादी कविता में जो रहस्यवादी रूझान है उसमें लगभग प्रभु की वन्दना में चरण कमल नामक जो प्रतीक है यहाँ बराबर इसका प्रयोग हुआ है।

तेरे पावन चरण कमल को
छूकर धन्य भाग अपने को
लोग मानते हैं सब के सब

जो बिम्ब छायावाद में प्रयुक्त हुए हैं आरम्भिक प्रेम के बिम्ब और वह भी अस्पष्ट, दुर्बोध और आवरण युक्त स्थिति में, ठीक वैसे ही अज्ञेय में आपको चिन्ता आदि उनकी अन्य कविताओं में मिलते हैं। ये जो कैशोर्य अतिरंजना है यह वास्तव में एक प्रकार से श्रुति के आधार पर रचना का विषय मान लेना है। ऐसी अतिरंजनाएँ हमको लगभग जो राम के विषय को लेकर रचे गए काव्य है उनमें मिलती हैं, क्योंकि कवि तो सोचता है कि कुछ मौलिकता होनी चाहिए इसलिए कुछ अतिरंजना का सहारा वह लेता है। अज्ञेय ने बराबर इस प्रकार की अतिरंजना का दो स्तरों पर सहारा लिया है। एक विषयगत स्तर पर, कि विषय में अधिक तीव्रता इंटेसिटी होनी चाहिए और दूसरा भाषा के स्तर पर। भाषा के स्तर पर उन्होंने उसे और अधिक सुसंस्कृत, प्रांजल बनाने की चेष्टा की है। जैसे अज्ञेय ने एक जगह और लिखा है कि—

प्राण तुम्हारी पद रज धूलि
मुझको कंचन हुई तुम्हारे
चरणों की यह धूलि

लेकिन प्रणय का या प्रेम का एक उदात्त रूप है अर्थात् केवल भाषायी स्तर पर उसकी स्तुति बहुत सटीक नहीं है बल्कि प्रेम के द्वारा पूरे मानवीय स्वभाव में परिवर्तन आना, पशुत्व का मानवत्व में रूपान्तरण होना यह एक स्थिति है जो कि अज्ञेय में तो बिल्कुल अनुपलब्ध है। उनके पूरे काव्य में आपको नहीं मिलेगी, लेकिन प्रेम के बारे में उनका वक्तव्यवादी रूप वहाँ है। उनके यहाँ उदात्त जो रूप है वह एक प्रकार के भावुक तारल्य में आ जाता है और उसमें क्या होता है कि प्रेम में जितनी स्थितियाँ पूर्व कवियों ने अन्वेषित कर ली है; जैसे विरह का जो भाव है उसमें लगभग 10 रूप बताए गए हैं कि किस-किस प्रकार का विरह है और इन दस प्रकार के विरहों का जो सम्पन्न साहित्य है प्रेम का, अज्ञेय ने उसका केवल एक प्रकटित रूप लिया कि प्रेम बहुत तरलतापूर्ण वस्तु है और उसका तरल रूप जो है वह तब कभी अनुभावना में आता है, ऐक्सपीरिएंस में जब कि उसे विरह का भाव भेदता है। वह विरह का भाव जो एक आसन्न वियुक्ति है कि यहाँ अब ये प्राप्त नहीं होगा, पहले तो कामना और कल्पना को प्राप्त करने की चेष्टा की। और अब आसन्न भाव से उनके यहाँ पीड़ा भाव उपजता है और वह भी लगभग जैसे 'इत्यलम' में या 'हरी घास पर क्षण भर' की कुछ कविताओं में देखेंगे कि वहाँ भी उन्होंने जो अपना रहस्यवादी रूझान है वह त्यागा नहीं है। एक जगह वह कहते हैं—

कर चुका था जब विधाता
प्यार की हित सौध स्थापित
विरह की चित्विनमयी प्रतिमा
वहाँ कर दी प्रतिष्ठित।

अब विरह की चित्विनमयरी प्रतिभा कहना चाहिए कि विशेष प्रकार की विचारधारा से अज्ञेय प्रभावित थे। अज्ञेय की इन आरम्भिक और मध्यवर्ती कविताओं में मानवीय प्रेम की जो ऊष्मा है वह बिल्कुल अनुपस्थित है। अगर आप अपनी पुत्री के प्रति वियोग के भाव से लिखी हुई निराला की कविता 'सरोज-स्मृति' पढ़ें या आप 'राम की शक्ति पूजा' पढ़े उसका समदर्शन कर सकते हैं। एक श्रुतिकथा में जो एक श्रेष्ठ कवि है वह प्रेम के प्रति वियोग के भाव को और अधिक तीव्रता से व्यक्त करता है। जो बाद की कविताएँ हैं जिन के बारे में सारे विद्वानों ने कहा है कि अज्ञेय के यहाँ जो प्रणय भाव है वह अत्यन्त परिष्कृत, प्रौढ़त्व को प्राप्त करता है लेकिन आप देखते हैं कि 'इत्यलम्' और 'हरी घास पर क्षण भर' की तमाम कविताओं में अज्ञेय अपने पूर्व प्रभाव से मुक्त नहीं हुए हैं। वह पूर्व प्रभाव छायावादी प्रभाव है। मैं दो पंक्तियाँ उद्धृत करता हूँ जो एकदम छायावादी लगती हैं। बिल्कुल इसी प्रकार की कविता मुकुटधर पाण्डेय, माखनलाल चतुर्वेदी जो राष्ट्रीय धारा के कवि है, उनके यहाँ भी आपको मिलेंगी कि–

दो पँखुरियाँ
हरी लाल गुलाब की
तकती प्यासी
पिया से ऊपर झुके उस फूल को
होंठ ज्यों होठ तले।

इसमें जो शरीर की माँसल उपस्थिति है ये माँसल पार्थिव उपस्थिति छायावाद में प्रकृति के सन्दर्भ में तो उपलब्ध है ही बिल्कुल ऐसे ही प्रकृति से इतर जो प्रेम कविताएँ हैं उनमें भी उपलब्ध है। प्रौढ़ काल की प्रेम सम्बन्धी कविताओं में एक विकास हुआ कि प्रेम देह पर आश्रित है। अब वह स्पष्ट रूप से देह के उस भूगोल को बताते हैं। जैसे वह कहते हैं कि

मुझे सब कुछ याद है
मैं उन सबों को भी नहीं भूला

तुम्हारी देह पर जो खेलती है
अनमनी मेरी अँगुलियाँ।

बाद की क्रीड़ा का जो भाव है वहाँ इसके बाद उपलब्ध है। लेकिन जो विकास है उस में एक सकारात्मक पक्ष उभरता है वह सकारात्मक पक्ष है उनका प्रेम सम्बन्धी सैद्धान्तिक रूप और अज्ञेय का प्रेम सम्बन्धी सैद्धांतिक रूप एक प्रकार से दर्शन है। उनका प्रेम दर्शन काल्पनिक प्रेयसी से एक ठोस शरीर युक्त प्रेयसी में रूपान्तरित होता है और उस शरीर युक्त प्रेयसी का प्रेम स्वीकार और अस्वीकार के घेरों से परे है। क्योंकि उनके यहाँ कभी स्वीकृति या अस्वीकृति की कोई भावधारा नहीं है। लेकिन जो उपलब्ध स्थिति है उससे एकदम पीड़ा भाव, वेदना-दर्शन उमड़ता है और वह वेदना दर्शन उनका एक प्रकार से चैतन्य है, उनकी चेतना है। वह स्वयं लिखते हैं कि

चेतना की नदी
बहती जाए तेरी ओर
मौन मेरे ध्यान में मैं रहूँ आत्मविभोर।

आत्ममुग्धता की जो स्थिति उनके यहाँ है वह वेदना में भी उसको आत्मविभोर स्थिति बनाते हैं, आत्मविभोर स्थिति बिल्कुल भिन्न है।

अगर थोड़ा-सा इसे एक प्रकार से कन्सेपचुलाइज़ किया जाए कि उनके यहाँ प्रेम का कैसा रूप है तो उसके लिए मैंने अपना एक ग्राफ बनाया है। उनका प्रेम आरम्भ में एक काल्पनिक स्थिति है और तीव्र काल्पनिक स्थिति कैशोर्य भावुकता है। यह कैशोर्य भावुकता किस रूप में व्यंजित होती है, किस प्रकार इसका विकास होता है? एक तो उनके यहाँ प्रणय निवेदन है। आरम्भिक कविताओं में यह निवेदन बहुत स्पष्ट है। वह जैसे माँग रहे है पेड़, पौधे, पत्ती, सब्ज़ी सबसे और यह निवेदन वास्तव में एक अज्ञात किस्म की आसक्ति है। अज्ञात किस्म की यह आसक्ति फिर एक प्रकार का उदात्त भाव पैदा करती है क्योंकि वह ज्ञात नहीं है कि किस प्रकार की प्रेमिका है, कैसी है? तो वह उसके चरणों की धूल को भी स्वीकार करने के लिए आगे आते हैं और यह उदात्त भाव वास्तव में काल का प्रभाव है। जब वह छायावाद के संधिकाल में कविता लिखना शुरू करते हैं तो उस काल में यह उदात्त भाव जो बाद में महादेवी और निराला में विकसित होता है, वह वहाँ से अपने लिए एक सूत्र ले लेते हैं। इस उदात्त भाव के बाद इसको निकालना बड़ा मुश्किल है क्योंकि

अज्ञेय की बाद की कविताओं में थोड़ा-थोड़ा दुख का विवेचन है। दुख, कष्ट, यातना, और फिर उनका जो मध्यवर्ती काल है वह आरम्भ हो जाता है। वेदना का थोड़ा सा परिदर्शन यहाँ उनके आरम्भिक काल में होता है और उसके बाद में उनके यहाँ एक प्रकार का जो देह रूप है वह उपस्थित रूप हो जाता है। वह माँसल भौतिक प्रेम है। यह माँसल भौतिक प्रेम बिम्बों के द्वारा प्रकट होता है। इसमें कोई सन्देह नहीं है कि हिन्दी कविता को ठोस ऐन्द्रिय बिम्ब देने वाले अज्ञेय अविस्मरणीय कवि है। एक कविता यहाँ उद्धृत है जो हालाँकि उनकी बहुत बाद की कविता है–

गहराते उद्दाम हठीले
यौवन से इठलाती,
खुले बन्ध, खिले अंग बेकल सब होरन मदमाती
वह आएगी, लाल सा लाल
जय का लिए उजाला रंग
वह आएगी, मेरा ढाँप लेगी अंग
अपनी देह से, बढ़ते स्नेह से
अभी सूखी रेत है पर
हो जाऊँगा हरा, गति जीवित भरा
धारा बालू बन जाएगी।

ये माँसल भौतिक प्रेम एक ओर ऐन्द्रिय बिम्बों से उभरता है दूसरी ओर बिम्ब निर्माण प्रक्रिया में कुछ ऐसे बिम्ब हैं जिन्हें बिम्ब का दोहरा रूप कहा जा सकता है। ये बिम्ब कल्पना के सहारे आते हैं, वह काल्पनिक स्मृतियाँ हैं। बराबर उनके यहाँ ऐसी स्मृतियाँ हैं और उन स्मृतियों में काल सम्बन्धी चेतना नहीं है। ये नहीं है, कब, क्यों, कहाँ, ये भी प्रश्न नहीं है उसमें। सीधे वह स्मृतियाँ और वही प्रभाव है जो कि उत्तर छायावादी प्रभाव उन पर पड़ा है जैसे कि छायावाद की समाप्ति होती है और बच्चन आदि कवि आते हैं। बच्चन में भी जो लोक संपृक्ति है या प्रभाववाद है, ठीक वैसी ही संपृक्ति या प्रभाववाद अज्ञेय में उपलब्ध है।

अन्तिम रूप बड़ा विलक्षण है। वह यह है कि प्रेम की तीव्रता का जो अनुभावन है जिसे वह बराबर अपनी कविताओं में व्यक्त करते हैं वह एक निष्कर्ष के रूप में आगे आता है। निष्कर्ष के रूप में ही आगे नहीं आता बल्कि उसे ठीक शब्दों में कहें तो वह एक प्रकार का निष्कर्ष देता है और वह निष्कर्ष है उनका बौद्धिकीकरण।

हम पाते हैं कि कल्पना से आरम्भ हुआ प्रेम जो अज्ञेय का प्रेम सम्बन्धी आधारभूत रूप है। एक दैहिक माँसल प्रेम में ठहरता है और उसके बाद वह अपने बौद्धिक निष्कर्ष निकालता है वे बौद्धिक निष्कर्ष उनके प्रेम सम्बन्धी दर्शन के कुछ सूत्र हैं उनमें स्पष्ट होता है। जैसे उदाहरण लें कि वह बौद्धिकीकरण कैसे होता है।

व्यथा सबकी निविड़तम एकान्त मेरा

उसी प्रकार से एक और उदाहरण बहुत ठोस है कि

जियो उस प्यार से
जो मैंने तुम्हें दिया
उस दुख में नहीं जिसे
बेइज़्ज़त मैंने किया।

प्रेम जैसे कठिन विषय के लिए अज्ञेय की कविता से दोबारा गुजरते हुए मुझे यह अनुभव हुआ कि अज्ञेय ने प्रेम सम्बन्धी जितनी भी कविताएँ लिखीं उन तमाम कविताओं में वह व्यक्ति के अनुभव का ऐसा समुच्चय व्यक्त करते हैं जिसे उन्होंने लोकानुभव के रूप में व्यक्त नहीं किया। इसे उन्होंने अपने यहाँ स्वीकार भी किया है। आलोचकों ने भी बताया है कि जब उनके यहाँ बिल्कुल व्यक्तिगत प्रेम है और वह व्यक्तिगत प्रेम ही उनके तमाम काव्य सम्बन्धी सिद्धान्तों का निर्माण करता है। दूसरा निष्कर्ष यह प्राप्त हुआ कि अज्ञेय के यहाँ जो प्रेम है वह मानवीय प्रेम से थोड़ा अलग है। मानवीय प्रेम किसी समाज में, उस समाज की जीर्ण शीर्ण मूल्यधारा को परिपुष्ट करता है। प्रेम के सहारे बताता है कि प्रेम एक ऐसा अवदान है, प्रेम एक ऐसा तत्त्व है, प्रेम एक ऐसी आधारशिला है कि जिस पर मनुष्य निरन्तर विकसित होता रहता है, उनके यहाँ यह अनुपलब्ध है। जो चीज उनके यहाँ उपलब्ध है, वह है—प्रेम के प्रति एक वस्तुनिष्ठ दृष्टि। व्यक्तिगत प्रेम होते हुए भी वह जैसे बहुत दूर से उसको देख रहे हों और दूसरा निष्कर्ष है, बहुत सकारात्मक है, प्रेम सम्बन्धी कविताओं की जो भाषा उन्होंने सृजित की है वह भाषा सम्भवतः विरल भाषा है। बाद की कविताओं में जिस भाषा का सृजन उन्होंने किया है वह हिन्दी कविता को अन्यतम देन उनकी ओर से कही जा सकती है।

अज्ञेय की काव्यानुभूति

प्रो. नित्यानन्द तिवारी

अज्ञेय की कविता पर विचार करते हुए कहा गया है कि अज्ञेय बहुत दूर तक छायावादी हैं। छायावाद भक्तिकाल के बाद सबसे महत्वपूर्ण साहित्य है। सब से महत्वपूर्ण काव्य है और उसका प्रभाव, उसका संस्कार, उसका दबाव इतनी जल्दी नहीं टूट सकता। लेकिन अज्ञेय इस बात के लिए सचेत रहे हैं कि उस दबाव को तोड़ना है। उनकी आरम्भिक कविताओं के भीतर ही इस प्रकार के तत्त्व मिल जाएँगे कि जिनसे लगेगा कि छायावादी भाव गठन को तोड़ने का अज्ञेय प्रयत्न कर रहे हैं। अज्ञेय एक ऐसे कवि हैं, ऐसे चिन्तक हैं जिनको लेकर तरह-तरह के विवाद रहे हैं। विवाद मुक्तिबोध के बारे में भी हैं, विवाद सभी के बारे में रहते हैं जो कुछ नया करते हैं, जो कुछ महत्वपूर्ण करते हैं। अज्ञेय पर ही नहीं, बहुत से लोगों पर छायावादी शब्दावली का प्रभाव दिखेगा, छायावादी संस्कार दिखेंगे लेकिन वह उससे संघर्ष करते हैं। इसका प्रमाण मिल जाता है।

अज्ञेय के चिन्तन और अज्ञेय की रचना दोनों को मैं तीन चरण में विभाजित करना चाहता हूँ। अज्ञेय यह स्पष्ट रूप से मानते रहे थे कि साहित्य या कविता सांस्कृतिक विभूति है और सांस्कृतिक विभूति के रूप में कविता पर विचार तभी किया जा सकता है जब सामाजिक संगठन पर ध्यान दिया जाए। उन्होंने 'त्रिशंकु' के पहले लेख में भी यह बात कही है। उन्होंने यह भी कहा है कि जीवन का छन्द ही नहीं बदला, जीवन भी बदला है और फिर अब न समाज देहाती रहा है न शहरी, अब उसका संगठन ही बदल गया है। इसी के वजन पर जीवन बदला, समाज का संगठन बदला तो क्या कविता वैसी ही रहेगी जैसे पहली थी? इसके वजन पर हम लोग कविता के बारे में

एक वाक्य तैयार करें कि कविता का ढंग ही नहीं बदला कविता भी बदल गई। अपने चिन्तन और कार्य-जीवन के पहले चरण में अज्ञेय का वक्तव्य और अज्ञेय की कविता दोनों में सामाजिक प्रासंगिकता है। समाज अनिवार्य रूप से जुड़ा हुआ है उनसे, लेकिन अपने चिन्तन और सृजन के दूसरे दौर में अज्ञेय इस प्रतिज्ञा को धीरे-धीरे छोड़ने लगते हैं बल्कि विरोध में होने लगते हैं या हो जाते हैं। या उन्होंने 'भवन्ति' में लिखा—''लेखक होने से मुझे सामाजिक उत्तरदायित्व से छुट्टी नहीं मिल सकती क्योंकि लेखक हो जाने पर ऐसा नहीं कि मैं नागरिक नहीं रहता। दूसरी ओर कवि होने का यह अर्थ ही नहीं है कि मैं अपनी कविता के लिए भी समाज के प्रति उत्तरदायित्व मानने के लिए बाध्य हूँ। कहाँ तो अज्ञेय मानते थे कि सामाजिक संगठन पर ध्यान दिए बिना कविता का संगठन नहीं बदल सकता। बाद में समाज के संगठन की बात तो दूर, कवि होने के लिए समाज के प्रति किसी प्रकार का उत्तरदायित्व उनकी बाध्यता नहीं है। अज्ञेय जी ने 1980 के आस पास कविता बनने का एक और तर्क दिया। उन्होंने कहा कि कविता कविता में से निकलती है और हर युग का कवि नई रचना स्थिति और उसकी चुनौतियों को पहचानता है। लेकिन फर्क यह है हर युग के महत्त्वपूर्ण कवि और अज्ञेय में, मैं उन्हीं का मत सामने रख रहा हूँ।

अज्ञेय जी के अनुसार पहले के कवि जो नई रचना स्थितियों को स्वीकारते थे वह अपनी प्राचीन योग्यता को पहचानते थे। सचेत तर्क के रूप में उन्होंने नई रचना स्थिति को नहीं पहचाना और इस नई रचना स्थिति में सबसे महत्वपूर्ण चीज़ है श्रोता समाज की उपस्थिति। श्रोता समुदाय से कविता पाठक समुदाय की वस्तु हो जाती है। मैथिलीशरण गुप्त तक कविता श्रोता समाज की कविता थी और छायावादी कविता को अज्ञेय जी श्रोता समाज और पाठक समुदाय के बीच की स्थिति मानते हैं। वह सुनाई भी जा सकती है, पढ़ी भी जा सकती है और अज्ञेय की स्थिति पाठक समुदाय की है। वह कविता पाठक समुदाय से जुड़ी हुई है, एक तर्क उन्होंने और दिया है कि कवि अपनी कविता अकेले लिखता है। जाहिर है अकेले ही लिखेगा, पूरा समाज तो कलम पकड़कर लिखाने नहीं आएगा। इस बात पर उन्होंने बल दिया था कि कवि अकेले लिखता है और पाठक उसे अकेले पढ़ता है। यह जो अकेलापन है, जब पाठक कविता को पढ़ता है तो उससे उसका अकेलापन कन्फर्म होता है। एक का अकेलापन दूसरे के अकेलेपन का सम्मान करता है उसको मान्यता देता है। ऐसी स्थिति में समाज के प्रति उत्तरदायित्व का प्रश्न सचमुच गौण हो जाता

है। अभी तक मैंने अज्ञेय का जो काव्यानुभव के बारे में वैचारिक रूझान है, दो तरह से रखा। अज्ञेय जी ने कहा था कि समाज का संगठन बिखर गया है। जीवन ही बदल गया जीवन का ढंग ही नहीं बदला। ऐसी स्थिति में कविता के नए संगठन को बनाने के लिए प्रयोग की आवश्यकता निश्चय ही होगी। यानि प्रयोग का एक सामाजिक सन्दर्भ है। समाज का संगठन बिखर गया है, उसको बनाने के लिए भी प्रयोग करना पड़ेगा। कविता का संगठन बिखर गया है क्योंकि समाज का संगठन बिखर गया है, जीवन का संगठन बिखर गया है तो प्रयोग करना पड़ेगा। तो प्रयोग का एक सामाजिक सन्दर्भ निश्चित रूप से है।

अज्ञेय जी ने 'तार सप्तक' में प्रयोग को एक मानदण्ड भी माना है। उनके पास बहुत से अच्छे कवियों की कविताएँ थीं लेकिन उसको उन्होंने संकलित नहीं किया, इसका कारण यह था कि उसमें प्रयोग-धर्मिता नहीं थी। इससे सिद्ध हो जाता है कि प्रयोग एक मानदण्ड था और समाज से कटा हुआ नहीं था इसलिए प्रयोगवाद में अगर प्रगतिवादी कहे जाने वाले कवि संकलित हुए तो इसमें कोई आश्चर्य नहीं होना चाहिए। अज्ञेय भी उस समय प्रगतिशील लेखक संघ से जुड़े हुए थे वे समाज की अनिवार्यता-काव्यानुभव के लिए, काव्य के संगठन के लिए आवश्यक मानते थे।

आज यदि हम जीवन के गौरव की रक्षा करना चाहते हैं तो हमें परखने और मुकाबला करने की शक्ति को संगठित करना होगा। इस में भी प्रयोग की जरूरत है क्योंकि परखना और मुकाबला करना, इसमें एक आलोचनात्मक मानसिकता की आवश्यकता है और कविता लिखते समय आलोचनात्मक मानस होना चाहिए यह अज्ञेय के पहले किसी कवि ने नहीं कहा। ऐसी आलोचनात्मक मानसिकता कवि की भी होनी चाहिए, भावात्मक मानसिकता अपर्याप्त है यह अज्ञेय की धारणा थी। छायावाद से यह बहुत बड़ा अलगाव है कि आलोचनात्मक मानस के बिना काव्यानुभव नहीं बन सकता, कविता नहीं लिखी जा सकती। इस सिलसिले में उन्होंने बहुत से लोगों को उद्धृत भी किया है और यह आधुनिक युग की विशेषता मानी है। इस सिलसिले में उनके सामने सबसे पहले परम्परा आई और परम्परा की व्याख्या को अज्ञेय जी ने बदल दिया है, लेकिन परम्परा सनातन अनुभूति मानी जाती है। वह परम्परा कुछ मूल्यों का सनातन प्रवाह है। अज्ञेय ने परम्परा को ऐतिहासिक अनुभूति माना है और ऐतिहासिक अनुभूति मानते ही परम्परा द्वन्द्वात्मक हो गई।

परम्परा को धारण कर, परम्परा से जूझकर जो कवि कविता लिखना

चाहता है उसकी अनुभूति अनिवार्य रूप से द्वन्द्वात्मक होगी। परम्परा से जूझना हर कवि के लिए अज्ञेय अनिवार्य मानते हैं। जिसे परम्परा का बोध नहीं है, जो परम्परा को आगे नहीं बढ़ा सकता, उसका विरोध नहीं करेगा, उसमें जो निमित्त सजीव तत्त्व है उसका भी बोध उसे नहीं होगा। कवि ठीक है कि वर्तमान का होता है लेकिन परम्परा से जो कुछ वर्तमान तक सजीव रूप में आ रहा है उसे ग्रहण करना पड़ेगा और ये तब तक नहीं होगा जब तक परम्परा के ऊपरी विधानों को न तोड़ा जाए। हम परम्परा के सार तत्त्वों को तभी पा सकते हैं जब परम्परा के ऊपरी तत्त्वों को तोड़ें।

उन्होंने एक और महत्वपूर्ण विचार से टकराने की हिम्मत की, गाँधीवादी विचार से, जो छायावाद में प्रचलित था। उन्होंने कहा कि कविता व्यक्तित्व का प्रकाशन नहीं उत्सर्ग है। उन्होंने यह भी कहा कि काव्य एक व्यक्तित्व की नहीं, एक माध्यम की अभिव्यक्ति है। माध्यम का अर्थ होगा रूप और भाषा। ये सब विवादपूर्ण विषय हैं। विवादों में बिना गए भी स्पष्ट है ये बड़े महत्वपूर्ण प्रश्न अज्ञेय ने उठाए और बहुत पहले उठाए। इन प्रश्नों ने रोमानी काव्य सिद्धान्तों को तोड़ा, रोमानी काव्यानुभव के स्वरूप को तोड़ा और अलग प्रकार की आधुनिक, यथार्थवादी या जिसे गैर रोमानी कहा जाता है, कविता के विधान को सम्भव बनाया। इससे कम से कम इतना अनुमान तो मिल ही जाता है कि कविता में सिर्फ भाव की प्रधानता नहीं होती, भाव बहुत अपर्याप्त है।

अब आमतौर पर स्वीकार किया जाता है कि कविता तो भाव पर लिखी जाती है लेकिन अज्ञेय कविता के लिए भाव को पहली बार अपर्याप्त सिद्ध करते हैं। उन्होंने इस सिलसिले में दिनकर और बच्चन का उल्लेख किया और सब जानते ही हैं कि दिनकर और बच्चन की कविता कितनी भावमय है। इतनी भावमय है कि छायावादी कविता भी उतनी भावमयी नहीं है। कवियों में भी बहुत दार्शनिक दबाव, वैचारिक दबाव है लेकिन दिनकर और बच्चन की कविताओं में, 'उर्वशी' को छोड़ दीजिए जिस तरह का विचार विमर्श उसमें हुआ है वह भी भाव का ही हिस्सा है, वह कोई ऐसा विचार दर्शन नहीं है। कविता में जो भाव का इतना रूख खड़ा किया गया है, वह बस हो गया है, फैल गया है क्योंकि वहाँ विचार का कोई आधार नहीं है। यह शोथ है, यह एक प्रकार का काव्यरोग है, वास्तविक रोग नहीं सिर्फ काव्य रोग है जो सिर्फ भाव पर लिखी जाती है। इस प्रकार भाव की सर्वप्रधानता से जीवन की सार्थकता का प्रश्न गायब होता जा रहा था और अज्ञेय ने इसको फिर से उठाया।

जीवन की सार्थकता एक बड़ा प्रश्न है और इससे जूझना चाहिए। साही जी ने फंक्शन और पर्पज़, इन दो शब्दों का उल्लेख किया है। अज्ञेय जिस तरह की कविता से घिरे हुए थे, वह कविता सिर्फ फंक्शनल हो गई थी। कविता लिखी जा रही थी, जैसे हम लोग जीते हैं, जिए जा रहे हैं। पूछ लीजिए कि क्यों जी रहे है तो हम नहीं जानते। चीज़ें फंक्शनल होती चली जा रही है या फंक्शनल चीज़ों से फंक्शनल कविता से अज्ञेय जुड़े हुए थे और अनुभव कर रहे थे कि उसे किसी पर्पज़ से जोड़ना चाहिए, किसी अर्थ से जोड़ना चाहिए। अज्ञेय जी ने उसे तोड़ा लेकिन यह सवाल भी उन्होंने उठाया कि काव्यानुभव में उद्देश्य का, सार्थकता का बौद्धिक प्रश्न महत्वपूर्ण है। इससे जुड़ा हुआ सवाल यह है कि सार्थकता का प्रश्न कविता में तभी उठ सकता है जब एतादृशत्व से इंकार किया जाए। यह ऐसा है जिसमें ऐसेपन के प्रति विद्रोह का भाव हो, इस एतादृशत्व को तोड़ने के लिए उन्होंने उपन्यास भी लिखे, कविताएँ भी लिखीं और अपना तमाम चिन्तन भी किया। इस प्रकार अज्ञेय की काव्यानुभूति में विद्रोह की भूमिका निश्चित रूप से है।

विद्रोह काव्यानुभव का एक अनिवार्य अंग है। यह बात अलग है कि उस विद्रोह के स्वरूप को जैसा उन्होंने खड़ा किया उससे हमारा मतभेद हो सकता है। उन्होंने 'शेखर-एक जीवनी' में कहा कि विद्रोही बनाए नहीं जाते, विद्रोही पैदा होते हैं। विद्रोही एक सामाजिक और ऐतिहासिक व्यक्ति नहीं क्योंकि वह तो पैदा होता है। इतिहास और समाज में तो चीज़ें बनती हैं। उसके विद्रोह का जो स्वरूप है उस स्वरूप से हमारा मतभेद हो सकता है लेकिन उस विद्रोह ने निश्चित रूप से युग के समाज में अपनी रचनात्मक भूमिका निभाई। उस विद्रोह के भाव या विचार ने कविता में अपनी भूमिका निभाई है। मान लीजिए उन्होंने एक कविता लिखी—'मैंने पौधे से कहा' या 'कलगी बाजरे की' या 'पहला दोंगरा', इन सबमें एतादृशत्व को तोड़ने की बात कही गई है। मसलन जैसे कविता में पौधे से कैसे यह एतादृशत्व टूटता है, फूल पर वह कविता है। फूल पर जो कविता लिखी जाए तो फूल बहुत सुन्दर है, बड़ी सुगन्ध है, उसकी मादकता हमें भीतर तक प्रभावित कर जाती है, इस तरह से कविता लिखें और कविता इस तरह से लिखिए कि उस फूल के बनने की जो प्रक्रिया है वह पूरी तरह से हमारे सामने स्पष्ट हो जाए। उससे एक अलग तरह का अनुभव होता है।

किसी चीज़ के बनने की प्रक्रिया का हम साक्षात्कार करें तो एक तरह का अनुभव होता है और जब केवल उसके परिणाम को हम स्वीकार करें तो

उससे अलग तरह का अनुभव होता है। किसी चीज के बनने की जो प्रक्रिया है उससे जब हम जुड़ते हैं तो एक अलग तरह की सम्पृक्ति एक अलग तरह का अनुभव हमें होता है। जब केवल उसके परिणामों से हम जुड़े रहते हैं, जैसे फूल केवल पौधे का परिणाम है। जब हम उससे जुड़े रहते हैं तो केवल भाव तक सीमित हैं लेकिन जब हम उसके पूरी निर्माण की प्रक्रिया से जुड़ेंगे तो भाव के लिए बहुत सी चीज़ें हमारे सामने आएँगी।

जब हम किसी रचना प्रक्रिया के भीतर से जुड़ते हैं तो बहुत सी कठोरताएँ, बहुत सी कुरूपताएँ होती है जिनका हमें सामना करना पड़ता है। इसी लिए अज्ञेय की कविता में रचना प्रक्रिया पर, सृजन प्रक्रिया पर बहुत सी कविताएँ हैं और इस रचना प्रक्रिया को उन्होंने एक प्रकार से काव्यानुभूति का रूप दिया है। यह केवल सैद्धान्तिक स्तर तक ही सीमित नहीं रहता इस पर वह कविता लिखते हैं। इसके कारण अज्ञेय की कविता में बौद्धिकता आ जाती है और बौद्धिकता उनकी कविता का एक बहुत महत्वपूर्ण पक्ष है और वह उन की ताकत भी है। बाद में चलते-चलते जब बुद्धि केवल मुद्रा बन जाती है, सिद्धान्त बन जाती है तो उनकी कविता की वह कमज़ोरी भी हो जाती है। अज्ञेय की कविता के कुछ बड़े महत्वपूर्ण धन पक्ष है जो कविता के गठन को निश्चित रूप से बदलते हैं। कविता के गठन से मेरा अर्थ अनुभव के गठन से है। शिल्प के गठन से नहीं हालाँकि शिल्प भी उससे बनता है। कविता के अनुभव के विन्यास को निश्चित रूप से वह बदलते हैं लेकिन धीरे-धीरे अज्ञेय जी से ये सारी बातें मुद्रा और सिद्धान्त में बदल जाती है। इसका कारण यह है कि उनकी पहले चरण की जो कविताएँ हैं वे भले पौष्टिक हों लेकिन उसके जो उपकरण हैं वे स्पष्ट हैं, प्रस्तुत हैं और बाद की कविताओं में जो दृश्य है, जीवन दृश्य है, जो विषय है वह अमूर्त होता चला जाता है। इस लिए वह बौद्धिकता जीवन से टूटने लगती है।

मैं 'असाध्य वीणा' और 'हमने पौधे से कहा' इन दोनों कविताओं को ध्यान में रखकर बात कहूँ, तो 'हमने पौधे से कहा' कविता मे जिन उपादानों से फूल बनता है, पौधा बनता है, वे उपादान मूर्त हैं, स्पष्ट हैं, लेकिन 'असाध्य वीणा' में जिन कारणों से वीणा बजती है वे कारण मूर्त नहीं हैं, स्पष्ट नहीं हैं और वीणा बज जाती है। फूल के बनने की जो पूरी प्रक्रिया है उसका आप साक्षात्कार करते हैं कविता में, वह जिन स्थितियों का सामना करते हुए, जिनसे लड़ते जूझते हुए बनता है वह सब हमारे सामने स्पष्ट है। लेकिन 'असाध्य वीणा' में वीणा का बज जाना ही काव्यानुभूति का बन जाना है, यानी वीणा बज

जाती है। कैसे बज जाती है? केशकंबली अपनी गोद में वीणा को लेकर बैठ जाता है और सोचने लगता है कि वीणा किस पेड़ से बनाई गई होगी, पेड़ किस जंगल में होगा, कहाँ केहर खुजलाते थे उसके तने से। इस प्रकार उसने सोचा और वीणा बज गई। वह ध्यान कर रहा है, ध्यान की अवस्था में है। मानसिक अवस्था में ध्यान करते हुए उसकी काव्यानुभूति बन रही है। जबकि पौधे से कहा में वह ध्यान की अवस्था में नहीं है, सजीव जीवन प्रक्रिया के बीच है। पौधा या फूल सजीव जीवन प्रक्रिया के बीच बन रहा है, वह हमारे दिमाग में नहीं बन रहा है। धीरे-धीरे अज्ञेय जी यह स्वीकार करने लगे कि काव्यानुभूति मस्तिष्क की उपज है। यह काव्यानुभूति आन्तरिक वस्तु है और हमारी आन्तरिक स्पष्टता हो, परिभाषित हो यह ज़रूरी नहीं है।

व्यक्ति की आन्तरिकता, व्यक्ति का अकेलापन एक ऐसा पारदर्शी जीवन है कि उसके साथ पूरी तरह से संवाद संभव नहीं होगा और जब जीवन स्थिति से कविता मानस की वस्तु हो गई, ध्यान की वस्तु हो गई तब काव्यानुभव, का सम्बन्ध जीवन से छूटने लगता है और फिर ज़रूरी हो जाता है कि वह अमूर्त में जाए, रहस्यवाद में जाए, यह सब जरूरी हो जाता है। 'सवेरे उठा तो धूप खिली थी'—नामक उस कविता से स्पष्ट हो जाएगा उसमें जो कवि है वह धूप, चिड़िया, घास, हवा, लहर, आकाश, इन सबसे गरमाई, मिठास, हरियाली, खुलापन, सिहरन, उल्लास, असीमता माँगता है और उसको मिलता है। जब मिलता है तो उसका आन्तरिक जगत बन जाता है। वह मनुष्य बन जाता है, उसे प्यार मिल जाता है। इसे अज्ञेय ने कहा कि यही प्यार है। यानी अनुभव कभी अकेले में मिल ही नहीं सकता। अनुभव जब मिलेगा तो बाहरी सम्बन्धों से मिलेगा। यहाँ तक कविता बिल्कुल ठीक जा रही है कि कवि पूर्णतः मनुष्य बन गया, उसे प्यार मिल गया।

लेकिन जैसे 'अँधेरे में' कविता में अँधेरे में कोई आता है, उसी वक्त आता है, ठीक उसी तरह यहाँ भी अँधेरे मे कोई आया है और वह प्यार माँगता है और यह भी कहता है कि सौ गुना करके दूँगा। लेकिन जिसे अनुभव मिल गया है, वह कहता है कि अब मैं तुम्हें प्यार नहीं दूँगा। जो अनुभव मुझे मिल गया है, वह अनुभव मैं तुम्हें दूँगा नहीं। कारण यह है कि पता नहीं कि तुम कौन हो, मैं अगर अपना अनुभव, प्यार दे दूँ तो तुम इसका क्या करोगे इसका मुझे पता नहीं है और मैं तो एकदम खाली हो जाऊँगा। मेरा तो सब कुछ लुट जाएगा अगर तुमको मैंने अनुभव दे दिया। हालाँकि वह कह रहा है कि मैं सौ गुना करके इसे लौटाऊँगा तब भी वह इसे स्वीकार नहीं करता और

कहता है कि इस अचीन्हे को मैं कैसे लूँ और तब से वह मौन हो जाता है। जो कुछ उसे बाहर से मिला, उससे उसका अन्तर्जगत बना और अन्तर्जगत जब बन गया तो वह उसे किसी को देने के लिए तैयार नहीं है। वह माँगने वाला कौन हो सकता है? कोई भी हो सकता है—समष्टि हो सकता है, समाज हो सकता है, विचारधारा हो सकती है, जिसे भी आप चाहें लगाएँ, वह कोई इण्डिविजुअल नहीं है।

इतना साफ लगता है कि वह कोई व्यक्ति नहीं है जो माँग रहा है। वह कोई ऐसी शक्ति है जो व्यक्ति के अनुभवों को सौ गुना करके दे सकती है। यह बात उनकी कविता में भी है कि व्यक्ति नहीं दे सकता है। कोई बड़ा विचार, बड़ा दर्शन, कोई समाज ही व्यक्ति के अनुभवों को सौ गुना करके दे सकता है। लेकिन अज्ञेय की कविता का जो वाचक है वह कहता है कि मैं इसे नहीं जानता, मैं इसे क्यों दे दूँ और मैं तब से चुप हो गया। मौन हो गया। वह जो मौन अज्ञेय के काव्यानुभव में बाद में चलते चलते विकसित हुआ, इस मौन का कारण यह है कि अज्ञेय में सम्प्रेषण बहुत कठिन होता गया। इस पर उन्होंने बहुत लिखा लेकिन सचमुच कविता में सम्वाद नहीं है। यदि कविता में सम्वाद होता, सम्वाद से मतलब कविता में अपना कुछ देना और पाना, तो मुक्तिबोध अपनी कविताओं में यह पाना और देना दोनों करते थे। देना सचमुच खतरनाक काम है। दे दिया सब कुछ और लौटाया नहीं तो हम तो मर जाएँगे। मुक्तिबोध यह खतरा उठाते हैं और अज्ञेय यह खतरा नहीं उठाते।

सचमुच जैसे मान लीजिए कि हम आ रहे हैं और रास्ते में ऐक्सीडेंट में कोई आदमी बुरी तरह से घायल है, उसको अस्पताल पहुँचाना है, तो वह तकलीफदेह काम है और मैं वहीं जाकर यह कहूँ कि देखकर के मुझे बड़ी तकलीफ हुई, यह आसान है। यह तकलीफ आसान है लेकिन उसे पहुँचाना कठिन है। जो प्रत्यक्ष जीवन की घटनाएँ होती है उसमें काफी तकलीफ उठानी पड़ती है और उसमें अपने को दिया जाता है। बिना अपने को दिए आप उससे जुड़ नहीं सकते, मनुष्य के भावों को समृद्ध नहीं कर सकते। अज्ञेय जी देने की बात करते हैं। कई कविताओं में वह देने की बात करते हैं लेकिन यह जो मेरा अकेलापन है जो मैंने अर्जित किया है यह मैं तुम्हें देता हूँ। समाज क्या करेगा इस अकेलेपन का? एक सीमा तक उस अकेलेपन की अनुभूति समाज से जुड़ी हुई होती है क्योंकि यह परिचित विशेष है।

अगर दर्शन न बनाया गया अकेलेपन को, तो अकेलापन एक बड़ी विकट परिस्थिति मानवीय जीवन की है और वह बाँटी जा सकती है। उसमें एक दूसरे

के अकेलेपन को सहारा मिलता है, लेकिन अज्ञेय जी ने ऐसी बहुत सी कविताएँ लिखी हैं जैसे एक कविता है उसमें एक केंकड़ा सामने है और पहाड़ी इलाका है, उसमें कुछ केंकड़े देखते हैं और फिर उस से प्रश्न करते हैं कि—मैंने प्यार किया? केंकड़ा उसका क्या उत्तर दे, इसका पूरा वर्णन किया है, वह कोई उत्तर वहीं देता है। वह बड़े व्याकुल हैं कि कोई प्रतिक्रिया तो इस पर हो, लेकिन उस पर कोई प्रतिक्रिया नहीं होती, वह धीरे धीरे एक दूसरी तरफ चला जाता है। फिर विराट अकेलापन, विराट संवादहीनता उनको घेर लेती है उस कविता में कुछ पंक्तियाँ हैं—

कोहरा था, सागर पर सन्नाटा था
पंछी चुप थे, महाराष्ट्र से कटा हुआ
थोड़ा सा जल बन्दी हो, चट्टानों के बीच
एक दरिया में निश्चल था पारदर्शी
और इसी में वह केकड़ा था

कविता तो लम्बी है इसलिए काट देता हूँ—

मैंने पूछा क्यों जी
यदि मैं तुम्हें बता दूँ,
मैं करता हूँ प्यार किसी से
तो चौंकोंगे?
ये ठण्डी आँखें झपकेंगी?
उस उदासीन ने सुना नहीं
आँखों में वही बुझा सूनापन जमा रहा
ठण्डे नीले लोहू में दौड़ी नहीं
सनसनी कोई, पर अलक्ष गति से,
वह कोई लीक पकड़ पत्थर की ओट
किसी कोटर में सरक गया
यों मैं अपने रहस्य के साथ रह गया
सन्नाटे से घिरा अकेला, अप्रस्तुत,
अपनी जिज्ञासा के सम्मुख
निरस्त्र, निष्कवच, बध्य।

इतनी बड़ी-बड़ी बातें एक केकड़े को देखकर के आपके सामने आ जाती

है। ये बातें केंकड़े को देखकर के पैदा हो सकती है, लेकिन ये केंकड़ा अगर प्रकृति का एक जीव हो और हम भी प्रकृति के एक जीव हैं तो दोनों में सम्वाद हो जाएगा। ज़ाहिर है कि प्रकृति के एक जीव के रूप में हम भी प्रकृति के जीव हैं और केंकड़ा भी जीव है, इस सन्दर्भ में तो उल्लेख किया नहीं गया होगा केंकड़े का, अब ये केकड़ा क्या है? ये केंकड़ा हो सकता है कि समाज हो, क्योंकि केंकड़ा जैसे रेंगता है और घृणास्पद लगता है उसी प्रकार व्यक्ति के ऊपर समाज घृणास्पद रूप से रेंग रहा है। मैं कह नहीं सकता कि यह है या नहीं लेकिन यह केंकड़ा है क्या? अगर ये सब नहीं है तो खाली केंकड़े के सामने आप इतनी बड़ी बड़ी बातें क्यों कर रहे हैं? या तो उसे प्राकृतिक जीव की तरह हम देखें या उसे प्रतीक मान लें और प्रतीक मान लें तो फिर ये जितनी चीज़े हैं, समाज है, ये सभी चीजें जो हमको जकड़े हुए हैं और उनके समय कोई संवाद नहीं है। तब इन बड़ी बातों का कोई मतलब भी हो जाएगा और फिर संवाद नहीं है यानी जिस समाज में हम हैं, जिस तरह की परिस्थितियों में हैं उसमें इस तरह का कोई संवाद नहीं है इसलिए हमारा जो रहस्य है वह हमारे भीतर ही रम जाएगा और मैं सन्नाटे से घिरा रहूँगा अपनी ही जिज्ञासा के सम्मुख निरस्त और निष्कवच हो जाऊँगा।

जिन स्थितियों के बीच हम रह रहे हैं, अगर संवाद नहीं है तो उनको हम तोड़ें। संवाद है तो ठीक है। क्या इस रहस्य में जाना ज़रूरी है? अगर हम इसको मानते हैं कि मनुष्य अपने अकेलेपन में ही अपनी सार्थकता को मान सकता है। जैसे उनका कहना है कि व्यक्ति समाज से नहीं, समाज में स्वतन्त्र है। 'से' और 'में' से बड़ा फर्क पड़ जाता है। समाज में रहकर यह है कि समाज प्राकृतिक वातावरण की तरह है, इसमें तो हमें होना ही होगा, इसलिए न हम समाज को बदल सकते हैं और न समाज हमको बदल सकता है। हम इस समाज के प्राकृतिक वातावरण के बीच जी रहे हैं इसलिए वह हमारा सरोकार है। इस प्राकृतिक वातावरण रूपी समाज में हमें अपना उत्कर्ष देखना है, हमें अपनी सार्थकता खोजनी है और ऐसी स्थिति में रहस्यवाद एक सार्थक विचार बन जाता है। बिना आध्यात्मिक हुए भी आप रहस्यवादी हो सकते हैं और यह जो अज्ञेय की कविता में हुआ वह विचारधारा के कारण हुआ, व्यक्तिवादी विचारधारा के कारण हुआ।

उन्होंने विश्वविद्यालयों पर चोट करते हुए लिखा है कि विश्वविद्यालयों में यह पढ़ाया जाता है कि व्यक्तिवादी बराबर असामाजिक है। फिर उन्होंने कहा कि यह मैं कहता हूँ कि समाजवादी बराबर अव्यक्तिक है। लेकिन

व्यक्तिवादी होना असामाजिक होना नहीं है। अति व्यक्तिवाद असामाजिक होना है। समाजवादी होने का अर्थ यह नहीं है कि व्यक्ति को बहुत महत्व न दिया जाए। अति समाजवादी व्यक्ति को खो देता है, सजीवता वहाँ भी नष्ट हो जाती है और अति व्यक्तिवादी भी समाज को खो देता है, सजीवता वहाँ भी नष्ट हो जाती है। इसलिए कविता में बहुत ही समृद्ध वैयक्तिकता की आवश्कता होती है और कविता निश्चित रूप से किसी न किसी समाज को सम्बोधित नहीं है तो उसकी सार्थकता में सन्देह किया जा सकता है।

अज्ञेय ने अन्त में बिना लाग-लपेट के यह मान लिया था कि व्यक्ति-स्वातन्त्र्य चरम लक्ष्य है कवि का, कवि का परम सौभाग्य है। वे प्रथमतः और अन्ततः कविता को शब्द मानते थे। इसलिए व्यक्ति स्वातन्त्र्य और शब्द यह कवि का सौभाग्य है और इसे वह समाज के सामने रखकर देखते हैं कि अगर यह समाज के काम का है तो ठीक, नहीं है तो इससे हमारा कोई मतलब नहीं। नागरिक के रूप में मैं समाज के प्रति अपना उत्तरदायित्व मानने के लिए बाध्य हूँ लेकिन कवि के रूप में बाध्य नहीं हूँ। सार्त्र के अनुसार बुद्धि और सृजन का जो रूप है उसे कोई न कोई समाज देता है, यह व्यक्ति के बस की नहीं है। क्या आज जिस तरह के समाज में हम रह रहे हैं उसमें व्यक्ति स्वातन्त्र्य और शब्द, इन्हीं दो को अपना सौभाग्य मानना कवि के लिए आवश्यक है? जिस तरह की जीवनस्थितियों में सारा समाज घिरा हुआ है और सार्त्र कोई समाजवादी तो नहीं है, ठीक है मार्क्सवादी प्रभाव उस पर थे, लेकिन है तो अस्तित्ववादी ही। तो यह व्यक्ति-स्वातन्त्र्य का विचार कौन सा समाज देता है? अगर उसकी बात को हम मानकर के चलें और अज्ञेय जी की भी पहली बातों को मान कर चलें तो विचार, अनुभव, बोध यह समाज के गठन पर निर्भर करता है। तो क्या अनिवार्य नहीं होगा कि जो अनुभव आपको मिला है, जो अकेलापन आपको मिला है वह उस समाज से जुड़ा हुआ हो जिसके आप अंग है और अगर यहाँ तक जुड़ाव है तो समाज होगा और आपकी कविता अकेलेपन पर भी, आत्मपराएपन पर भी बड़ी जानदार होगी क्योंकि उसका सामाजिक सन्दर्भ होगा। लेकिन ज्योंहि आप व्यक्ति स्वातन्त्र्य को चरम मूल्य मान लेंगे, वहीं अकेलापन चरम शक्ति बन जाएगा और समाज से उसका कोई रिश्ता नहीं होगा तो रहस्यवादी होना उसके लिए अनिवार्य हो जाता है।

अन्त तक जाते जाते अज्ञेय जी ने पूरी तरह से यह स्वीकार कर लिया था कि काव्यानुभूति और जो सार्थकता का सवाल उन्होंने आरम्भ में उठाया था, वह सार्थकता व्यक्ति के भीतर है और बाहर से कुछ नहीं है और स्वान्त्र्य

व्यक्ति के भीतर है। यह स्वतन्त्रता पहले भी उनकी कविता का विषय रहा था जैसे 'पहला दोंगरा' में आप देखेंगे कि वह कहते हैं कि शब्द की पुरानी कुप्पियों में मैं अपने सम्बन्ध को बाँधना नहीं चाहता, प्रेमी और प्रेमिका सांसारिक सम्बन्धों में नहीं बँधना चाहते। स्त्री-पुरुष सम्बन्ध सांसारिक होंगे तो उस में विवाह होगा। इस पुराने सम्बन्ध में वे स्त्री-पुरुष के सम्बन्ध को रखना नहीं चाहते। वे स्त्री और पुरुष के सम्बन्ध को, प्रेमानुभव को मुक्त रखना चाहते हैं। एक सीमा तक यह सार्थक अनुभव है कि स्त्री और पुरुष के सम्बन्ध को मुक्त रखा जाए लेकिन यह मुक्ति चरम स्वाधीनता है। जहाँ तक समाज की रूढ़ियों को तोड़ने का सवाल है और मनुष्य को और मानवीय बनाने का सवाल है, यह स्वाधीनता निश्चय ही स्वीकार्य है और अज्ञेय जी की कविता में यह स्वाधीनता एक बहुत बड़ा तत्त्व है लेकिन स्वाधीनता शब्द का इस्तेमाल वे पहले करते थे वही बाद में स्वातन्त्र्य हो गया और यह चरम स्वातंत्रय है जिससे रहस्य में जाने के अलावा और कोई दूसरा रास्ता नहीं रहता क्योंकि समाज के साथ या जो स्थितियाँ बहुत वस्तुगत स्थितियाँ हैं उन स्थितियों के साथ जुड़े रहने पर संवाद वस्तुगत हो जाता है।

अज्ञेय का काव्यशिल्प

श्री जगदीश चतुर्वेदी

आधुनिक कविता में छायावाद के पर्यवसान के साथ-साथ शिल्प की गति उस तरह नहीं रही जो लक्षण ग्रन्थों में थी। अज्ञेय की कविता में अलंकार नहीं ढूँढ़े जा सकते। वे प्रतीकवादी ज़रूर माने गए उन्होंने 'प्रतीक' पत्रिका भी निकाली। उनके मन में कहीं जरूर था कि भाषागत वैशिष्ट्य कवि को गरिमा भी देता है और उसको एक अलगाव भी, जिसके प्रति अज्ञेय सदैव सचेत रहे। अज्ञेय के मन में सदैव एक अजीब-सी बौद्धिकता थी और उनमें दूसरे कवियों से अलग-थलग रहने की भावना भी रही। वे तमाम चीज़ें जो उनके व्यक्तित्व में थीं, उनके कथ्य से ही निर्मित काव्य-शिल्प में भी दिखाई देती हैं। अज्ञेय शुरू के तीस वर्षों तक छायावादी कविता लिखते रहे। अज्ञेय के तमाम व्यक्तित्व के बावजूद उनकी कविताएँ बहुत दूर तक छायावाद का प्रभाव लिए थीं। उनमें कई जगह छायावाद के कवियों की परफैक्ट कविता मिलेगी, उनकी कविता बहुत जल्दी टूट जाती है, बिखर जाती है। अज्ञेय अब तक यह मानते रहे कि छन्द में लय अनुवाद है। काव्य भाषा की परिष्कृति बहुत बड़ी चीज़ होती है लेकिन वह परिष्कृति अज्ञेय बहुत अर्से तक प्राप्त नहीं कर सके।

अज्ञेय जी का नाम प्रयोगवादी, आधुनिक और शिल्प के प्रति जागरुक कवि के रूप में अग्रणी माना जाता है। 'तार सप्तक' के पहले संस्करण में काव्य भाषा के महत्व के सम्बन्ध में अज्ञेय कहते हैं कि बहुत से लोग इस बात को भूल गए कि कवि आधुनिक जीवन की एक बहुत बड़ी समस्या का सामना कर रहा है। वह भाषा की क्रमशः संकुचित होती हुई सार्थकता की केंचुल फाड़कर उसमें नया, अधिक व्यापक, अधिक सारगर्भित अर्थ भरना चाहता है और यह अहंकार के कारण नहीं, इसलिए कि उसके भीतर उसकी गहरी माँग स्तम्भित

है। इसलिए कि वह व्यक्ति तत्व को सनातन बनाने का उत्तरदायित्व अब भी निबाहना चाहता है पर देखता है कि साधारणीकरण की पुरानी प्रणालियाँ जीवन के ज्वालामुखी से बहकर आते हुए लावे से भरकर और जमकर रुद्ध हो गई हैं। प्राण संचार का मार्ग उनमें नहीं है। अज्ञेय मानते हैं कि वह साधारणीकरण का सिद्धान्त जिस पर कि हमारे तमाम हिन्दी साहित्य की बहुत बड़ी नींव है, रीढ़ है, वह शिथिल हो गया है और उस प्रणाली के आधार पर काव्य का मूल्यांकन अब उचित प्रतीत नहीं होता। आगे भी वह कहते हैं कि जो व्यक्ति का अनुभूत है उसे समष्टि की सम्पूर्णता तक कैसे पहुँचाया जाए यही पहली समस्या है जो प्रयोगशीलता को ललकारती है। इसके बाद इतर समस्याएँ हैं कि अनुभूत कितना बड़ा या छोटा, घटिया या बढ़िया, सामाजिक या असामाजिक, ऊर्ध्व या अधः, अन्तः या बहिर्मुखी है इत्यादि-इत्यादि। कहने का अर्थ यह है कि अज्ञेय ने जब यह पहला बयान दिया 'तार-सप्तक' में और यह 1941 की बात है, उस समय तक अज्ञेय जी के काव्यगत संस्कार छायावादी थे। अज्ञेय कन्फ्यूजन में इस तरह का स्टेटमेन्ट देते हैं और अज्ञेय को खुद नहीं मालूम है कि वह सत्य क्या है, वह व्यापक समष्टि में कैसे मिल जाता है, वह कैसे मानवीयता को नई दिशा प्रदान करता है और किस प्रकार से वर्तमान काव्यगत प्रणालियाँ है उनको झकझोरने वाली, जिसे वह प्रयोगवादी पद्धति बताते हैं उसका आविष्कार किस तरह किया जाए क्योंकि वे सब तो उस समय 'राहों के अन्वेषी' ही थे।

एक दूसरी बात है कि अज्ञेय ने इस सप्तक का दूसरा संस्करण 1966 में प्रकाशित किया, कोई 25 वर्ष बाद। तब तक वह सिद्ध कवि बन गए थे, तब अज्ञेय को लगा कि इस वक्तव्य में स्पष्टता नहीं थी, लेकिन शब्दों का अहंकार अज्ञेय में अन्त तक रहा। अज्ञेय उस व्यापकत्व का बोध दूसरे संस्करण में कराते हैं। 'तार-सप्तक' के दूसरे संस्करण के वक्तव्य में प्रौढ़ अज्ञेय ने अधिक सुविचारित और सन्तुलित रूप में कवि की साधना और उसके मन्तव्य के सम्बन्ध में विचार प्रकट किया है "आज भी मेरे सामने समस्या है जिसका हल पा लेना मैं अपने कवि जीवन की चरम उपलब्धि मानूँगा, वह अर्थवान शब्द की समस्या है। काव्य सबसे पहले शब्द है और सबसे अन्त में यही बात बच जाती है कि काव्य शब्द है। सारे कवि धर्म इसी परिभाषा से निःसृत होते हैं। शब्द का ज्ञान, शब्द की अर्थवत्ता की सही पकड़ कृतिकार को कृति बनाती है। ध्वनि, लय, छन्द आदि के सभी प्रश्न इसी में से निकलते हैं और इसी में विलय होते हैं।" इसके आगे भी अज्ञेय ने व्यंग्य किया उस चेतना पर जिसे हम सामाजिक प्रतिबद्धता मानते हैं, अज्ञेय यह अन्त तक मानते रहे कि जो सामाजिक

प्रतिबद्धता की बातें कविता में हुई, जो मार्क्सवाद आया, उनके समकालीन मुक्तिबोध, उन्हें अज्ञेय ने कभी अच्छा कवि नहीं माना। मुक्तिबोध को वह कवि मानते थे लेकिन अच्छा कवि नहीं मानते थे। उसी वक्तव्य में वह आगे सामाजिक उत्तरदायित्व और सामाजिक मूल्य और प्रयोजन का उल्लेख करते हुए भाषा को एक सीमित अर्थ में उसका प्रयोग मानते हैं। शब्द की अर्थवत्ता की खोज को ही चरम उपलब्धि मानते हुए वे कहते हैं, "जो कवि शब्द के संस्कार के प्रति सजग नहीं है वह अर्थवान शब्द का साधक नहीं है और मैं कहूँगा कि वह कवि नहीं है, न होगा"। जब अज्ञेय ने यह वक्तव्य दिया तो वे अपनी श्रेष्ठ कविताएँ 'आँगन के पार द्वार' में प्रकाशित कर चुके थे। वह पिछली छायावादी भाषा शैली की रचनाओं से उबरकर एक सार्थक तथा आधुनिक कवि के संवेदना शिल्प से कविताएँ लिख रहे थे। ये 1966 की बात है। यहाँ आते-आते वे भारतीय संस्कृति के संस्कृत सन्दर्भों तथा विश्व संस्कृतियों के विकास, उनके अन्तर्विरोधों तथा बाह्य द्वन्द्वों को व्यापक रूपों में देखने की क्षमता रखने वाले सर्जक बन गए हैं।

शब्दों की गरिमा का ध्यान कवि को तभी आता है जब वह अपने विचारों के अनुरूप कृति में उपयुक्त शब्दों का संयोजन करने की क्षमता पा जाता है। जब वह नए-नए शब्दों द्वारा एक वन्य पैदा करता है, एक चमक, एक लौ, एक लपट उठाता है। अज्ञेय ने मात्र इस विशेष मोह तक ही अपने को सीमित नहीं रखा, उन्होंने कम प्रचलित, अप्रचलित, साधारण बोलचाल और विभिन्न बोलियों का प्रयोग भी किया है। एक बड़ी प्रसिद्ध कविता है, जिसमें अज्ञेय एक बड़ी पाण्डित्यपूर्ण शब्दावली का प्रयोग करते हैं। वहीं 'कांगड़े की छोरियाँ कुछ गोरियाँ' आदि कविताएँ याद आती हैं जिनमें घुसते ही लोकगीतों का प्रभाव है। अज्ञेय घुमक्कड़ थे, यायावर व्यक्ति थे, शिलांग की पहाड़ियों से कश्मीर तक घूमे, बचपन विचित्र रहा, विदेशों की यात्राएँ कीं, उन तमाम अनुभवों को जो उन यात्राओं में उन्हें मिलता था उसको कभी-कभी वह उस शैली में भी प्रयोग करते थे जोकि कानों में कहीं ध्वनित होता रहा। इस तरह वे कहीं-कहीं लोकगीतों की शैलियों पर भी कविताएँ लिखते हैं लेकिन वह कम हैं। अज्ञेय की कविता की एक और विशेषता है। यह विशिष्टता उनके समकालीनों में दृष्टिगत नहीं होती। यह अज्ञेय की अपने अनुभवों तथा विश्वजनीन चिन्ताओं को देखने की एक दार्शनिक मुद्रा है। जिसमें अज्ञेय अक्सर अपनी देशगत समग्रता का और कालगत भूत भविष्यता का अपने सम्बन्धों के आधार पर समुचित आकलन करते हैं और उसे बिम्बों के नियोजन द्वारा आत्मीय अभिव्यक्ति देने का प्रयास

करते हैं। उनका यह समग्रता बोध या विश्वबोध जीवन के संयुक्त रूपाकार से मिश्रित है। कुछ पंक्तियाँ हैं एक कविता की—

ए बावरे अहेरी रे
कुछ भी अवध्य नहीं तुझे
सब आखेट है।
एक बार मेरे मन विवर में
दुःख की कौंस को
दुःखी ही छोड़कर तू चला जाएगा?
लो मैं खोल देता हूँ कपाट सारे
मेरे इस खण्डहर की शिरा-शिरा
छेद दे आलोक की अनि से अपनी।

यह कविता सूर्य के लिए है। सूर्य के किरण जाल में सिमटती दुनिया की विविध रंग-ध्वनियाँ और कवि का अपना आत्मबोध। इसी अन्दाज़ की कुछ कविताएँ 'सागर मुद्रा' में भी हैं। अज्ञेय ने 'नदी का बहना' कविता में लिखा है—

किसी भविष्य में नहीं पिया
नहीं अतीत में कहीं
तुम अनन्त काल तक
इसी इसी वर्तमान में रहना।

यह एक आधुनिक कवि का प्रतिवेदन है। यहाँ वर्तमान नहीं भूत और भविष्य की प्राप्ति है। वस्तुतः यह वर्तमान में जीना ही उस अतीत की रोमान्टिक कल्पना से भिन्न प्रकार की संवेदना है।

प्रयोगवादियों को परम्पराओं में जो छायावादी अमूर्त सौन्दर्य भावना और अलंकृत संगीत की निर्झरिणी प्रवाहित होती हुई मिली थी उसको समकालीन संवदेना से जोड़ने के लिए अज्ञेय कृत संकल्प थे। यह स्थिति अंग्रेजी के प्रयोगवादी कवियों से मिलती है। हमारे यहाँ हम पश्चिम से बहुत पीछे चलते हैं। इलियट वगैरह ने जो बात महायुद्ध के पूर्व सोची थी अज्ञेय आदि 43 के बाद सोच रहे थे। उसका कारण शायद यह भी हो सकता है कि हमारे यहाँ जो छायावाद आया, तो छायावाद की प्रतिक्रिया में ही ये कवि आए। उसके पहले जब रोमान्टिक कविता वहाँ थी, ब्राउनिंग, शैली और कीट्स आदि की उसकी प्रतिक्रिया में जो कविताएँ उन्होंने लिखीं उसके पीछे उनकी सामाजिक परिस्थितियाँ

भी थीं। महायुद्ध उन्होंने देखा था। यहाँ की स्थितियाँ उतनी प्रबल नहीं थीं लेकिन फिर भी हमारे यहाँ जो आज़ादी का आन्दोलन था, वहीं हम जिस सत्ता के गुलाम थे, वह बड़े महायुद्ध में संलग्न थी। उसकी प्रतिक्रिया अज्ञेय का स्वतः फौज में नौकरी करना और सत्ता के साथ रहते हुए समाचार आदि में काम करना, ये तमाम ऐसी क्रियाएँ थीं कि अज्ञेय को लगने लगा था कि वह जो कविता में, कहने की बातें और हैं और, करने की बातें और, अज्ञेय कहते बहुत रहे कि मैंने उन चीज़ों को छोड़ दिया है उनका त्याग कर दिया है। छायावाद लगातार उन पर प्रभावी रहा है।

कवि के अलावा जो उसका विचार बिन्दु होता है वहाँ अज्ञेय हमेशा यह सोचते रहे कि कविता को उन तमाम बन्धनों से मुक्त होना चाहिए जो पन्त के छायावाद में मिलते हैं। ऐन्द्रिय प्रभावों की अभिव्यक्ति जिस प्रकार हुई, उसने हिन्दी कविता की पारम्परिक बिम्ब विधान शैली में अभूतपूर्व परिवर्तन किए। 'तार सप्तक' के अपने वक्तव्य में प्रभाकर माचवे ने एक बड़े मार्के की बात कही है। वे लिखते हैं—'छायावाद हिस्टीरिया की भाँति हिन्दी कविता का मानसिक रोग है।" यह माचवे का उत्तर है जो उन्होंने तार सप्तक में दिया था। और भी एक बड़ी बात उन्होंने कही है—'अतः एक स्वस्थ कवि के लिए छायावाद का माध्यम स्थविर, स्त्रैण और जीर्ण जान पड़ता है।' ये जहाँ अज्ञेय सोच रहे थे, फक्कड़ माचवे भी सोच रहे थे। माचवे की जो फक्कड़ता थी वह भाषा का एक नया रूप, एक नया संस्करण लाना चाहती थी। माचवे ने लिखा है—"हमारी कविता में पाए जानेवाले अधिकांश कविता चित्र या बिम्ब बच्चों से नेह, शाब्दिक, साहचर्यात्मक या परम्परागत होते हैं। उन शाब्दिक साहचर्यात्मक पारम्परिक बिम्बों के बजाए हमें राग और ज्ञान से पूरित ऐन्द्रिय आवेगाश्रित और अभिजात बिम्बों की सृष्टि करनी है। हमारे अलंकार अधिक वैज्ञानिक, आधुनिक एवं वैशिष्टिक हों अन्यथा निरे अलंकार काव्य से निरलंकार काव्य रचना बेहतर है।" ये 1941 में माचवे ने कहा था कि हमारे अलंकार अगर आधुनिक युग के लिए श्रेयस्कर नहीं हैं तो हमें उनका त्याग करना चाहिए। हम निरलंकार रहना अधिक पसन्द करेंगे। राग और ज्ञान, ये दो बातें माचवे जी ने कहीं।

राग और ज्ञान यानि एक खास तरह की भावना और विचार। भावना और विचार की बात जब उन्होंने कही तो वहाँ कविता में वह टटकापन लाने की बात थी जिससे कि उसकी पूर्ववर्ती कविता एकदम अलग-थलग थी। वहाँ बड़ा अतीन्द्रिय राग बोध था। यहाँ पर उन्होंने उसको चाहा कि कविता

जनोन्मुख हो। जनोन्मुख उस रूप में नहीं जिस प्रकार से हमारे साम्यवादी मित्र कहते हैं। कहने का अर्थ यह है कि जो सामान्य मनुष्य है उसके आस-पास कहीं भाषा पहुँचे। एक बात और थी कि जो खास तरह की प्रतीकात्मक भाषाएँ जन्म ले रही थीं उसमें अज्ञेय का एक बहुत बड़ा कान्ट्रीब्यूशन है और यह कान्ट्रीब्यूशन है बिम्बों का। बहुत ही बिम्बात्मक भाषा अज्ञेय की रही। उसके पीछे उनका लम्बा प्रेम जगत भी था और एक चीज़ और भी थी। वह थी प्रकृति। अज्ञेय प्रकृति में भी बहुत मग्न रहे। अज्ञेय का यायावर उन्हें प्रकृति के पास ले जाता था।

इसी बीच एक खास तरह का भावलोक कवियों में आया जो भावलोक फ्रॉयड के दर्शन से प्रभावित था। हमारे जो दिवास्वप्न होते हैं, हमारे जो यौन विषयक कई बिम्ब बनते हैं। हम इस जीवन पद्धति में जिन अचेत कुण्ठाओं से प्रभावित रहते हैं, उनके सम्बन्ध में भी ध्यान इन कवियों ने दिया है और देखा गया है कि एकदम किसी भी दर्शन को काव्य पर आरोपित नहीं किया जा सकता, लेकिन फ्रॉयड की जो दमित कुण्ठाओं की बात है, वह अज्ञेय आदि कवियों पर बहुत लागू होती है। अज्ञेय ने स्वतः भी एक पंक्ति लिखी थी। अज्ञेय 'तार-सप्तक' के वक्तव्य में कहते हैं—आधुनिक युग का साधारण व्यक्ति यौन वर्जनाओं का कवि है।" अज्ञेय की कविताओं में प्रकृति को माध्यम बनाकर जो बिम्ब आए हैं वह सजीव माँसल और मुखर तो हैं किन्तु मैं उनको यौन बिम्बों की संज्ञा दे सकता हूँ। एक कविता की छोटी-सी पंक्ति है—

घिर गया नभ उमड़ आए मेघ काले
भूमि के कम्पित उरोजों पर झुके से
विशद, श्वासाहत, चिरातुर,
छा गया इन्द्र का नील वक्ष वज्र-सा
यदि तड़ित् से झुलसा हुआ-सा।
आह! मेरा श्वास है उत्तप्त
धमनियों में उमड़ आई है लहू की धार
प्यार है अभिशप्त
तुम कहाँ हो नारि।

यहाँ प्रकृति से और प्रकृति की बहुत अच्छी उपमाओं से कवि अपने उस आर्तनाद को भी साथ जोड़ देता है जहाँ वह कहता है कि 'तुम कहाँ हो नारि'। यही नहीं मैं तो यहाँ तक कहूँगा कि 'जन आह्वान' अज्ञेय की पहली कविता है

जो कि तार-सप्तक में है और मुझे ऐसा लगता है कि तार-सप्तक के जो अधिकांश कवि थे, अज्ञेय और माथुर को छोड़ दीजिए, बाकी जो पाँच कवि थे वे सारे के सारे मार्क्सवाद से प्रभावित थे। कुछ दिनों के लिए वे जन-आह्वान जैसी बातें करने लगे थे लेकिन उनका यौन प्रतीकों वाला मन उसके साथ तादात्म्य न कर सका। वहाँ भी इन्होंने जो शब्द लिए 'ठहर ठहर आतताई' ऐसा लगता है कि अज्ञेय में एंग्री यंग मैन बोल रहा है उस समय यंग ही थे अज्ञेय, 20 साल के।

ठहर ठहर आततायी जरा सुन ले
मेरे क्रुद्ध वीर्य की पुकार आज सुन जा।
रागातीत, दर्पस्फीत, अतल अतुलनीय
मेरी अवहेलना की टक्कर पहाड़ ले।

काम प्रतीकों की ऐसी प्रचुरता प्रयोगवादियों के पूर्व हिन्दी कविता में नहीं थी। अज्ञेय का मन प्रकृति में खूब रमता था। उनकी कई पुस्तकों के नाम भी प्रकृति से ही ग्रहण किए गए हैं। उनके तमाम काम प्रतीक प्रकृति जगत से गृहीत हैं। जब पपीहे ने पुकारा तो उसको याद आती है। यह एक रूप चित्र है लेकिन कहीं यह माँसल चित्र भी है।

दो पँखुरियाँ झरीं
लाल गुलाब की तकती प्यासी
पिया से ऊपर झुके उस फूल के।

यह यौन प्रकृति बिम्ब अधिकांश सुन्दर और कोमल है। इस तरह छायावादी काम प्रतीकों और अज्ञेय के काम प्रतीकों में गुणात्मक अन्तर है। प्रतीक यात्रा में आलंकारिता की सीमा रेखा को छूने वाले प्रतीक शुद्ध प्रतीक बन गए हैं। वे लाक्षणिक वक्रता से आगे बढ़कर अत्यन्त सांकेतिक हो गए हैं।

प्रयोगवादी कवि बौद्धिक स्तर पर इस बात का अनुभव करता है कि अभिव्यक्ति के परम्परागत उपकरण घिसकर असमर्थ हो गए हैं। वे आधुनिक कवि की जटिल और विशिष्ट अनुभूति को ठीक-ठीक अभिव्यक्त नहीं करते इसलिए उसे प्रयोग करने पड़ते हैं। प्रयोगों का एक उपकरण अप्रस्तुत विधान भी है। अज्ञेय ने अपनी एक कविता में प्रेयसी को पारम्परिक सम्बोधन न कहकर बिछली घास या हवा में लहराती छरहरे बाजरे की कलगी कहकर स्मरण किया है। वे इस नए अप्रस्तुत विधान को अनुभूति हीन नहीं कहते। आज के

सन्दर्भ में इन उपमानों को यथार्थपरक और जीवन्त माना जा सकता है। ये उपमाएँ उस समय के हिसाब से नितान्त नई थीं।

अगर हम अज्ञेय के छन्दों पर बात करें तो उन्होंने वार्णिक और मात्रिक दोनों प्रकार के छन्दों का प्रयोग अपनी कविताओं में किया है। प्रयोगवादी कवियों तथा उनके परवर्ती नई कविता के कवियों द्वारा प्रयुक्त मुक्त छन्द में बहुत वैविध्य है। भारत भूषण अग्रवाल ने एक बात ठीक कही थी—"नई कविता की प्रत्येक रचना का अपना एक निजी और विशिष्ट छन्द है जो उसमें व्यक्त अनुभूति की अनिवार्यता में उसी के साथ जन्मा है जैसे जीवधारी की देह जन्मती है।" वह कहते हैं कि ये जो प्रतीक हैं ये सब स्वाभाविक तरीके से इन कवियों में आते हैं, इनमें कोई इस तरह की व्यंजना नहीं है जो कि काव्यशास्त्री बताते रहे हों। अज्ञेय युग के साथ चलते रहे। यन्त्र युग के जो प्रतीक थे अज्ञेय उनको भी प्रयोग में लाए। अज्ञेय ने लिखा है कि यन्त्र संस्कृति पर, यह आधुनिक बिम्ब है—

उतरो थोड़ा और
वायुयान से, सोचा है कभी
उतरो थोड़ा और
घनी कुछ हो जाने दो
रासायनिक धुंध के इस चीकट
कम्बल की नई घुटन को
मानव का समूह जीवन
इस झिल्ली में ही पनप रहा है।

कितना वैविध्य था अज्ञेय में और उन्होंने जीवनपर्यन्त कविताएँ लिखीं। हालाँकि तमाम बातों के बावजूद यह सत्य है कि अज्ञेय बड़े गद्यकृतिकार थे, बड़े उपन्यासकार थे, कवि वह अपने समकालीनों में भी उतने बड़े स्तर के नहीं माने जा सकते। लेकिन फिर भी कुछ बात उनकी लम्बी कविताओं के बारे में कहना आवश्यक है। 'असाध्य वीणा', कहीं अज्ञेय के मन में जो कला सम्बन्धी तर्क थे, उन तर्कों का समाधान पाने की एक चेष्टा है। अज्ञेय शायद, कलाकार की गरिमा और कलाकार से द्वन्द्व की बात उस कविता के माध्यम से करना चाहते थे। काल, देश और समय की बात करने के बावजूद अज्ञेय की कविताएँ 70 के आस-पास आते-आते बहुत ही सहज और बोधगम्य होती गई। उद्धृत हैं—

भर ली गई हैं पौधें खलिहानों में
तोड़ लिए गए हैं सब सेव
सूनी हैं डालें,
उतर चुके हैं अंगूर गुच्छे के गुच्छे
खो चुके हैं पहली पिराई के मेले।
लाल होकर काली-सी पड़ गई
बगीचे में कतारें, सूख चली बेलें।
झील की कोखों से जहाँ झाँकते थे
धूप से सोना मढ़े याद के छतने,
वहाँ मँडराता है नीला घना कोहरा
मनहूस, बाँध सन्नाटे को करता और गहरा।
अँधेरे लाद ले गया है अपनी झोली में
बाल काल की गली छानता हुआ कबाड़ी
न जाने कितने दिन, कितने क्षण
कितनी अन्तहीन अनकही अधूरी कही बातें
कितने संकेत, कितने स्पर्श, उमंगे
अकुलाहटें, सिहरनों में घुलती और
साँसों से नापी जाती हुई बातें।

तो यहाँ अज्ञेय इस कविता में जो 1968 में लिखी गई, उस समकालीनता के नज़दीक आने लगे। जिसको कि आज के कवि की चिन्ता कथ्य के साथ-साथ अगर शिल्प की भी है तो वही है कि शिल्प के साथ-साथ उसके विचारों की अभिव्यक्ति स्पष्ट रूप में हो सके। मैं तो अज्ञेय के साथ-साथ मुक्तिबोध को भी काफी जटिल कवि मानता हूँ और जैसे मित्र कहते हैं कि वह कवि जनकवि है, यह प्रश्न अलग कभी उठेगा। अज्ञेय जी हमारे बीच नहीं रहे और तमाम बातों के बावजूद कहना ही पड़ेगा कि उस व्यक्ति ने प्रयोग बहुत किए और उनके प्रयोग में विविधता भी थी और निश्चय ही वह अपने युग का एक बड़ा कवि था।

मुक्तिबोध का काव्य शिल्प

डा. मैनेजर पाण्डेय

मुक्तिबोध के साथ जो हिन्दी का आलोचनात्मक व्यवहार है, उस पर अगर ध्यान दिया जाए तो बड़ी दिलचस्प स्थिति सामने आएगी। मुक्तिबोध जैसे कवियों के साथ आमतौर पर ऐसा होता रहा है, उनके साथ भी हुआ। एक पहला दौर था, प्रायः यह कहा गया कि मुक्तिबोध बहुत दुर्बोध कवि हैं। दुर्बोधता का आरोप लगा और परिणामस्वरूप मुक्तिबोध की उपेक्षा हुई। वैसे उपेक्षित होने के लिए दुर्बोध होना जरूरी नहीं है। कई बार सरलता के कारण भी ऐसी स्थिति आती है। मुक्तिबोध की उपेक्षा अगर दुर्बोधता के कारण हुई तो नागार्जुन की सरलता के कारण। मुक्तिबोध की कविता से अर्थ निकालना मुश्किल था तो लोगों को लगता था कि नागार्जुन के यहाँ अर्थ है ही नहीं, इसलिए निकाला क्या जाए। जो कविताएँ मुश्किल से समझ में आती हैं वह लोगों को कठिनाई में डालती हैं लेकिन जो बहुत सरलता से समझ में आती हैं, वह भी आलोचकों को परेशानी में डालती हैं।

अचानक मुक्तिबोध के साथ आलोचना के व्यवहार का दूसरा दौर आया जिसमें लगभग मुक्तिबोध की मृत्यु के आस-पास और उसके कुछ बाद, जिसमें ऐसा लगा कि जैसे मुक्तिबोध का कुछ लोगों ने अन्वेषण किया है और कुछ लोगों ने तो आविष्कार कर लिया है। स्वभावतः इस अन्वेषण और आविष्कार के बाद आलोचनात्मक उत्सवों का एक दौर शुरू हुआ। अब यह उत्सव अपने हों या उनके, दोनों तरह के उत्सव हुए और परिणाम यह हुआ कि मुक्तिबोध हिन्दी के, अपने समय के ऐसे कवि बने जिनका गौरव-गान तो बहुत हुआ पर जिनको ठीक से समझने की कोशिश और उसके बाद व्यवस्थित रूप से मूल्यांकन की कोशिश नहीं हुई। इसलिए प्रशंसा का लम्बा दौर है पर विश्लेषण

और मूल्यांकन का वैसा लम्बा दौर या वैसी गहरी कोशिश नहीं दिखाई देती है।

बाद के दिनों में वह तीसरा दौर आया जिसमें मुक्तिबोध की कविता को समझने और उसका मूल्यांकन करने के प्रयास हुए। अब तक जो स्थिति है, स्वभावतः उसे सन्तोषजनक नहीं कहा जा सकता : तो यह जो मुक्तिबोध के साथ हिन्दी आलोचना के व्यवहार का स्वरूप दिखाई देता है और मुक्तिबोध की कविता की जो आंशिक व्याख्या हुई, बहुत बार टिप्पणियों के स्तर तक ही, कमेंट्स के स्तर तक ही मुक्तिबोध पर बात की गई या फिर बने बनाए ढाँचे में उनकी कविता को समझने, समझाने के प्रयास हुए।

मुक्तिबोध की कविता के प्रसंग में जिस दृष्टि से बात मैं कर रहा हूँ, वह दृष्टि एक साथ दोनों स्तरों पर क्रियाशील है—चेतना और शिल्प—और इसीलिए इन दोनों को एक दूसरे से अलग करके समझना और उसकी व्याख्या करना मुश्किल हो जाता है।

मुक्तिबोध मूलतः राजनीतिक कवि हैं और राजनीतिक कवि भी थोड़ी भिन्न तरह के। हिन्दी के कवियों को अगर आप ध्यान में रखें और बाहर के कवियों को भी जो राजनीतिक कवि हैं, उनको ध्यान में रखें तो मुक्तिबोध राजनीतिक घटनाओं और राजनीतिक व्यक्तियों पर कविता कम लिखते हैं। मूलतः वे राजनीतिक घटनाओं, व्यक्तियों और पात्रों के कवि नहीं है और राजनीतिक घटनाओं और राजनीतिक पात्रों को आधार बनाकर उतना नहीं लिखते। मुक्तिबोध राजनीतिक मूल्यों के कवि हैं और इसीलिए घटनाओं और व्यक्तियों की कविताओं को समझना, उनका मूल्यांकन करना सरल होता है। संकेत के रूप में यहाँ पर यह बता दूँ कि मुक्तिबोध, नागार्जुन की तरह राजनीतिक घटनाओं और व्यक्तियों के कवि नहीं हैं। मुक्तिबोध नेरुदा और कार्डिनेलो की तरह के राजनीतिक कवि हैं। अर्नेस्टो कार्डिनेलो, निकारागुआ के विश्व प्रसिद्ध कवि हैं और नेरूदा को आप लोग जानते हैं।

मैं जब कह रहा हूँ कि वे राजनीतिक मूल्यों के कवि हैं, घटनाओं के और व्यक्तियों के कवि नहीं तो इसका एक आशय यह भी है कि मुक्तिबोध आन्दोलनधर्मी कवि नहीं हैं बल्कि वे मुक्तिधर्मी कवि हैं। मुक्तिबोध राजनीतिक आन्दोलनों से प्रेरणा लेकर कविता नहीं लिखते और मुक्तिबोध की कविताओं को सीधे-सीधे राजनीतिक आन्दोलनों में लाया भी नहीं जा सकता। हाँ मुक्तिबोध की कविता सिम्बालिक एक्ट, एक तरह से कहिए कि प्रतीकात्मक क्रिया व्यापार के रूप में काम करती है और वह चेतना को बदलने का काम करती है। इसी अर्थ में मैं उसे मुक्तिधर्मी कह रहा हूँ। तो मेरा आशय यह है

कि पाठकों की मूल्य चेतना को बदलने का काम करने वाली वह कविता है। इसीलिए मुक्तिबोध की कविता आसानी से पाठक स्वीकार नहीं कर पाते जैसे कि व्यक्तियों और घटनाओं पर लिखी हुई कविताओं को पाठक स्वीकार कर पाते हैं क्योंकि मुक्तिबोध की कविताओं में जो मूल्यों की पूरी व्यवस्था पर प्रश्नचिह्न लगाने वाली कविताएँ हैं, उनको समझने के लिए पाठकों की ओर से भी कुछ आगे बढ़ने की माँग होती है और ऐसी स्थिति में ये कविताएँ पाठकों को परेशानी में डाल सकती हैं और सामान्य पाठकों का परेशान होना तो कोई आश्चर्य की बात नहीं है क्योंकि आलोचकों को भी ये कविताएँ परेशानी में डालती हैं।

मुक्तिबोध मूल्य चेतना के कवि हैं। इस का आशय यह भी है कि असल में जिस व्यवस्था के बीच हम लोग जी रहे हैं या मुक्तिबोध जी रहे थे, उस व्यवस्था के पीछे एक पूरी मूल्य व्यवस्था मौजूद है और उस व्यवस्था को बदलने का काम अनेक स्तरों पर चल सकता है और चलता है पर उसका एक स्तर मूल्य चेतना या मूल्य व्यवस्था के स्तर पर भी होता है और इसीलिए मुक्तिबोध सामाजिक संरचना की गहराई में उतरते हैं। वे घटनाओं और व्यक्तियों पर मूलतः नहीं लिखते लेकिन सामाजिक संरचनाओं की गहराई में उतरकर उन्हें जब अपनी कविता में लाते हैं तो आप उन संरचनाओं में अलग-अलग व्यक्तियों और घटनाओं को रखकर देख सकते हैं। इसलिए मुक्तिबोध व्यवस्था को समझने का एक ढाँचा, वैचारिक ढाँचा भी प्रस्तुत करते हैं। वह पाठकों को उस ओर ले जाने की प्रेरणा भी देते हैं। इसीलिए मैं अगर अर्नेस्टो कार्डिनेलो के दो शब्दों का प्रयोग करूँ तो उन्होंने लिखा है कि राजनीतिक कविता दो तरह की हो सकती है—एक तो टैक्नीकल पोयट्री और दूसरे स्ट्रेटेजिक पोयट्री। राजनीतिक कविता का एक रूप टैक्नीकल पोयट्री का होता है। मोटे तौर पर ऐसी राजनीतिक कविता, राजनीतिक आन्दोलनों और गतिविधियों के सामान्य टैक्टिक्स को कविता का विषय बनाती है या अपने विषय के रूप में चुनना स्वीकार करती है और हिन्दी में इस प्रसंग में अच्छी कविताएँ लिखने वाले अनेक कवि मौजूद हैं पर दूसरी राजनीतिक कविता ऐसी होती है जो गहरे स्तर पर व्यवस्था के अन्तर्विरोधों को सामने लाते हुए लम्बे स्तर पर जो मंथन की प्रक्रिया चलती है और जो एक साथ राजनीतिक और वैचारिक स्तर पर इसकी प्रेरणा देती है। ऐसे ही कवियों की कविताओं को कार्डिनेलो, स्ट्रेटेजिक पोयट्री कहते हैं। मैं अगर इस विभाजन को मान लूँ, मुझे इसमें कोई आपत्ति नहीं है, अगर आप भी मानें तो कहा जा सकता है कि मुक्तिबोध पहले तरह की मतलब

टैक्निकल-पोलिटिकल पोयट्री नहीं लिखते, वह स्ट्रेटेजिकल-पोलिटिकल पोयट्री लिखते हैं। मूल्यों के स्तर पर चेतना को बदलने, परिवर्तित करने और विकसित करने की प्रक्रिया की प्रेरणा देते हैं।

राजनीतिक कवि होने के नाते ही मुक्तिबोध नई कविता के भीतर होते हुए भी नई कविता के बाहर के कवि हैं। नई कविता के ज़माने में कविता और राजनीति के सम्बन्ध की जो स्थिति थी उससे आप सब लोग परिचित हैं। नई कविता के जो नेता कवि थे, प्रायः वे कविता और राजनीति को एक दूसरे से अलग रखने की बात रखते थे, मुक्तिबोध के सामने उस समय में भी हिन्दी में ऐसी कविता थी जो राजनीति को कविता के केन्द्र में रखे हुए थी। मेरा मतलब नई कविता से बाहर कविता लिखने वाले नागार्जुन, केदारनाथ अग्रवाल, त्रिलोचन जी और दूसरे प्रगतिशील कवियों से है। उस दौर में एक ओर नई कविता की कविता सम्बन्धी मान्यताएँ, राजनीति और कविता के सम्बन्ध के बारे में उनकी धारणाएँ और उसका व्यावहारिक रूप था।

मुक्तिबोध ऐसे कवि हैं जो नई कविता के भीतर थे पर कविता और राजनीति के सम्बन्ध में नई कविता की मान्यताओं को या नई कविता की प्रचलित मान्यताओं को एकदम स्वीकार नहीं करते थे। वह मूलतः राजनीतिक कवि हैं और नई कविता मुख्यतः राजनीति का और राजनीति और कविता की एकता का विरोध करती थी। इस राजनीतिक चेतना या कहिए कि राजनीतिक कविता लिखने के कारण ही मुक्तिबोध की बड़ी विशेषता यह भी है कि उनकी कविता मुख्यतः गहन विचारशीलता की कविता है और यह गहन विचारशीलता लोगों को बहुत परेशानी में डालती है, इतनी कि कई बार उससे रहस्यवाद का भ्रम होने लगता है।

आचार्य रामचन्द्र शुक्ल ने एक ऐसे कवि की चर्चा की है जिसमें गहन विचारशीलता थी और उसके बारे में आलोचकों को रहस्यवाद का भ्रम हुआ था। मैं शुक्ल जी का उद्धरण आपके सामने पढ़ रहा हूँ, कवि का नाम मैं बाद में बताऊँगा–

"उनकी कविता में बुद्धि व्यापार का बहुत योग है। विचारों की ऐसी सघनता बहुत कम कवियों में पाई जाती है। कहीं-कहीं विचारों की गति इतनी क्षिप्र हो जाती है कि पाठक साथ-साथ चल नहीं पाता और उसे दुर्बोधता या अस्पष्टता का अनुभव होता है। कहीं कहीं इस प्रकार की अस्पष्टता की प्रतीति के कारण स्थूल दृष्टि से देखने वालों को रहस्यवाद का धोखा होता है"

कवि हैं अँग्रेजी के ब्राउनिंग। ब्राउनिंग के बारे में आचार्य रामचन्द्र शुक्ल

ने यह लिखा था।

मुक्तिबोध के बारे में भी लगभग यही स्थिति दिखाई देती है। यह जो मुक्तिबोध की विचारशीलता है उससे उनकी काव्य दृष्टि निर्धारित होती है इस विचारशीलता का बहुत गहरा असर उनकी काव्य दृष्टि पर है। मैं आपके सामने उनके शिल्प की बहुत सारी ऐसी विशेषताओं की चर्चा नहीं करूँगा जिनसे आप सब लोग परिचित हैं। मैं केवल दो-तीन बातों की चर्चा शिल्प सम्बन्धी दृष्टि के प्रसंग में करूँगा। इस विचारशीलता का ही एक रूप मुक्तिबोध की कविता में उस दृष्टिकोण में दिखाई देता है जिसको मोटे तौर आप विडम्बना की दृष्टि कह सकते हैं। मुक्तिबोध के यहाँ आईरनी या विडम्बना कविता का केवल एक उपकरण मात्र नहीं है। वह जीवन को देखने की एक दृष्टि भी है और जीवन को व्यक्त करने की एक पद्धति भी है। इसीलिए आप मुक्तिबोध को यहाँ फिर हिन्दी कविता के व्यापक परिप्रेक्ष्य में देखें तो मालूम होगा कि मुक्तिबोध व्यंग्य के कवि नहीं हैं, वे विडम्बना के कवि हैं जब कि हिन्दी के अधिकांश प्रगतिशील कवि व्यंग्य का, बहुत आवेगपूर्ण व्यंग्य का प्रयोग करते हैं।

नागार्जुन, केदारनाथ अग्रवाल जैसे कवि बहुत आवेगपूर्ण व्यंग्य का प्रयोग करते हैं पर मुक्तिबोध व्यंग्य का बहुत कम अर्थात् नाममात्र ही प्रयोग करते हैं। वह मुख्यतः विडम्बना का प्रयोग करते हैं और यहाँ आप देखें तो असल में व्यंग्य का गहरा सम्बन्ध भावात्मकता से, इमोशन से होता है जब कि विडम्बना प्रायः इंटेलैक्चुअल पोयट्स के यहाँ, प्रायः गहन विचारशीलता वाले कवियों के यहाँ ही मिलती है।

कठिनाई यह है कि मुक्तिबोध नई कविता के भीतर रहते हुए भी विडम्बना की दृष्टि का प्रयोग ऐसी चीजों के लिए करते हैं जो नई कविता के दायरे में नहीं आती। यानी आमतौर पर नई कविता के आचार्य जो दायरा बनाए हुए थे उसके भीतर नहीं आती। उसका एक कारण है। मैं सार्त्र के उपन्यासों की जो श्रृंखला है उसके शीर्षक का उपयोग कर रहा हूँ मुक्तिबोध की कविता के सन्दर्भ में। उनकी कविता का एक हिस्सा मैं आपके सामने रखूँगा जहाँ से यह विडम्बना पैदा होती है।

इसी से पैर तलवों में,
नुकीला एक कीला,
तेज गहरा गड़ गया,
और फँस गया इतना कि,

ऊपर प्राण, भीतर तक घुस गया।
लगी है झनझनाती आग,
लाखों बर्र काँटों ने अचानक काट खाया है।
व्रणाहत पैर को लेकर भयानक नाचता हूँ,
शून्य में मन के,
टीन छत पर गर्म,
हर पल चीखता हूँ,
शोर करता हूँ कि,
वैसी चीखती कविता,
बनाने में लजाता हूँ।

मैं सार्त्र के उपन्यास 'माला' की चर्चा इस अर्थ में कर रहा था, आयरन इन दि सोल। "दिल में या प्राणों में लोहे की धँसी हुई कील जहाँ होती है" जिसकी चर्चा मुक्तिबोध ने की है अर्थात् जहाँ आयरन इन दि सोल होता है वहीं कविता में आईरनी या वहीं कविता में विडम्बना गहरे स्तर पर, विचार के स्तर पर उभरकर सामने आती है। इसीलिए मुक्तिबोध के यहाँ विडम्बना केवल आत्म-विडम्बना नहीं है जैसे बहुत सारे कवियों के यहाँ हम देखते हैं। उनके यहाँ असल में विडम्बना सामाजिक स्थितियों में मौजूद विसंगतियों के बोध से पैदा हुई है और मुक्तिबोध विडम्बना की दृष्टि का जिस प्रकार प्रयोग करते हैं अपनी कविताओं में उसकी एक विशेषता यह है और उन्होंने लिखा है–

मेरे भीतर एक प्रसन्न चित्त मूर्ख बैठा हुआ है।

यह असल में विडम्बना की सुकरात वाली दृष्टि है कि सुकरात अपने पास आए हुए लोगों से सवाल जब शुरू करते थे तो लगभग इस अन्दाज से शुरू करते थे कि जैसे सुकरात दीन-दुनिया के बारे में कुछ जानते नहीं हों और वह लोगों से ही जानना और सीखना चाहते हों और सवाल-दर-सवाल करके अन्त में सुकरात यह साबित करते थे कि आए हुए लोग ही कुछ नहीं जानते हैं और सुकरात ही सब कुछ जानते हैं। यह जो पद्धति है यह कई बार मुक्तिबोध के यहाँ मिलती है और इसीलिए मैं इसको आईरोनिकल स्टाइल या एक तरह से विडम्बना की भंगिमा कह रहा था। वह दृष्टि का एक हिस्सा है जिससे बोध और अभिव्यक्ति दोनों का स्वरूप निर्धारित होता है। इसीलिए अगर आप रघुवीर सहाय की कविता से मुक्तिबोध की कविता की तुलना करेंगे तो रघुवीर सहाय

के यहाँ विडम्बना एक कौशल के रूप में मौजूद है और बहुत अच्छी तरह मौजूद है। मुक्तिबोध के यहाँ वह केवल कौशल नहीं है, केवल डिवाइस मात्र नहीं है, केवल तत्त्व मात्र नहीं है, वह उसी से कविता पैदा करते हैं और इसीलिए इस विडम्बना के कारण ही मुक्तिबोध के यहाँ वह उनकी मूल्य चेतना में, उनकी काव्य भाषा में, उनकी कथन भंगिमा में और यहाँ तक कि कविता के ढाँचे में मौजूद है जिससे वह उसे निर्मित करते हैं।

बहुत से लोगों को लगता है कि मुक्तिबोध के यहाँ फैंटेसी कविता का एक तत्व मात्र नहीं है। जैसे बहुत से कवि अनेक कौशलों या डिवाइसेज का प्रयोग करते हैं उसी तरह से मुक्तिबोध फैंटेसी का प्रयोग केवल एक उपकरण की तरह नहीं करते बल्कि मुक्तिबोध अनुभवों, जीवन की स्थितियों, अपनी मान्यताओं आदि का तथा जो **मूर्त है उसे अमूर्त बनाने के लिए और कई बार अमूर्त को भी मूर्त बनाने के लिए** फैंटेसी का प्रयोग करते हैं। जैसी स्थितियाँ मुक्तिबोध के जमाने में दिखाई देती थीं वे आज भी हैं कई बार उनका जो वास्तविक रूप होता है वह दिखाई नहीं देता है और जो दिखाई देता है वह वास्तविक रूप नहीं होता। इसीलिए जो लोग केवल वस्तुओं का, और स्थितियों का और घटनाओं का बाहरी रूप कविता में खींचते हैं और उसी से सन्तुष्ट होते हैं, वे कई बार वास्तविकता का सही-सही अनुभव पाने में असमर्थ होते हैं और वे कवि केवल वहीं तक सीमित होते हैं। कुल मिलाकर वे सतह की वास्तविकता को ही वास्तविकता समझते हैं और उनके यहाँ न कविता तह में जाती है और न कविता की तह में कुछ होता है। इसीलिए बहुत ऊपरी तौर पर मुक्तिबोध असल में सतह की वास्तविकता को उतना महत्व नहीं देते क्योंकि जैसा मैंने आपसे कहा कि वे व्यवस्था के आधार के रूप में मौजूद जो मूल्य की संरचना है उस पर काफी ध्यान देते हैं। इसीलिए उनके यहाँ कई बार लोगों को लगता है कि अमूर्तन है।

धारणाओं और मान्यताओं की जो बात है, देखना यह चाहिए कि वे धारणाएँ, वे मान्यताएँ कैसे वास्तविकता से जुड़ी हुई हैं। क्या वे वास्तविकता की ओर संकेत करते हैं? चाहे वह वास्तविकता अनुभव की हो, स्थितियों की हो, या केवल कवि की अपनी विचारशीलता से ही पैदा हुई हो। मुक्तिबोध के यहाँ फैंटेसी है और फैंटेसी के रूप में वह धारणाओं और मान्यताओं का कहीं न कहीं, किसी न किसी स्तर पर वास्तविकता की ओर संकेत करते हैं। हिन्दी में कुछ भ्रान्ति मुक्तिबोध के कारण भी फैली।

कामायनी वाली पुस्तक में मुक्तिबोध ने भाववादी शिल्प और वस्तुवादी शिल्प ऐसा विभाजन कर रखा है। उससे कुछ लोगों ने माना कि जो फैंटेसी का

शिल्प है वह भाववादी शिल्प हैं। हिन्दी में ऐसा कहने वाले ही नहीं, लिखने वाले भी हैं। यह समझना मेरे लिए अधिक मुश्किल है कि फैंटेसी भाववादी शिल्प है और शिल्प भाववादी और वस्तुवादी होता है, यह विभाजन अपने आप में कई असंगतियों से जुड़ा हुआ है।

मैं आपके सामने फैंटेसी कैसे चिन्तन की प्रक्रिया में काम करती है, उसके बारे में यह उद्धरण रख रहा हूँ।

"The approach of mind to a particular thing that taking a copy, concept of it is not a smple immediate act admittedly but when rigid complex split into two zigzag like which includes in it the possibility of flight of fantasy from life more than the possibility of transformation, moreover, and unnoticeable transformation of which the man is unware of the abstract concepts idea into a fantacy."

उद्धरण लम्बा है इसलिए मैं इसे यहीं छोड़ रहा हूँ। इसमें आप कुछ चीज़ों पर ध्यान दीजिए :–

possibility of the flight of fantacy from life more than the possibility of transformation. यह अगर विचारशील मानव की विशेषता है तो कविता में तो इसकी और अधिक सम्भावना होगी, यह उद्धरण लेनिन का है। यह लेनिन ने फिलासाफिकल नोटबुक में लिखा है। जिन लोगों को यह लगता है कि फैंटेसी भाववादी शिल्प हैं, लेनिन के इस कथन से भी यह अर्थ निकलता है कि फैंटेसी असल में विचारशील मानस की एक विशेषता है और उसमें ये दो ऐसे गुण हैं, धारणाओं के निर्माण के और खास तौर से जिस बात पर उन्होंने बल दिया है, कविता में तो यही सबसे अधिक होता है—पॉसिबिलिटी आफ ट्रांसफारमेशन। कविता में वस्तुओं, स्थितियों, अनुभवों का ट्रांसफार्मेशन ही होता है भाषा के माध्यम से और इसकी सम्भावना फैंटेसी के साथ जुड़ी हुई है और इसलिए फैंटेसी को भाववादी शिल्प कहकर फैंटेसी के निर्माण करने वाले कवि की आलोचना करना कम से कम मुझे उचित नहीं लगता।

मुक्तिबोध फैंटेसी का जब उपयोग करते हैं तो सत्य की अभिव्यक्ति के लिए पर उससे भी आगे सत्य की खोज के लिए और उससे भी आगे सत्य की खोज की प्रक्रिया की प्रेरणा देने के लिए। यह भी आप देखेंगे कि मुक्तिबोध का सत्य कोई निरपेक्ष सत्य नहीं है। फैंटेसी के माध्यम से वह एक प्रकार से सत्य का निषेध करते हैं और एक दूसरे प्रकार के सत्य की खोज की प्रक्रिया की

प्रेरणा देते हैं इसलिए फैंटेसी मुक्तिबोध के यहाँ कविता में, कौशल मात्र नहीं है, वह उनकी रचना दृष्टि का अनिवार्य हिस्सा है जो बोध से लेकर अभिव्यक्ति तक, यहाँ से वहाँ तक सक्रिय दिखाई देता है। यह फैंटेसी मुक्तिबोध के यहाँ जितनी वास्तविकता की अभिव्यक्ति करती है उतनी ही आकांक्षा की भी अभिव्यक्ति करती है और वस्तुतः अगर मनोविज्ञान की दृष्टि से बात की जाए तो फैंटेसी में आकांक्षाओं की अभिव्यक्ति ही अधिक होती है पर मुक्तिबोध के यहाँ वह केवल आकांक्षाओं की अभिव्यक्ति का माध्यम नहीं है, वह वास्तविकता की अभिव्यक्ति का भी माध्यम है। मुक्तिबोध की 'अँधेरे में' और (जिस कविता की चर्चा प्रायः कम होती है) 'चकमक की चिंगारियाँ' को अगर देखें तो यह पता चलता है कि किस तरह इतिहास मुक्तिबोध की कविताओं में आता है या इतिहास का राजनीतिक उपयोग मुक्तिबोध करते हैं अपनी कविता में। इसलिए वहाँ फैंटेसी केवल आकांक्षा की अभिव्यक्ति का साधन नहीं है। मुक्तिबोध के सामने नई कविता के कवि होने के नाते या यों कहिए कि नई कविता के दायरे में कविता लिखने वाले कवि होने के नाते एक बड़ी समस्या उस भाषा से संघर्ष करने की थी जो भाषा नई कविता के नाम पर चलती थी, जो भाषा चल रही थी—रूमानी, वायवीय। कहीं लक्ष्मीकान्त वर्मा के यहाँ वह रूमानी और वायवीय होती थी तथा जगदीश गुप्त के यहाँ भी वह इसी प्रकार की थी तो धर्मवीर भारती के यहाँ उसका दूसरा रूप अर्थात् बौद्धिक रूप दिखाई पड़ता था और अगर वह बौद्धिक होती थी लक्ष्मीकान्त वर्मा के यहाँ तो वहाँ उसका दूसरा रूप दिखाई पड़ता था।

कुल मिलाकर स्थिति यह थी कि कविता की भाषा जिसको रूसी रूपवादी कहा करते थे लिट्रेरी मोस्ट, लिट्रेरीनैस टू मच, यानी इतनी साहित्यिक कि वह जीवन की वास्तविकता से काफी अलग हटी हुई, कृत्रिम भाषा या गढ़ी हुई भाषा थी। मुक्तिबोध के सामने एक बड़ी समस्या यह थी कि ऐसी भाषा की सबसे बड़ी दुर्बलता यह भी है कि वह वास्तविकता या वास्तविक अनुभवों की अभिव्यक्ति में अक्षम होने लगती है, वास्तविकता छूट जाती है क्योंकि असल में वास्तविकता की अभिव्यक्ति ऐसी भाषा के माध्यम से सम्भव नहीं होती। एक ओर तो यह काव्य भाषा और दूसरी ओर भाषा की विडम्बना, केवल कविता से पैदा नहीं हो रही थी, सामाजिक स्थितियों से भी पैदा हो रही थी।

कई बार जीवन व्यवहार में ऐसा होता है कि शब्द अपना अर्थ खो देते हैं। अर्थ खो देते हैं तो प्रयोग के अभाव में नहीं बल्कि ज्यादा से ज्यादा प्रयोग के कारण। पिछले दस वर्षों में कम से कम ऑल इण्डिया रेडियो और टेलीविजन

से 'प्रतिबद्धता' शब्द का इतना प्रयोग हुआ है कि अब उसका कोई अर्थ नहीं है। हर रोज के बुलेटिन में आपको सुनाई पड़ेगा कि सरकार इस चीज के लिए प्रतिबद्ध है, सरकार उस चीज के लिए प्रतिबद्ध है और सब लोग जानते है कि प्रतिबद्धता का मतलब यह होता है कि सरकार किसी चीज के लिए गम्भीर नहीं है। ऐसे में शब्द अपना अर्थ खो देते हैं। शब्द और अर्थ के बीच एक दूरी पैदा हो जाती है। ऐसा बहुत सारे शब्दों के साथ हुआ है।

बहुत पहले केदारनाथ सिंह ने जो कविता लिखी थी 'फर्क नहीं पड़ता' उसमें उन्होंने कहा कि जहाँ लिखा है 'प्यार' वहाँ लिख दो 'सड़क', कोई फर्क नहीं पड़ता।

यह फर्क नहीं पड़ना असल में दोनों चीजों की ओर संकेत है—मानसिक स्थितियों की विडम्बना की ओर भी संकेत है और भाषा की विडम्बना की ओर भी संकेत है। इस स्थिति के बोध के बाद किसी कवि के लिए यह बड़ा मुश्किल है कि वह प्रचलित काव्य भाषा का प्रयोग करके ही अच्छी कविता लिख पाए। इसलिए शब्द में सच कहने की जो क्षमता होती है उसका विकास करना महान कवियों का काम बन जाता है और उसके लिए जरूरी होता है कि वह प्रचलित काव्य भाषा को देखे। मुक्तिबोध ने यह काम किया। इसलिए उनके यहाँ काव्य भाषा का जो रूप है, जो ढाँचा है वह हिन्दी कविता की काव्य भाषा के विकास में नई कविता के दौर तक काव्य भाषा और खासतौर से नई कविता के दौर में प्रचलित काव्य भाषा को देखें तो वह उससे अलग और भिन्न दिखाई देती है और उसका कारण यही है। इसीलिए मुक्तिबोध कई बार गद्य में छन्द और संगीत की खोज करते थे अपनी कविताओं में उन्होंने गद्य-संगीतावली, गद्य-छन्द, ये प्रयोग किए हैं। ये प्रयोग उनके यहाँ कविताओं में मिलते हैं। यह असल में गद्य की भाषा को और कविता की भाषा को नजदीक लाने का मतलब, वास्तविकता और उसके बोध के प्रसंग में भाषा की अभिव्यक्ति क्षमता को बढ़ाना है। शब्द सच बोल सके इस प्रयास में मुक्तिबोध ने कविता की भाषा और गद्य की भाषा को करीब लाने का प्रयोग किया और इसीलिए मुक्तिबोध की भाषा प्रायः लोगों को उस तरह से रमणीय, नहीं लगती जिसमें आसानी से वह रम सकें, थोड़ी ऊबड़-खाबड़ लगती है। पर अगर आप उनकी इस विशिष्ट भाषा की जरूरत को देखें तो इसका महत्व समझ में आएगा।

इस प्रसंग में एक बात और महत्वपूर्ण है और वह यह है कि मुक्तिबोध हिन्दी भाषी नहीं थे वे मूलतः मराठी भाषी थे। उनकी कविताओं में यही नहीं कि मराठी के शब्द साथ-साथ आए हैं, कई बार हिन्दी का जो वाक्य विन्यास

है वह भी मराठी ढंग से आया है।

हिन्दी के कवि दो तरह के हैं—एक ऐसे जिनकी मातृभाषा हिन्दी की कोई बोली है जैसे नागार्जुन, त्रिलोचन, केदारनाथ अग्रवाल या कोई और, और दूसरे ऐसे जिनकी मातृभाषा हिन्दी की कोई बोली नहीं है या हिन्दी नहीं है। नागार्जुन के यहाँ, त्रिलोचन के यहाँ जनपदीय, जातीय तत्त्वों की खोज भाषा के स्तर पर करना आसान भी है, जरूरी भी है और वह उनकी कविता का एक अनिवार्य हिस्सा भी है, यह जरूर खोजा जाना चाहिए। सवाल यह है कि हिन्दी जिनकी मातृभाषा नहीं है या हिन्दी की कोई बोली जिनकी मातृभाषा नही है, उनकी काव्य भाषा को समझने में कहाँ से मदद ली जाए? क्या यह जरूरी नहीं है कि जनपदीय, जातीय के साथ-साथ हिन्दी के एक राष्ट्रीय स्वरूप पर भी विचार किया जाए और उसमें ऐसे कवियों की कविताओं के विशिष्ट स्वरूप को घ्यान में रखा जाए जिनकी मातृभाषा हिन्दी या हिन्दी की कोई बोली नहीं है। यह एक गम्भीर मुद्दा है विचार करने के लिए।

मुक्तिबोध जब मराठी के वाक्य विन्यास को या मराठी के शब्दों को या कई बार मुहावरों को या उससे भी आगे जिससे कविता का बहुत गहरा सम्बन्ध है, जिसको कथन भंगिमा कह सकते हैं, उस अभिव्यक्ति के ढंग का वह प्रयोग करते हैं तो उससे हिन्दी का नया रूप बनता है जो मुक्तिबोध की कविता के रूप में हमारे सामने आता है। यह मुक्तिबोध की काव्य भाषा की एक विशेषता भी है और हिन्दी के आलोचकों के लिए एक विचारणीय समस्या भी है।

मुक्तिबोध की काव्य दृष्टि की यह जो विशेषता है वह कुछ तरह की आलोचना पद्धतियों को खारिज करती है, खासतौर से जो सारांश उपस्थित करने वाली आलोचना पद्धति है हिन्दी में या जो विषय वस्तुवादी अर्थात् एक कवि इसलिए महत्वपूर्ण है कि वह किन-किन विषयों पर कविता लिखता है। यह जो आलोचना की पद्धतियाँ हैं, मुक्तिबोध की कविता इन दोनों को खारिज करती है। इसलिए मुक्तिबोध की कविता को समझने के लिए, उनके शिल्प को समझना आवश्यक है।

मुक्तिबोध

डॉ. निर्मला जैन

मुक्तिबोध के बारे में अभी तक जो चर्चा हुई है, उससे मुझे लगता है कि सन्दर्भ कुछ ज्यादा विराट हो गया। बात 'अँधेरे में' के काव्य पुरुष से शुरू होकर रहस्यवाद, अस्तित्ववाद, सिजोफ्रेनिया वगैरह-वगैरह चेतन-अवचेतन तक जा पहुँची। मतलब इतना विराट सन्दर्भ हो गया है कि मुझे यह लगता है कि अध्यक्ष के रूप में मेरे लिए यह असम्भव होगा कि मैं उन तमाम मुद्दों पर बात कर सकूँ चूँकि हरेक मुद्दा अपने आप में महत्वपूर्ण है।

वैसे तो मैं मन बनाकर कुछ दूसरी बातें कहने के लिए आई थी लेकिन जाहिर है कि इतनी बातें उठी हैं तो अध्यक्ष का यह दायित्व होता है कि वह उन बातों पर विचार करे जो वक्ताओं ने उठाई है।

बात मैं वापस उलटती हूँ। यानी जो क्रम है पुराना, प्रचलित कि पहले विषय-वस्तु पर बात करें और फिर शिल्प पर बात करें। तो मैं अपनी टिप्पणी के क्रम को पहले विषय-वस्तु से आरम्भ करूँगी यानी दूसरे भाषण के बारे में मैं पहले बोलूँगी और पहले भाषण के बारे में बाद में बोलूँगी।

जब अजय तिवारी ने दो विद्वानों का हवाला दिया—एक डॉ. नामवर सिंह का और दूसरा विश्वनाथ त्रिपाठी का, अपने गुरु के गुरु का और खुद उन गुरु के शिष्य के शिष्य होते हुए उन्होंने मतभेद व्यक्त किया तो मुझे बड़ी प्रसन्नता हुई क्योंकि गुरु की सबसे बड़ी सफलता यह होती है कि चेला शक्कर हो जाए, गुरु भले ही गुड़ रहे। तीसरे नाम का उन्होंने हवाला नहीं दिया। मैं सोच रही थी कि एक नाम छूट गया है, मुक्तिबोध पर चिन्तन करनेवालों की परम्परा में और वह नाम गुरुओं के गुरु डॉ. रामविलास शर्मा का है। बड़ा नाम है। जो बातें उन्होंने कही हैं उन पर बड़ा विवाद होता रहा है। मैं सोच

रही थी कि क्यों तिवारी जी ने सहमति उधर व्यक्त की क्योंकि जब इन दोनों से मतभेद था तो लाजिक यही कहता है कि सहमति रामविलास शर्मा से होनी चाहिए। तो मैं सोच रही थी कि शायद अगली साँस में कहेंगे कि मेरी सहमति डा. रामविलास शर्मा से है लेकिन उन्होंने नहीं कहा। तो मैंने सोचा कि बात वहाँ से ही कुछ आगे बढ़े। जब उन्होंने आरम्भ में कहा कि यह बात गले नहीं उतरती कि इसका काव्य-पुरुष 'मैं' और 'वह' में विभाजित है तो मुझे फिर आशा बँधी कि वह मनोविज्ञान का सिद्धांत उसमें लागू नहीं करना चाहते, स्पलिट पर्सनैलिटी के कंसेप्ट को छोड़कर आगे बात कहेंगे और मनोविज्ञान की गुत्थियों को छोड़कर। जिस तरह से मनोविज्ञान थोपा जाता है, थोपा जाता रहा है मुझे लगा कि वह उससे बच रहे हैं। यद्यपि यह होता है कि एक आदमी के भीतर दो आदमी होते हैं, तमाम इस तरह के केसेज हैं, उसके लिए जैसे उन्होंने कहा, बहुत से गैप्स उन्होंने छोड़े हैं यह कहते हुए कि आप सब सुधीजन हैं, सब जानते हैं कि या सब कल्पना कर लेंगे या सब गैप्स को भर लेगें, ऐसे ही मैं भी कहती हूँ कि आप सब ऐसे केसेज को जानते हैं कि आदमी एक हरकत करता है और उसके बाद वह बिल्कुल भूल जाता है और उसको यह लगता है कि 'मैं' मैं नहीं हूँ। यानी एक ही आदमी के भीतर दो व्यक्तित्व होते हैं। यह अवश्य है कि ऐसे लोग व्यक्तिवाद-वैचित्र्यवाद के अन्तर्गत आते हैं, साधारणीकरण के अन्तर्गत नहीं आते लेकिन ऐसे विचित्र व्यक्ति होते हैं।

...चावला जी ने भी यही कहा कि वह सिजोफ्रेनिया से ग्रस्त थे और उनकी कहीं न कहीं कुल मिलाकर एक मनोवैज्ञानिक कैटेगरी की तरफ उन्होंने इशारा किया है जिसे, शब्द कठोर है लेकिन अगर कहेंकि उनकी पूरी कविता, उनकी काव्य रचना का एक संसार एक तरह की मानसिक विकृति की उपज है, ऐसा संकेत रामविलास जी में खुद मौजूद है उसके लिए कार्डनिल तक जाने की जरूरत क्या है? यह समझ में नहीं आया और उसके बाद फिर उन्होंने कहा कि रक्तालोक स्नात पुरुष तो चेतन है और जो बाकी बचा वह अवचेतन, किसकी चेतना और किसका अवचेतन? हो गया एक आदमी फिर दो में विभाजित। माने अवचेतन तो वहीं होगा जहां चेतन होगा। सब होने के लिए पहले चेतन होना जरूरी है। तो अगर रक्तालोक स्नात पुरुष चेतना का प्रतीक है और वह किसी अवचेतन को पुकार रहा है तो यह अवचेतन भी वहीं कहीं लगा होना चाहिए। इसलिए आप इसको इतनी ज्यादा अलगाने की कोशिश कर रहे हैं कि 'मैं', 'वह' से अलग होना ही चाहिए तभी बात ठीक बैठती है, तो मुझे यह ठीक नहीं लगा। हालांकि मेरे समझने में भूल हो सकती है

और अगर होती है तो अच्छा ही है। तिवारी जी ने जो एक तर्क दिया था शुरू में वह तर्क अपनी तरह से ठीक था कि जब 'वह' कहीं बाहर था ही नहीं या अलग नहीं हुआ था तो आ कहाँ से गया, कुछ इस तरह की बात उन्होंने कही थी जो बड़ी तार्किक दिखाई पड़ रही थी। (क्या हम सबके भीतर एक व्यक्ति ऐसा नहीं है जो लगातार जो है उसका अतिक्रमण करने की कोशिश करता रहता है और एकान्त क्षणों में बैठकर पछताता रहता है कि मैंने अतिक्रमण नहीं किया, आज मैंने यह नहीं किया। या मैं यह कर नहीं सकता और इस न कर सकने के कारणों के मूल में जाता है, विश्लेषण करता है और उसके बाद कभी वस्तुस्थिति को कभी अपने आपको और कभी दोनों को दोषी ठहराता है और लगातार इस असमंजस में झूलता रहता है। हम सब यह जीवन जीते हैं।

यह कोई बड़ा अजूबा नहीं खड़ा किया मुक्तिबोध ने। बड़े से बड़ा पापी, बड़े से बड़ा धर्मात्मा होने के आदर्श को अपने भीतर पालता है और खासकर यह द्वन्द्व जो इस कविता का द्वन्द्व है यह मध्य वर्ग का द्वन्द्व है। मध्य वर्ग इसमें सबसे ज्यादा त्रस्त है। जो उसे होना चाहिए और जो वह है इनके बीच द्वन्द्व है। जो होना चाहिए उसका निरन्तर प्रयास कर रहा है लेकिन नहीं हो पाता और जो है वह होना नहीं चाहिए, वह होता है। यह बिल्कुल ठीक है कि अवचेतन की बड़ी भारी भूमिका है। जब निराला यह कहते हैं कि "वह एक और मन रहा राम का जो न थका"। एक मन वह हे जो राम मर्यादा पुरुषोत्तम हैं, शक्ति पुरुष हैं, प्रतीक हैं दुनिया भर के जो मूल्य हैं, उनके वही राम सीता की जब स्मृति आती है तो आँखों से आँसू ढुलकने लगते हैं और चरणों पर गिरने लगते हैं। बिलकुल दीन हैं, हीन हैं, चुनौतियों का स्मरण करके जो राम इतने विगलित हो जाते हैं, वही राम है जिनका एक मन और है, जो नहीं थकता, जो न पराजय जानता है, न हार जानता है और बार-बार यह मन उस पर हावी होता है। तो अगर मुक्तिबोध के यहाँ एक पुरुष के दो भाग हो गए तो इसमें इतना बड़ा असमंजस क्या था—उनका एक ही व्यक्ति के दो पक्ष मान लेने में?

अगर ध्यान से देखिए तो द्वन्द्व तो होगा कभी और खासकर के अपने से द्वन्द्व, अन्तर्द्वन्द्व होगा। मैं कहती हूँ कि अन्तर्द्वन्द्व तो होता है—ये या वो। मुक्तिबोध के सामने तो बिलकुल साफ है। उनके यहाँ यह ये या वो का द्वन्द्व नहीं है। वह जानते हैं ठीक-ठीक कि क्या होना चाहिए और यह भी जानते हैं ठीक-ठीक कि क्या है। इस होना चाहिए और है के बीच जब अन्तराल

होता है तभी द्वन्द्व पैदा होता है। अगर यह अन्तराल नहीं है तो द्वन्द्व भी नहीं है। ये अन्तराल होगा तो द्वन्द्व भी होगा। इसलिए मुझे लगता है कि मुक्तिबोध की जो सारी कविता है वह इसी वैयक्तिक और निर्वैयक्तिक के बीच कशमकश और द्वन्द्व से पैदा हुई है।

जहाँ वह है, उन्होंने ठीक कहा कि अवचेतन है, अँधेरा है, अँधेरा उनके भीतर भी है, अँधेरा उनके बाहर भी है। बाहर वस्तुस्थिति के रूप में अँधेरा है, और अँधेरे में यह बात नई नहीं है। नामवर सिंह पहले कह चुके हैं कि अँधेरे में जब दुःस्वप्न दिखाई पड़ते हैं तो वह दुःस्वप्न ज्यादा साफ हो जाते हैं। अन्धकार हो स्टेज पर और एक जगह आप फोकस कर दीजिए लाइट का तो वह पात्र ज्यादा प्रभावशाली होता है जबकि तमाम प्रकाशमान स्टेज के बीच में दस पात्रों के बीच में वही पात्र खड़ा रहे तो ध्यान नहीं जाता।

अँधेरा जब बाहर होता है वस्तुस्थिति होती है और अँधेरा जब अन्दर होता है तो अपनी असमर्थता होती है, अपनी भटकन होती है। वस्तुस्थिति और असमर्थता के बीच लगातार यह तनाव चलता रहता है। ऐसा लगता है कि मुक्तिबोध अपनी कविता में बार-बार फिर से फैंटेसी में जाते हैं। ठीक है फ्लाइट है, उड़ान है, भटकन है। लोगों ने कहा कि फैंटेसी उनके लिए विकल्प नहीं है, उनके लिए युक्ति नहीं हे, उनके लिए डिवाइस ऑफ स्टाइल नहीं है, उनकी विवशता है। यथार्थ को फैंटेसी के माध्यम से खड़ा करते हैं, उसके बिम्ब खड़े करते हैं, चित्र खड़े करते हैं, उससे और ज्यादा तनाव पैदा होता है और तनाव के बाद उससे आत्मग्लानि पैदा होती है। यह केवल आत्मग्लानि नहीं है, उससे आगे बढ़कर अपराध बोध है, गिल्टी कांशस है और ये गिल्टी कांशस इस बात के लिए नहीं है कि मैं जो होना चाहता था वह नहीं हुआ बल्कि इस बात के लिए है कि जो मुझे करना चाहिए था वह मैंने नहीं किया। जब मेरे ही कारण यह दुर्घटना घटित हुई, मेरे ही कारण लग गया मार्शल ला, मार्शल ला लगाने वाले दूसरे हैं, घटनाएँ करने वाले दूसरे हैं, उनके यहाँ घटना राजनीतिक घटनाओं की तरह नहीं घटती है। जो घटता है, उसके जिम्मेदार और हैं लेकिन बार-बार मुक्तिबोध इस पूरी वस्तुस्थिति में खोज रहे हैं कि 'मैं' कहाँ हूँ? मेरी भूमिका कहाँ है, मैंने कहाँ क्या गलत कर दिया? ये अपराध बोध अगर किसी कवि में होता है तो अकेला यह अपराध बोध उस कवि को अपने समय का महत्वपूर्ण कवि बनाने के लिए काफी होता है।

इस परम्परा को अगर पीछे से देखना शुरू किया जाए तो शब्दावली दूसरी है। एक ही कवि पीछे दिखाई पड़ता है। अजीब लगेगा और थोड़ा

असन्तुलित भी। इसलिए इसे आप पार्शियल मानिए, एकांगी मानिए, केवल एक बात के लिए मानिए। अभिप्राय यह नहीं है कि मुक्तिबोध वह हैं जो तुलसीदास थे लेकिन एक आदमी और था इस मध्य युग में जिसने कहा ये कलिकाल का कारण क्या है? एक तो है ही शाहे-वक्त और दूसरा है हमारे पाप। उन्होंने अपने पाप की बात कही। यह नहीं है कि केवल शाहे-वक्त। "जासु राजु प्रिय प्रजा दुखारी सो नर अवसि नरक अधिकारी"। माने प्रजा दुखी हो तो वह नर तो है नरक का अधिकारी लेकिन कहीं मेरी भी तो भूमिका है इस व्यवस्था को चलने देने में। इसके बदलने के लिए जो प्रयत्न किया जाना चाहिए, वह प्रयत्न न करने में मेरी भूमिका है। बात को गलत जानते हुए उसके प्रति विद्रोह न करने में मेरी भूमिका है। इस बात को जिन कवियों ने जब-जब उठाया, बराबर वह कवि उन लोगों की अपेक्षा ज्यादा ईमानदार थे जो मुट्ठी बन्द करके हमेशा दूसरों को गाली देते हैं, दूसरों को उलाहना देते हैं, दूसरों को उपालम्भ देते हैं वह चाहे विडम्बना हो, चाहे व्यंग्य हो। मुक्तिबोध की कविता में ऐसा नहीं है कि व्यंग्य का अभाव है। उनमें व्यंग्य हे लेकिन अगर यह तय करना पड़े कि मुक्तिबोध व्यंग्य के कवि हैं या विडम्बना के कवि हैं तो निश्चित रूप से उन्हें व्यंग्य कवियों की कोटि में नहीं रखा जा सकता, उन्हें विडम्बना का कवि ही कहना होगा।

यह विडम्बना बड़े गहरे पीड़ा बोध से पैदा होती है। उसके लिए गहरी विचारशीलता ही जरूरी नहीं होती, बहुत गहरा पीड़ाबोध भी जरूरी होता है। उस प्रसंग को याद किया जाए जहाँ वह पत्ता बरगद के पेड़ से आकर गिरा। आप रात के बारह बजे अकेले श्मशान भूमि में खड़े हैं और कोई आपकी पीठ पर हाथ रख दे, आप बड़े विद्वान हैं, बड़े साइंटिस्ट हैं लेकिन आपकी तत्काल जो प्रतिक्रिया होगी, आपके शरीर में ऊपर से नीचे तक थरथरी काँप जाएगी। आप गैलरी में खड़े हैं और किसी ने पीछे से हाथ रख दिया तो कोई थरथराहट नहीं होगी। पत्ता गिरने का सन्दर्भ मार्शल लॉ लगा हुआ है, पीछा किया जा रहा है या आदमी जान हथेली पर लिए दौड़ रहा है, उसने समझा एक सुरक्षित कोना है। उस सुरक्षित कोने में जाकर वह खड़ा हो गया और सहसा एक बरगद का पात गिरा, लगा पकड़ लिया पीछे से किसी ने। इसके लिए यह बिल्कुल जरूरी नहीं है कि उसे सीजोफ्रेनिया हो तभी उसे बरगद का गिरा हुआ पात भयानक लगे। सवाल यह है कि गिरता कहाँ है बरगद का पत्ता? श्मशान भूमि में गिरता है तो एक प्रतिक्रिया होगी और लॉन में गिरता है तो ठीक दूसरी प्रतिक्रिया होगी। जिस परिस्थिति में बरगद का पत्ता गिरता

है उस परिस्थिति में बिलकुल जरूरी नहीं है कि वह मनोरोग से ग्रस्त हो तभी थरथराए। विद्वानों ने कहा है कविता राजनीतिक होती है पर मैं मानती हूँ कि आलोचना भी राजनीतिक होती है। वह टैक्टिकल भी हो सकती है, स्ट्रैटिजिक भी हो सकती है। इसलिए ईश्वर के लिए मुक्तिबोध को अकादमिक आलोचना से बचाइए, उसकी गिरफ्त में तो वह आते ही नहीं। आप कितना ही फैलाइए, अगर आप कहें कि मुक्तिबोध में वीभत्स रस है तो पसीना छूट जाएगा वीभत्स रस सिद्ध करने में या मुक्तिबोध की कविता के संचारी भाव, विभाव, तो विभाव तो मिल जाएगा काफी, लेकिन अगर पूरा रस सिद्धांत घटाइएगा तो नहीं आएँगे मुक्तिबोध। भाव पक्ष और कला पक्ष की गिरफ्त में भी उस तरह नहीं आएँगे। तो अकादमिक आलोचना की गिरफ्त के तो बहुत बाहर है, इसलिए बहुत सुरक्षित हैं मुक्तिबोध। लेकिन राजनीतिक हैं क्योंकि राजनीति के सम्बन्ध में वे बहुत सचेत और सावधान कवि हैं, इसलिए राजनीतिक आलोचना के लिए बड़ी उचित सामग्री हमको मिलती है, बड़ी आसानी से मिल जाती है।

मुक्तिबोध को जितना अकादमिक आलोचना से बचाने की जरूरत है, उतना ही राजनीतिक आलोचना से भी बचाने की जरूरत है। लेकिन जब मैं यह कहती हूँ तो इसका तात्पर्य यह कदापि नहीं है कि बिल्कुल स्वायत्त निरपेक्ष कवि के रूप में मुक्तिबोध की कविता का भाषिक विश्लेषण या शैली वैज्ञानिक विश्लेषण करके अपने अर्थ निकाले जाएँ। मतलब यह कि मुक्तिबोध के लिए शैली वैज्ञानिक विश्लेषण भी कारगर नहीं होगा। आलोचना के शायद 89वें अंक में एक बातचीत प्रकाशित हुई है जो कवि त्रिलोचन और किन्हीं वीरेन्द्र के मध्य में हुई है और उसके केन्द्र में दो मुख्य कवि हैं—एक मुक्तिबोध और दूसरे धूमिल। एक बात उन्होंने यह कही उस बातचीत के बीच, कि मुक्तिबोध पन्त से बहुत अधिक प्रभावित रहे और जो व्यक्ति शुरू से यह सुनता रहा हो, यह मानता रहा हो कि छायावादी कवियों में अगर मुक्तिबोध ने किसी पर चिन्तन करने की जरूरत समझी, किसी से टकराने की जरूरत समझी तो वह कवि जयशंकर प्रसाद थे, उनके अलावा कोई और नहीं। उसके बाद सहसा आपको यह पता लगे कि मुक्तिबोध ने जयशंकर प्रसाद पर जो पुस्तक लिखी थी, वह किसी प्रकाशक ने इस उम्मीद से लिखवाई थी कि प्रसाद जगह-जगह विश्वविद्यालयों में पाठ्यक्रम में निर्धारित कवि हैं, और इसलिए यह किताब ज्यादा बिक जाएगी। किताब दुर्भाग्य से उतनी नहीं बिकी जितनी उम्मीद की गई थी क्योंकि वह विश्वविद्यालयी परम्परा की आलोचना नहीं थी जिसकी विद्यार्थी से अपेक्षा की जाती है और विद्यार्थी हमेशा थर्राता रहता है कि अगर

मुक्तिबोध की तर्ज़ की आलोचना लिख आया अपने प्रश्न के उत्तर में तो कोई मूढ़बुद्धि परीक्षक गला काटकर साफ कर देगा।

अचानक आप के सामने रहस्य का उद्‌घाटन होता है तो आपको लगता है क्योंकि तमाम लोगों ने संगति बैठा ली, प्रसाद पर किताब क्या लिखी मुक्तिबोध ने, और 'अँधेरे में' वह कौन मनु आया, तो लोगों ने कहा कि यह मनु ठीक वही है जो प्रसाद के यहाँ है। नाक नक्श भी वही है, हमने भी माना। कई बार लगता था कि जिस आकृति का वर्णन किया प्रसाद ने, यह नुकीली ठोढ़ी, विराट मस्तक, ये सब बिल्कुल आर्य जाति का है, मनु है, वही मनु है जो प्रसाद ने लिखा है और प्रसाद पर पुस्तक लिखी। अचानक आपको यह पता लगता है कि वह पुस्तक इसलिए नहीं लिखी गई थी कि वह प्रसाद से जूझ रहे थे या बहुत प्रभावित थे। तो यहाँ यह जरूरत महसूस होती है कि मुक्तिबोध पर फिर से सोचा जाए। इस तथ्य के सामने आते ही कि क्या सचमुच उन्होंने इसलिए वह पुस्तक लिखी थी कि वह प्रसाद को प्रासंगिक मानते थे या प्रसाद को एकमात्र छायावादी कवियों में से ज़रूरी कवि मानते थे।

त्रिलोचन जी ने तर्क दिया कि पन्त जी की तरह से उनकी क्रियाएँ अधूरी आती हैं या क्रियाएँ वाक्य के बीच में आती हैं इसलिए उन पर पन्त जी का प्रभाव है। मैं सोचने लगी त्रिलोचन जी उन कवियों में से हैं जिनकी कविता में वाक्य पूरे-पूरे मिलेंगे, यानि गद्य की कविता में आपको वाक्य पूरे-पूरे मिलेंगे। निश्चित रूप से उन्हें चौंकाया होगा इस बात ने और उनको यह बात उचित या अनुचित लगी होगी, इस बात को उन्होंने लक्ष्य किया होगा कि इस आदमी के यहाँ क्रियापद पूरे नहीं होते, लेकिन क्या पन्त के यहाँ जो क्रियाएँ पूरी न आने से विशेषता पैदा होती है, मुक्तिबोध के यहाँ भी ठीक वही विशेषता पैदा होती है? मुझे अगर वह किसी कवि से बहुत दूर लगते हैं, चाहे वह समाज के प्रति दृष्टिकोण है, चाहे वह प्रकृति के प्रति दृष्टिकोण हो, चाहे वह शिल्प के प्रति दृष्टिकोण है, छायावादी कवि से बहुत दूर लगते हैं तो वह कवि पन्त हैं और सहसा एक बड़ा कवि और त्रिलोचन जी को मैं बहुप्रसिद्ध और बहुज्ञानी व्यक्ति मानती हूँ और बहुत सी बातों में मैं प्रकाश के लिए उनकी तरफ देखती हूँ, और जब उनके मुँह से यह बात आए तो मैं सोचती हूँ कि त्रिलोचन जी से भेंट हो तो मैं उनसे विस्तार से समझूँ कि उन्होंने यह क्यों कहा यह बात एक गम्भीर कठिनाई की तरफ संकेत करती है।

मैं त्रिलोचन जी की अवमानना नहीं कर रही। यह इस बात की ओर संकेत करती है कि सचमुच यह कवि किन्ही मायनों में दुर्बोध भी है और

चुनौतीपूर्ण भी। अगर ऐसा न होता तो मार्क्सवादी जीवन दृष्टि के प्रति प्रतिबद्ध और भले ही लोग न मानें, प्रतिबद्ध शब्द को कितना ही भ्रष्ट किया है प्रचार प्रसार के साधनों ने, रेडियो ने, टेलीविजन ने, लेकिन इस समय सोचती हूँ तो कोई दूसरा शब्द नहीं आ रहा और मुक्तिबोध के बारे में भी कुछ लोगों को सन्देह हुआ है लेकिन शायद आज इस बात के बारे में किसी को सन्देह नहीं है कि अगर कुल मिलाकर के यह तय करना पड़े कि मुक्तिबोध की प्रतिबद्धता क्या थी तो वह निश्चित रूप से मार्क्सवाद थी। तब यह कवि कहता है जो उन रामविलास शर्मा को पसन्द नहीं आता जिनको दिनकर की उर्वशी बहुत पसन्द आती है और यह कवि कहता है कि उस नई कविता के प्रतिमान पर बड़ा खरा उतरता है जिस नई कविता के प्रतिमान पुस्तक पर रूपवादी आलोचनात्मक मूल्यमानों के प्रयोग का आक्षेप आज तक लगाया जाता है। एक आलोचक रूपवादी प्रतिमानों से जाँच कर रहा है मुक्तिबोध की, आप सहमत हों या असहमत, यह गलत है। लेकिन कुल मिलाकर जो बहस, बाद में जब 'दूसरी परम्परा की खोज' आई तो लोगों ने कहा कि वहाँ जो अज्ञेय बनाम मुक्तिबोध था वह यहाँ आचार्य रामचन्द्र शुक्ल बनाम हज़ारी प्रसाद द्विवेदी है अर्थात एक बनाम चाहिए इस आलोचक को। उस बनाम चाहनेवाले आलोचक को जिसको रूपवादी कहते हैं, उसकी उस रूपवादी कसौटी पर यह बड़ा कवि है, अज्ञेय से बहुत बड़ा कवि है। दूसरा आलोचक जो मार्क्सवादी है उसके गले यह बात नहीं उतरती है। उन्हें केदारनाथ अग्रवाल अच्छे लगते हैं, तुलसी, निराला, फिर वह परम्परा मुक्तिबोध पर नहीं टिकती वह केदारनाथ अग्रवाल पर टिकती है। इस तरह इसलिए यह ठीक समझ का प्रश्न बड़ा टेढ़ा प्रश्न है।

दरअसल जवाब सिद्ध पुरुषों के पास ही उपलब्ध होते हैं। कुछ लोग वह होते हैं जिन्होंने सत्य को पा लिया है। कुछ लोग वह होते हैं जिन्होंने सत्य को नहीं पाया है लेकिन जिसे पा लिया है उसी को सत्य समझते हैं। अगर ठीक याद आ रहा है तो शायद फेज का एक शेर है जिसमें इस समस्या को इश्क के सन्दर्भ में उन्होंने उठाया है, शेर तो ठीक-ठीक याद नहीं, उसका भाव यह है कि सच वह भी था, सच मैं भी था, इश्क में झगड़ा सिर्फ सच का ही तो था। लेकिन इस सच के कितने चेहरे हो सकते हैं इसकी कोई इन्तिहा नहीं है और हमेशा जो कवि इस बात के लिए आमन्त्रित करे कि एक भाव एक सच को मेरे भीतर से ढूँढ़कर निकाल लो। जिसमें इतनी अर्थ सम्भावना हो कि बराबर वह इस नए सच के लिए आमन्त्रित करता रहे वह निश्चित रूप से बड़ी सम्भावना का और

बड़े सच का कवि होता है। जो लोग चुक जाते हैं बड़ी जल्दी जिनके पास और कोई सम्भावना नहीं होती, मसलन कुछ कवि ऐसे हैं जिनको हम कक्षा में पढ़ाते हैं और जो अर्थ उनका 20 साल पहले किया था उसमें इजाफा आठ-दस साल के बाद हो जाए तो हो जाए लेकिन लगता है उसके बाद गुंजाइश नहीं है। कुछ कवि ऐसे होते हैं कि आपने पिछले साल पढ़ाया, इस साल आप पढ़ा रहे हैं, पढ़ाते-पढ़ाते लगता है कि कुछ और कौंधा, इस में यह भी हो सकता है। दोहरी, तिहरी अर्थसम्भावनाएँ उसमें हो सकती हैं।

मेरा अनुभव यह है कि मैंने मुक्तिबोध को जब पढ़ाना शुरू किया था तो गले पड़ी बला की तरह पढ़ाना शुरू किया था। तार सप्तक के बाद जिसकी दुंदुभि बजी वह मुक्तिबोध नहीं थे। दुंदुभि अज्ञेय की बज रही थी और उसके बाद गिरिजाकुमार माथुर की और उसके बाद छोटे लघु कवि थे, विराट कवियों में से तो अज्ञेय थे और लघु कवियों में या मध्य वाले कवियों में माथुर थे, लघुओं में, लग्गू-भग्गुओं में नेमिचन्द जैन, भारतभूषण अग्रवाल थे लेकिन मुक्तिबोध कहीं नहीं थे। जब मुक्तिबोध को उस समय का पाठक उठाता तो उसको लगता था कि किस आफत से पिंड पड़ा है मेरा, और खुद मैंने यह किया जब मैंने अपना शोधप्रबन्ध लिखा 1956 के बाद, मैं थोड़ा उलझी और फिर मुझे लगा बहुत उलझा-उलझा सा यह कवि पता नहीं क्या है और इसकी उपेक्षा भी करेंगे तो काम चलेगा और मेरे एक भी परीक्षक ने यह नहीं लिखा कि इन्होंने मुक्तिबोध जैसे कवि को छोड़ दिया। ये उत्सवधर्मिता मुक्तिबोध के साथ शुरू हुई उनकी रुग्ण होने और उनकी मृत्यु के साथ। हमारे यहाँ हर व्यक्ति की जब मृत्यु होती है और उसके पहले उसने अगर वह कष्ट झेल लिया जो रामविलास शर्मा ने देखा था और किसी ने नहीं देखा। मतलब अगर उन्होंने दरिद्रता में जीवन बिताया हो तो वह और महान हो जाएगा और उसके लिए फिर एक आदमी की जरूरत पड़ेगी जो यह बताए कि प्रेमचन्द की पासबुक में जब वह मरे तो कितने पैसे थे। उनको महान अगर बनाना हो तो फिर एक व्यक्ति को बताना पड़ेगा।

उत्सवधर्मिता मुक्तिबोध की मृत्यु के बाद शुरू हुई यह बात सही है। नई कविता में कठिन काव्य के प्रेत थे मुक्तिबोध और बड़े आराम से छायावाद के जो बड़े दिग्गज आलोचक थे, नन्ददुलारे वाजपेयी उन्होंने जो कहा उसे तो आप जानते हैं। लेकिन कुल मिलाकर के जिसे कहें कि गीत की टेक लिखी कि इस आदमी के बिम्ब खंडित, इसकी संरचना विशृंखल, ये समझने में बिलकुल दुरूह, चेतन और अचेतन में हमेशा गड़बड़झाला मचाता रहता है इसलिए कुल

मिलाकर के दो कौड़ी का कवि है। तत्कालीन आलोचकों ने इस रूप में मुक्तिबोध को बिलकुल खारिज कर दिया और उसके बाद, देखिए उत्सवधर्मिता बहुत लोगों के साथ शुरू होती है मृत्यु के बाद। वह जितनी तेजी से शुरू होती है उतनी तेजी से शान्त हो जाती है लेकिन यह एक कवि है जो बराबर उस रुचि को सस्टेन किए हुए है, बराबर चुनौती की तरह खड़ा है, बराबर आमन्त्रित कर रहा है।

जो जरूरी था उसको ले लिया और जो जरूरत नहीं है उसको छोड़ दिया। मैं जैसे अपने आपको यह मानती हूँ कि मैंने सच को पाया है। मुक्तिबोध को जो कुछ जैसे मैंने समझा है, मुझे आज भी विश्वास नहीं है कि क्रमशः एक फिजूल खारिज कवि को उठा करके मुक्तिबोध को पढ़ाना शुरू किया और जैसे जैसे पढ़ाना शुरू किया वैसे वैसे मुझे लगा कि वह अद्‌भुत कवि है। मैं कहूँ कुछ कि यथार्थ था कि अद्‌भुत था, अब उस पर विस्तार से चर्चा करने की गुंजाइश नहीं है। एक तरफ यथार्थ का शासन और उसके ऊपर अद्‌भुत का विन्यास, यह अजीब कवि है और इसमें सम्भावनाएँ अनगिनत हैं, बेहिसाब हैं। जब तक खड़ा रहेगा पाठकों के लिए चुनौती बना खड़ा रहेगा और जब तक खड़ा रहेगा आलोचकों के लिए चुनौती बना खड़ा रहेगा। शायद ही कोई पाठक हो, शायद ही कोई आलोचक हो जो आखिर में यह कह सके कि मैंने बिलकुल अन्तिम अर्थ पा लिया है जो मुक्तिबोध का आशय था वह बिलकुल ठीक था, सही सही मैंने समझ लिया है, ऐसा व्यक्ति मुश्किल से पैदा होगा।

असली एक बात तक चर्चा चलाते मैं और संकेत कर दूँ कि सरलता की बात कर रहे थे पाण्डे जी। उसको मैं पूरे सन्दर्भ से जोड़कर तो नहीं, लेकिन संक्षेप में कहूँ कि सरलता जब नागार्जुन में होती है तो वह एक तरह की होती है, सरलता जब हमारे शर्मा जी में होती है तो दूसरे तरह की होती है। इसलिए हर सरलता काम में और हर सरलता का अर्थ उतना आसानी से नहीं लगाया जा सकता है। 'अकेले' के बाद आप सब जानते हैं कि उस कविता में जिसमें हम चूल्हा, चौकी, छिपकली देखते हैं वह उतने नहीं हैं। उसके पीछे पूरी दुनिया है। ऊपर से देखने में चूल्हा, चौकी, छिपकली, कुटिया है, सब बड़ा परिचित संसार है और लगता है कि बड़ी मामूली बात कही जा रही है, लेकिन कविता का शीर्षक व्यंजित करता है, वह गहरी मानवीय संवेदना प्रकट करता है। अगर चूल्हा चौकी तक आप रह गए तो उस गहरी मानवीय संवेदना तक आप नहीं पहुँच सकते। इसलिए नागार्जुन की सरलता दूसरे तरह की है और पंडित नरेन्द्र शर्मा की सरलता दूसरी तरह की है।

अँधेरे में

अमिताभ राय

'अँधेरे में' नई कविता आन्दोलन एवं आधुनिक हिन्दी साहित्य की प्रमुख घटना रही है। इस कविता से ही नहीं मुक्तिबोध की अधिकांश कविताओं से सन्दर्भ ग्रहण कर आलोचकों ने इन्हें कभी प्रगतिशील, कभी समाजवादी, कभी मार्क्सवादी, कभी अस्तित्ववादी साबित करने की कोशिश की है। उन सबने अपने तरीके से कुछ सार्थक कहने की कोशिश की है। अपने आग्रहों से परे मुक्तिबोध की कविता जो कहती है उसे सम्पूर्णता में पकड़ने की आवश्यकता है क्योंकि उनकी कविता को हम खण्डों में या खण्ड-खण्ड की दृष्टि से देखना चाहें तो देख सकते हैं। पूर्ववर्ती आलोचना इसकी गवाही देती है। वास्तव में इन सारी विचारधाराओं से कवि कभी-न-कभी अवश्य जुड़ा रहा और 'अँधेरे में' मानों अपने सघन रूप में सबको एक साथ समेटती है। **'तार सप्तक'** के पहले संस्करण के वक्तव्य की कुछ पंक्तियाँ दृष्टव्य हैं—

"मेरे बाल मन की **पहली भूख सौन्दर्य** और दूसरी विश्व-मानव का सुख-दुःख—इन दोनों का संघर्ष मेरे **साहित्यिक जीवन की पहली** उलझन थी। इसका स्पष्ट वैज्ञानिक समाधान मुझे किसी से न मिला।"

"दूसरी ओर, दार्शनिक प्रवृत्ति-जीवन और जगत के द्वन्द्व—जीवन के आन्तरिक द्वन्द्व इन सबको सुलझाने की, और **एक अनुभव तत्व सिद्ध** व्यवस्थित तत्त्व प्रणाली अथवा जीवन दर्शन आत्मसात कर लेने की दुर्दम प्यास मन में हमेशा रहा करती। आगे चलकर मेरी काव्य की गति को निश्चित करने **वाला सशक्त कारण** यही प्रवृत्ति रही है।"

"क्रमशः मेरा झुकाव **मार्क्सवाद की ओर हुआ**। अधिक वैज्ञानिक, अधिक मूर्त्त और अधिक तेजस्वी दृष्टिकोण मुझे प्राप्त हुआ।"

फिर 'तार सप्तक' के दूसरे संस्करण अवसर 'पुनश्च' में वे लिखते हैं–"जीवन और परिवेश की विषमता की यह स्थिति आभ्यंतर **लोक में भी दुःस्थिति उत्पन्न करती है,** यह एक दारुण सत्य है। मैं कहूँ यह मेरा अपना भी सत्य है। परिणामतः स्वाधीनता के इस युग में मेरी कविता **सघन बिम्ब मालिकाओं** में अधिकाधिक प्रकट होने लगी। अचानक **अन्तर्मुख दशाएँ और भी दीर्घ और** गहन होती गईं। किन्तु यह भी एक तथ्य है कि **आत्मग्रस्तता के बावजूद** और शायद उसको साथ लिए-लिए मेरा आत्म-संवेदन समाज के व्यापकतर छोर छूने लगा। कविता का कलेवर भी दीर्घतर होता गया।"

इन सारे उद्धरणों से हमें कुछ ऐसे संकेत मिलते हैं जिनके सहारे हम मुक्तिबोध की कविताओं का सम्यक् विश्लेषण कर सकने की ओर अग्रसर हो सकते हैं। मुक्तिबोध क्रमशः सौन्दर्य की भूख से शुरू करके, दार्शनिक प्रवृत्ति (जो काव्य की गति को निश्चित करने वाला सशक्त कारण), मार्क्सवादी रुझान (फिर मार्क्सवादी की अनैतिक प्रतिबद्वता से छुटकारा पर वैचारिक स्तर पर जुड़े रहना) और आखिर में इनसे जुड़ाव विलगाव से अन्तर्मुख दशाओं का 'और भी दीर्घ और गहन' हो जाना। जहाँ तक 'अँधेरे में' का प्रश्न है वह **गहराई हुई अन्तर्मुख दशाओं का समाज के** व्यापकतर छोर से गहन तादात्म्य का परिचायक है, वस्तुतः यहाँ कुछ भी एकांगी नहीं है। वह एक दूसरे से घात-प्रतिघाती मुद्रा में हैं। वे एक-दूसरे से धक्का-मुक्की करते हैं। परन्तु उनका वह विकास एक स्तर पर आद्यन्त बनी रहने वाली-सौन्दर्य की आकांक्षा का ही परिचायक है। उनका सौन्दर्याकांक्षी मन ज्यों-ज्यों संसार के कटु-से-कटुतर सत्यों का साक्षात्कार करता गया उनका द्वन्द्व तीव्र होता गया। उनका सौन्दर्याकांक्षी मन जैसा समाज को सुन्दर देखना चाहता था समाज वैसा सुन्दर नहीं ज्ञात होता था। इस सुन्दरता की खोज वे 'अँधेरे में' में करते हैं और 'अँधेरे में' में उसे खोता पाते हैं परन्तु खोने नहीं देते, क्योंकि खोज में निराश, हताश होकर काव्य नायक एक स्थान पर बैठ नहीं जाता। साथ ही उसमें अत्यधिक संकल्प शक्ति भी है। तभी वह कहता है–

परम अभिव्यक्ति
लगातार घूमती है जग में
पता नहीं जाने कहाँ, जाने कहाँ
वह है।
इसीलिए मैं हर गली में

और हर सड़क पर
झाँक-झाँककर देखता हूँ हर एक चेहरा
प्रत्येक गतिविधि
प्रत्येक चरित्र
व हर एक आत्मा का इतिहास,
हर एक देश व राजनैतिक परिस्थिति
प्रत्येक मानवीय स्वानुभूति आदर्श
विवेक-प्रक्रिया, क्रियागत परिणति!!
खोजता हूँ पठार...पहाड़...समुन्दर
जहाँ मिल सके मुझे
मेरी खोई हुई
परम अभिव्यक्ति अनिवार
आत्म-सम्भवा!

यह कविता की आखिरी पंक्तियाँ हैं पूरी कविता में अँधकार का साम्राज्य है बीच-बीच में घने काले बादलों के बीच जैसे बिजली चमकती है वैसे ही काव्य नायक को भी अँधेरे में 'कोई एक' दिखाई पड़ता है। आद्यन्त पसरा अँधकार आखिरी पंक्तियों में भी समाप्त नहीं होता। यहाँ यह ध्यान रखना होगा कि परम अभिव्यक्ति मिल नहीं पाई है। कविता के आरम्भ में भी वह कभी-कभी दिख जाती थी। आखिर में भी मिलती नहीं है। हाँ, एक संकल्पात्मक, सकारात्मक आत्मबोध है कि उसे खोजूँगा जिसे मैं आद्यन्त पसरे अँधकार का ही एक रूप मान रहा हूँ। वास्तव में यह समाप्त हो भी नहीं सकता था क्योंकि सामाजिक राजनैतिक स्थितियाँ इसकी इजाजत नहीं देती। मध्ययुग का कवि परम अभिव्यक्ति पाने की घोषणा कर सकता है पर आधुनिक युग में विज्ञान और तकनीकी तरक्की ने जिस संशयात्मक बोध को जन्म दिया है, वह परम अभिव्यक्ति की परम प्राप्ति की इजाजत नहीं देता। इसी कारण 'परम अभिव्यक्ति' जो 'लगातार घूमती है जग में' उसका 'पता नहीं', 'वह जाने कहाँ' है। यह भी अँधकार का रूप ही है पर यह अज्ञान का अँधकार नहीं है। यह है 'अत्यन्त उद्विग्न ज्ञान-तनाव'। इस उद्विग्न ज्ञान-तनाव से प्रश्न की मुद्रा उभरती है। प्रश्न, संशय और विस्मय से भी जन्म लेता है। सशंय, विस्मय, प्रश्न कविता में या साहित्य मात्र में सन्दर्भ की सृष्टि करते हैं।

कुछ सन्दर्भ कवि द्वारा प्रस्तावित होते हैं और समाज के विभिन्न संस्थानों

में सन्दर्भालोक ग्रहण कर पाठक अर्थ की अनेकानेक छवियाँ भी उभारता है क्योंकि बकौल मुक्तिबोध "जिन सामाजिक-ऐतिहासिक शक्तियों की अभिव्यक्ति-मात्र वे घटनावलियाँ हैं वे ताकतें ही साहित्य के रूप और स्वरूप, तत्त्व और विचार को जन्म देती तथा विकसित करती चलती है।" लेखक और पाठक इसी कारण अपने-अपने सन्दर्भों में बहुत कुछ सामान्यता प्राप्त करते हैं क्योंकि घटित घटनाएँ और साहित्यिक अभिव्यक्ति को जन्म देने वाली ताकत एक ही है। इसके बावजूद डा. नामवर सिंह का यह कहना बहुत उचित नहीं जान पड़ता कि "कवि मुक्तिबोध के लिए अस्मिता की खोज व्यक्ति की खोज नहीं बल्कि अभिव्यक्ति की खोज है। एक कवि के नाते उनके लिए परम अभिव्यक्ति ही अस्मिता है।" यह मुक्तिबोध की परम अभिव्यक्ति को बहुत छोटा कर देने जैसा है। वास्तव में यह अस्मिता भी कवि की परम अभिव्यक्ति तक नहीं टिकती। इसका प्रसार सन्दर्भों (ऐतिहासिक-सामाजिक शक्तियों के घटित घटनाओं) के आलोक में व्यापकतर होता चला जाता है।

हम मुक्तिबोध द्वारा बनाए गए सृजन के तीन क्षणों से भी इसका संकेत पा सकते हैं। वे कहते हैं "कला का पहला क्षण है **जीवन का उत्कृष्ट तीव्र अनुभव का क्षण।** दूसरा क्षण है इस अनुभव का अपने कसकते दुःखते हुए मूलों से पृथक हो जाना, और एक ऐसी फ़ैण्टेसी का रूप धारण कर लेना, मानो वह फ़ैण्टेसी अपनी आँखों के सामने ही खड़ी हो। तीसरा और अन्तिम क्षण है इस फ़ैण्टेसी के शब्दबद्ध होने की प्रक्रिया का आरम्भ और उस प्रक्रिया की पूर्णावस्था तक की, गतिमानता शब्द' बद्ध होने की प्रक्रिया के भीतर जो प्रवाह बहता रहता है वह **समस्त व्यक्तित्व और जीवन का प्रवाह होता है।"** इससे स्पष्ट झलकता है कि डा. नामवर सिंह व्यक्ति (प्रकारान्तर से जीवन) और अभिव्यक्ति का जो विभेद रेखांकित करते हैं वह मुक्तिबोध के लिए उन रूपों में लागू ही नहीं होता। जीवन का तीव्र अनुभव करके कवि उसे शब्द बद्ध करता है और शब्दों में भी वही जीवन है जिसकी वह उत्कट तीव्र अनुभूति करता है पर सामान्यीकृत रूप में "जिये और भोगे जानेवाले जीवन से पुनर्रचित जीवन की जो सारभूत एकात्मकता है उस सारभूत एकात्मकता के आधार पर ही, और उसके कारण ही और उसके द्वारा ही विशिष्ट में सामान्य का तेज प्रोद्भासित होता है, अन्यथा नहीं।" इस विश्लेषण से स्पष्ट दृष्टिगोचर होने लगता है कि मुक्तिबोध की 'परम अभिव्यक्ति' मात्र अभिव्यक्ति की खोज' नहीं है। वह आज के आधुनिक जीवन के विभिन्न सन्दर्भों से जुड़कर अनेकानेक अर्थच्छवियाँ ग्रहण करती हैं।

वास्तव में 'अँधेरे में' कविता का अँधकार व्यक्ति की चेतना मात्र का अँधकार नही है। वह अँधकार संस्थानों के द्वारा प्रयोजित है स्वातन्त्र्योत्तर जीवन में राजनैतिक स्खलन ने जिस स्वार्थ, सत्तालोलुपता को जन्म दिया उसका विष जीवन के हर क्षेत्र में फैला और समाज के स्तर पर व्यापक दुरावस्था का युग आया। इस अँधकार की व्यापकतर अभिव्यक्ति ही 'अँधेरे में' का मुख्य लक्ष्य है। अँधकार का जितना व्यापक और बहुविध प्रकाशन इस कविता में मुक्तिबोध ने उभारा है वह विलक्षण है। एक ओर वे अंधेरे में शोषकों को, जनता की विरोधी शक्तियों को देखते हैं—

उनमें कई प्रकाण्ड आलोचक, विचारक जगमगाते कवि-गण
मन्त्री भी, उद्योगपति और विद्वान्
यहाँ तक कि शहर का हत्यारा कुख्यात
डोमा जी उस्ताद
बनता है बलवन
हाय, हाय!!
यहाँ ये दीखते हैं भूत-पिशाच-काव्य
भीतर का राक्षसी स्वार्थ अब
साफ़ उभर आया है,
छिपे हुए उद्देश्य
यहाँ निखर आये हैं
यह शोभा-यात्रा है किसी मृत-दल की।

यही असली त्रासदी है कि अँधकार में 'छिपे हुए उद्देश्य' से जो वर्ग परिचालित हो रहा है उसमें शहर का, शहर के प्रकारान्तर से देश का बौद्धिक, औद्योगिक तथा गुण्डातत्व सब हैं इसमें डोमाजी उस्ताद के बलवन बनने का भी संकेत है। यहाँ संवेदनशील लेखक के यथार्थ की पकड़ तथा दूरदर्शिता हम आसानी से देख सकते हैं 'बलवन' को तब पहचान जाना कोई आसान बात न थी। 'बनता है बलवन' से व्यंजना यह भी उभरती है कि डोमा जी उस्ताद जो आज इनके साथ उठ बैठ रहा है वह कल को राजा बनेगा ही और आज की राजनैतिक स्थितियों को देखते हुए मुक्तिबोध की आशंका असत्य तो सिद्ध नहीं हुई है। यह मुक्तिबोध की संवेदना ही है कि उन्हें समय के पूर्व ही भीतर के राक्षसी स्वार्थ एवं छिपे हुए उद्देश्य साफ दिखाई देने लगते हैं। मुक्तिबोध जिस प्रोसेशन को देखते हैं वह जनाकांक्षी नहीं हैं जनाकांक्षी क्या, वह तो उसके

दमन निमित्त है–

किसी जन-क्रान्ति के दमन-निमित्त यह
मार्शल-लॉ है।

इस अँधकार के पोषक तत्त्व जो 'दिन में/बैठती हैं मिलकर करती हुई षडयन्त्र/विभिन्न दफ्तरों, कार्यालयों, केन्द्रों में, घरों में।' खुद को नग्न देख लिए जाने पर कैसी प्रतिक्रिया करती है–

मारो गोली, दाग़ो स्साले को एकदम।

और यही वे तत्त्व हैं जो संवेदनशील व्यक्ति को उसकी पूरी संवेदना के साथ पकड़कर मौत की सजा देते हैं–

प्रश्न थे गम्भीर, शायद ख़तरनाक भी,
इसीलिए बाहर के गुँजान
जंगलों से आती हुई हवा ने
फूँकमार एकाएक मशाल ही बुझा दी–
कि मुझको यों अँधेरे में पकड़कर
मौत की सजा दी!

'अँधेरे में' 'अँधेरा सब ओर, निस्तब्ध जल' है। 'राम की शक्ति पूजा' में–'खो रहा दिशा ज्ञान; स्तब्ध है पवन चार' है। पवन की स्तब्धता और जल की निस्तब्धता में कोई समानता न भी हो, पर वे अँधकार की सांद्रता को तो बता ही देते हैं। दोनों ही कविताओं में अँधकार की यह साँद्रता केवल प्रकृति जन्य नहीं है। 'राम की शक्ति पूजा' में तो 'अमानिशा' का जिक्र भी है परन्तु अँधेरे में' में तो उसका भी जिक्र नहीं है। इन पंक्तियों से स्पष्ट संकेत उभरता है कि अँधकार मात्र प्राकृतिक नहीं है। अगर ऐसा नहीं है तो वह क्यों कहता है–'जंगल से आती हुई हवा ने/फूँक मार एकाएक मशाल ही बुझा दी। नई कविता के पूरे वितान से गुजरकर हमें प्रथमतः जंगल को निर्धारित करना होगा क्योंकि मशाल को बुझाने वाली हवा जंगल से आ रही है। साथ ही जंगल से आती हुई हवा से खुद-ब-खुद बुझ नहीं गई है [तथा वह मात्र एक जंगल नहीं जंगल ('जंगलों') हैं।] अपितु उस हवा ने उसे फूँक मार कर बुझाई है। फूँक मारने से स्पष्ट है कि यहाँ बुझाने की क्रिया आशय के साथ है। 'राम की शक्ति पूजा' में 'केवल जलती मशाल' से जो व्यंजना, जो आशा संचरित

होती है उस सघन अँधकार में, वही कार्य 'अँधेरे में' के मशाल से हो रहा है।

यह तथ्य काव्य पंक्तियों से स्पष्टतः पुष्ट होता है कि 'राम की शक्ति पूजा' की तरह अंधकार सघन है पर वह एक आयामी या दो आयामी नहीं है अपितु सन्दर्भानुकूल उसके अनेकानेक अर्थ हो सकते हैं। तो इस मशाल का सन्दर्भ भी केवल जलती मशाल से आगे का है। यह मशाल संवेदनात्मक ज्ञान है जो अंधकार के विभिन्न रूपों को पहचान परख सकता है, यह मशाल मार्क्सवादी चेतना से युक्त 'ज्ञानालोकित आदर्श' हो सकता है, अनुभूति की परिष्कृत और उच्चतर स्थिति हो सकती है। वस्तुतः यह मशाल वह कोई भी सन्दर्भ, भाव या वस्तुस्थिति हो सकती है जो अंधकार को, अंधकार के विभिन्न अवयवों को तथा अंधकार की प्राकृतिक तथा अप्राकृतिक अवस्थाओं में विभेद को पहचान पाने की क्षमता प्रदान करता है। इसी कारण अँधेरे के पोषक तत्त्व जो जंगल में पलते हैं, उसे बुझा देते हैं ताकि अँधेरे का प्रकारान्तर से उनकी सत्ता के पोषक तत्त्वों का साम्राज्य कायम रहे।

जंगल वह कोई भी व्यवस्था हो सकती है जिसमें व्यक्ति अपने स्वप्न तक में अपनी मानवीय गरिमा, ऊर्जा, शक्ति खो देने को कुछ अल्पसंख्यक शोषकों द्वारा अतिशप्त होता है या कर दिया जाता है। इस अंधकार और जंगल के बीच 'आत्मा की प्रतिमा' बनाना, हृदय में 'रिस रहे ज्ञान के तनाव को' महसूस करना, अब तक न पाई गई अपनी अभिव्यक्ति को तलाशना वास्तव में गम्भीर और खतरनाक प्रश्न है और इन चीजों को जो पा लेगा वह अँधकार और जंगल से मुक्ति न भी पा सके पर उससे संघर्ष तो अवश्य करेगा और यह संघर्ष सामन्ती व्यवस्था में शोषकों को न पसन्द है और न वे इसे पनपते ही देख सकते हैं। इसीलिए वे चेतना की मशाल फूँक मारकर बुझा देते हैं और जिस व्यक्ति को आत्मा की प्रतिमा बनाने से, ज्ञान के तनाव को महसूस करने से, अपनी न पाई गई अभिव्यक्ति के तलाश से वंचित कर दिया जाएगा वह वास्तव में उस व्यक्ति के लिए मौत की सजा ही है। ऐसे की स्थिति है–

किसी काले देश की घनी काली पट्टी ही
आँखों में बँध गई,
किसी खड़ी पाई शूली पर मैं टाँग दिया गया
किसी शून्य बिन्दु के अँधियारे खड्डे में
गिरा दिया गया मैं
अचेतन स्थिति में।

यहाँ भी ध्यान देने की बात है वह खुद गिरा नहीं है, गिरा दिया गया है। तब प्रश्न उठता है किसके द्वारा? इसका एक सामान्य उत्तर है कि जो 'विचित्र प्रोसेशन' रोमांचकारी जादुई करामात कर रहा है, जिस जुलूस के 'चेहरे का आधा सिन्दूरी गेरुआ/आधा भाग कोलतारी भैरव' हैं जो जुलूस एक व्यक्ति द्वारा देख लिए जाने पर उसे मार डालने के लिए दौड़ता है, वही जुलूस—

परन्तु दिन में
बैठती हैं मिलकर करती हुई षड्यन्त्र
विभिन्न दफ़्तरों-कार्यालयों, केन्द्रों में, घरों में।
हाय, हाय! मैंने उन्हें देख लिया नंगा,
इसकी मुझे और सजा मिलेगी।

यहाँ 'और' शब्द पिछली सारी सजाओं में इजाफे की ओर संकेत करता है। **यह इजाफा एक दिन की उपलब्धि है इस उपलब्धि** में हमें स्वतन्त्रता से तत्कालीन भारतीय युवा वर्ग की आकांक्षा और भ्रष्ट तथा सत्तालोलुप कांग्रेसियों का अन्तर्विरोध भी देखना होगा। इस पीड़ा को मात्र मुक्तिबोध ही महसूस नहीं कर रहे थे। यह स्खलन की पीड़ा है और इसे तत्कालीन बौद्धिक समाज महसूस कर रहा था। फणीश्वरनाथ रेणु के उपन्यास 'मैला आँचल' मे भी इसी व्यापक स्खलन का चित्र है और बावनदास ही हत्या स्वतन्त्रता पूर्व मूल्यों की हत्या नहीं तो और क्या है? ये सभी स्थितियाँ अगर मुक्तिबोध, रेणु जैसे संवेदनशील व्यक्तियों को प्रभावित न करती तो स्थिति और भी भयावह होती—

कविता में कहने की आदत नहीं, पर कह दूँ
वर्त्तमान समय चल नहीं सकता।

यहाँ **'पर कह दूँ'** पर अतिरिक्त बल है। यह अतिरिक्त बल परिस्थितियों का है? साथ ही कवि के खुद की संवेदना का भी है। मुक्तिबोध स्वयं कहते हैं—

सब सोये हुए हैं।
लेकिन, मैं जाग रहा, देख रहा।

इस सतत जागृति और सचेतना से ही मुक्तिबोध 'अँधेरे में' में अँधेरे के अनेक रूप देखते हैं, अँधेरे को कायम रखने की कोशिश करने वाली शक्तियों को देखते हैं। वास्तव में 'अँधरे में' कविता में व्याप्त अँधकार बहुत व्यापक है—

बाहर शहर के, पहाड़ी के उस पार, तालाब...
अँधेरा सब ओर।

शहर के बाहर कहने से शहर के भीतर भी अँधेरा है इसका बोध स्वयमपि हो जाता है। पहाड़ी के उस पार माने पहाड़ी के इस पार तथा पहाड़ी पर भी अंधेरा है और तालाब में तथा तालाब पर अंधकार का साम्राज्य है। इसके बाद तीन डाट्स ने अंधकार के विस्तार को काफी बढ़ा दिया है। अँधेरा सब ओर है। और जल भी निस्तब्ध है माने पर्यावरण में कोई हलचल नहीं है। ऐसा भी हो सकता है कि यह तूफान के आने के पहले की खामोशी हो। जैसे 'रहस्यमय अँधकार' सांद्र होकर ध्वनि-सा अस्तित्व जताने लगता है वैसे ही अँधकार की ऊर्जा सघन होकर दृश्य में बदलने लगती है।

बाहर शहर के, पहाड़ी के उस पार, तालाब...
अँधेरा सब ओर,
निस्तब्धता जल,
पर भीतर से उभरती है सहसा
सलिल के तम-श्याम शीशे में कोई श्वेत आकृति
कुहरीला कोई बड़ा चेहरा बन जाता है
और मुसकाता है,
पहचान बताता है
किन्तु मैं हतप्रभ
नहीं वह समझ में आता।

यहाँ तालाब शब्द के बाद डॉट्स का इस्तेमाल अगर अँधेरे को व्यापक विस्तार देता है तो तालाब के परिवेश को निर्मित करनेवाली इकाइयों की ओर भी इशारा कर देता है। थोड़ी देर के लिए हम कल्पना करें कि हम अँधेरी रात में जा रहे हैं। हमें लग रहा है कि कोई हमारा पीछा कर रहा है ऐसे में हम एक तालाब के पास पहुँचते हैं। जिसके बारे में तरह-तरह की अफवाहें फैला रखी गई हैं। कि अँधेरी रात में वहाँ तेज रोशनी चमकती है, वहाँ वृक्ष के पत्ते आदमियों-सा सर पटकते हैं। वहाँ पहुँचते ही हमारी कल्पना शक्ति कितनी तेज हो जाएगी या हो जाती है इसका सहज अनुमान एक भारतीय मानस को होगा। 'अँधेरे में' काव्य का नायक ऐसे ही तालाबों के किनारे से गुजरता है या पहाड़ी से गुजरता है या शहर से गुजरता है सब जगह अँधकार

है। अँधकार इतना सघन और व्यापक है कि वह खुद बोलने लगता है।

वाचक मूक है। उसको पहचानने के पुराने और नये हथियार अपर्याप्त है (तभी तो वह अपनी पहचान बताता भी है तो काव्य नायक मात्र हतप्रभ होकर रह जाता है उसे पहचान नहीं पाता) वैसी स्थिति में अँधेरे की ऊर्जा से अनेक तत्त्व निकलेंगे जो हमें भय, रहस्य, विस्मय से भर देंगे। उनमें से कौन-सी पक्ष की है और कौन विपक्ष की है यह बता पाना अगर मुश्किल है तो साथ ही हम यह भी देखते हैं कि जिस अँधेरे में शोषक सत्ता तथा उसकी सहयोगी विकृत लोकतान्त्रिक संस्थाओं की पहचान काव्य नायक करता है, उसी अँधेरे में उसे वह 'भयंकर बरगद' दिखाई देता है जिसके—'तल-खोह-अँधेरे में सो रहे/गृह हीन कई प्राण।' इसी अँधेरे में उसे मिलता है—

वैदिक ऋषि शुनः शेप के
शापभ्रष्ट पिता अजीर्गत समान ही
व्यक्तित्व अपना ही, अपने से खोया हुआ
वही उसे अकस्मात् मिलता था रात में,
पागल था दिन में
सिर-फिरा विक्षिप्त मस्तिष्क।

दिन का सिरफिरा विक्षिप्त मस्तिष्क वाला पागल रात में अपनी सार्थकता के लिए बेचैन हैं। सब सोते हैं पर वह जागता है, देखता है परन्तु इसके विपरीत लोग भी हैं जो सफेदपोश हैं दिन में और रात में शोषक, षड़यन्त्रकारी व्यवस्था के अंग हैं। 'सिर-फिरा' किसी पागलपन की रोगग्रस्तता के बजाए समाज की व्यावहारिक स्वार्थ बुद्धि से खुद को काट लेने की प्रवृत्ति का द्योतक है। एक ओर इस 'अँधेरे में' स्वातन्त्र्योत्तर जीवन के सांस्थानिक मूल्यों के स्खलन से साक्षात्कार होता है तो दूसरी ओर खुद की अपनी संवेदना और सम्भावनाओं से। **यह अनुभव से** गहन साक्षात्कार का परिणाम है, मात्र साक्षात्कार से भी शायद ही ऐसी स्थिति उत्पन्न हो। यह खुद को अनुभव प्रक्रिया में गहरे तक उतार लेने का परिणाम है। मुक्तिबोध ने स्पष्ट कहा भी है जिसकी ओर मैंने आरम्भ में संकेत किया, आत्मग्रस्तता के बावजूद और शायद उसको साथ लिए-लिए मेरा आत्म-संवेदन समाज के व्यापकतर छोर छूने लगा। 'अँधेरे में' में यह बात ठीक प्रतीत होती है क्योंकि आत्मग्रस्त में सदैव विद्यमान है। एक स्तर पर यह आत्म ग्रस्तता ही उसकी शक्ति भी है, क्योंकि वह जानता है कि—

वह रहस्यमय व्यक्ति
अब तक न पाई गई मेरी अभिव्यक्ति है,
पूर्ण अवस्था वह
निज संभावनाओं, निहित प्रभावों, प्रतिभाओं की
मेरे परिपूर्ण का आविर्भावों, प्रतिभाओं की
मेरे परिपूर्ण का आविर्भाव,
हृदय में रिस रहे ज्ञान का तनाव वह,
आत्मा की प्रतिमा।

'वह रहस्यमय व्यक्ति' कौन है इस पर आगे हम विचार करेंगे जो इस कविता के विश्लेषण की एक मूल समस्या है। यहाँ तथ्य यह महत्वपूर्ण है कि संवेदनशील नायक यह समझ रहा है 'वह रहस्यमय व्यक्ति' उसकी 'आत्म प्रतिमा' है। तब एक प्रश्न उभरता है कविता की इन पंक्तियों से—

हाय, हाय! मैंने उन्हें गुहा-वास दे दिया
लोक-हित क्षेत्र से कर दिया वंचित
जनोपयोग से वर्जित किया और
निषिद्ध कर दिया
खोह में डाल दिया!!

खोह में डाले गए "अनुभव, वेदना, विवेक-निष्कर्ष," जो उसके अपने थे, उसे उसने खोह में क्यों डाल दिया? यह खोह किसी पहाड़ी गुफा का या 'चन्द्रकान्ता' के तिलस्म का खोह नहीं है। यह खोह भी समाज और व्यक्ति दोनों स्तरों पर है—'नींद में खोए हुए शहर की गहन अवचेतना में' जो 'विचित्र प्रोसेशन' एवं 'गम्भीर क्वीक मार्च...' हो रहा है उससे 'घना डरावना अवचेतन ही/जूलूस में चलता है।' यह अवचेतन ही खोह है शायद। एक तो वह इसके भय से अपने विचारों को, सम्भावनाओं, प्रभावों को खोल में डाल देता है। यह राजनैतिक स्खलन का स्तर है। परन्तु डॉ. नामवर सिंह के इस कथन पर विचार करना भी यहाँ आवश्यक जान पड़ता है। डॉ. नामवर सिंह लिखते हैं—"निस्सन्देह 'अँधेरे में' सामान्य स्वप्न कथा नहीं, बल्कि दुःस्वप्न का कथालोक है जिसमें हर चीज प्रायः कुछ विकृत, कुछ अन्यथा रूप में दृष्टिगत होती है किन्तु काव्य नायक की असाधारण मनः स्थिति को देखते हुए यह असंगत नहीं लगता। काव्य-नायक के मन पर परिस्थितियों का इतना गहरा

दबाव है कि वह अतिरिक्त भयाक्रान्त हैं उसने अपने बहुमूल्य विचारों को उपचेतन के तलघर में छिया दिया है। एकाकीपन से उसे अपनी ही आकृति भूतों जैसी दिखाई पड़ती है। उसके मन में हर समय किसी-न-किसी दुर्घटना की आशंका है।" यह कथन अपने आप में सत्य होते हुए भी गम्भीर एवं पूर्ण प्रतीत नहीं होता। उपर्युक्त कवितांश और डा. नामवर सिंह के कथन के भावों के बीच के अन्तर को तब तक नहीं समझा जा सकता जब तक हम मध्यवर्गीय संस्कारी मन, चेतना, रूढ़िवादिता, असुरक्षा भावना, सुविधा और सार्थकता के मध्य सदैव डोलने वाले मन को ठीक-ठीक न समझ लें। मध्यवर्ग जाने-अनजाने कितने संस्कारों से संस्कारित है। मध्यवर्ग की खास-म-खास विशेषता है कि वह सम्पूर्ण संवेदना के बावजूद आखिरी क्षण तक खुद को कवच के भीतर छिपाए रखने की कोशिश करता है। इसका कारण उसके वैयक्तिक दायित्वों तथा सामाजिक दायित्वों के मध्य विभेद है। उसका व्यक्ति मन अनेक प्रकार के कार्य करने की स्वतन्त्रता चाहता है परन्तु घर-परिवार-समाज के अनेक नियम विधान सदैव उसको ऐसा करने नहीं देते। मध्यवर्ग की इसी मानसिकता से काव्य नायक ग्रस्त है। काव्य-नायक में स्पष्ट रूप से संकल्प है—

वे ख़तरनाक थे
(बच्चे भीख माँगते) खैर...
यह न समय है,
जूझना ही तै है।'

पर वह सदैव विकल्प की तलाश में रहता है और इसे मध्यवर्ग की सबसे बड़ी त्रासदी कहा जा सकता है—

पहचानता हूँ बाहर जो खड़ा है
यह वही व्यक्ति है, जी हाँ!
जो मुझे तिलस्मी खोह में दिखा था।
अवसर-अनवसर
प्रकट जो होता ही रहता
मेरी सुविधाओं का न तनिक ख्याल कर।
चाहे जहाँ, चाहे जिस समय उपस्थित,
चाहे जिस रूप में
चाहे जिन प्रतीकों में प्रस्तुत

× × ×

परन्तु भयानक खड्डे के अँधेरे में आहत
और क्षत-विक्षत, मैं पड़ा हुआ हूँ
शक्ति ही नहीं है कि उठ सकूँ जरा भी
(यह भी तो सही है कि
कमजोरियों से ही लगाव है मुझको)
इसलिए टालता हूँ उस मेरे प्रिय को
कतराता रहता
डरता हूँ उससे।

× × ×

अरे भाई, मुझे नहीं चाहिए शिखरों की यात्रा,
मुझे डर लगता है ऊँचाइयों से
बजने दो साँकल उठने दो अँधेरे में ध्वनियों के बुलबुले
वह जन-वैसे ही
आप चला जाएगा आया जैसा।

मध्य वर्ग के प्रत्येक व्यक्ति को अपने आदर्श, अपनी सम्भावनाओं, अपनी प्रतिभा, अपनी सोच से प्रेम होता है। वह प्रेम भी सामान्य कोटि का नहीं होता है अपितु उसे उससे एक सीमा तक मोह होता है। परन्तु अनेक प्रकार की समस्याओं का सामना भी वह करता है और इन समस्याओं से उसकी वैयक्तिक चाहतें दबने लगती हैं। विभिन्न प्रकार की कुण्ठाएँ विकसित होती हैं और वह समस्याओं से 'जूझना तै है' जानते हुए भी आखिरी क्षण तब बच निकलना चाहता है। इसी प्रकार—

चक्र से चक्र लगा हुआ है...
जितना ही तीव्र है द्वन्द्व क्रियाओं घटनाओं का
बाहरी दुनिया में,
उतनी ही तेजी से भीतरी दुनिया में,
चलता है द्वन्द्व कि
फिक्र से फिक्र लगी हुई है
आज इस पागल ने मेरी चैन भुला दी, /मेरी नींद गँवा दी।

काव्य नायक आद्यन्त इस संकल्प और विकल्प में झूलता रहता है वह इससे मुक्त नहीं होता तो इसके पीछे भी आधुनिक युग की वही मनःस्थितियाँ

हैं, परिस्थितियाँ हैं जिसकी ओर संकेत मैंने परम अभिव्यक्ति वाले प्रसंग में किया है। वह बहुत बाद में कहता है–

दिमाग में जान है, दिलों में दम है
सत्य से सत्ता के युद्ध को रंग है,
पर कमजोरियाँ सब मेरे संग है।

इसे काव्य-नायक की कमजोरी कह जा सकता है। पर यह ठीक अर्थों में कमजोरी से ज्यादा संवेदनशीलता का मामला है। क्रियाओं-घटनाओं की जो द्वन्द्वमयी, घात-प्रतिघात मयी स्थिति बाहरी दुनिया में होती है, वह प्रत्येक व्यक्ति को प्रभावित करे और इस हद तक प्रभावित करे कि उतना ही तीव्र द्वन्द्व भीतरी दुनिया में भी आरम्भ हो जाए–यह कोई आवश्यक नहीं। बल्कि लोग उन्हीं बाहरी घटनाओं का अपने हित में बखूबी इस्तेमाल करते हैं। काव्य-नायक स्पष्ट कहता है–"मानो मेरी निष्क्रिय संज्ञा ने संकट बुलाया।" जब तक संज्ञा निष्क्रिय थी जब तक कोई संकट न था, त्रासदी न थी, कष्ट न था पर ज्योंहि वह सक्रिय हो गई–यह शोषक शक्तियों के लिए नागवार हो गया है। इस संवेदना की जागृति से काव्यनायक अंधेरे में आकृतियाँ देखता है, प्रोशेसन। देखता है, जन विरोधी तथा जन पक्षी शक्तियाँ देखता है। कविता में इस स्थल तक (चक्र से चक्र लगा हुआ है...) पहुँचते-पहुँचते स्थितियाँ बहुत संश्लिष्ट हो जाती हैं। इसके पूर्व अँधकार में रहस्यमय व्यक्ति अलग दिखता है, दिवाल पर उभरनेवाला व्यक्ति अलग प्रतीत होता है, प्रोशेसन में चलने वाले व्यक्ति अलग दिखाई पड़ते हैं। ऐसा है क्योंकि इसके पूर्व तक वह संवेदनशील होकर भी क्रियाशील नहीं है–'यह सिविल लाइन्स है। मैं अपने कमरे में/यहाँ पड़ा हुआ हूँ।' से वह बाहर निकलकर आता है और कविता के इस बिन्दु पर कहता है, 'मैं इस बरगद के पास खड़ा हूँ।' कमरे की संवेदनशीलता जब बाहर की क्रियाशीलता से जुड़ती है तब बाहरी-भीतरी संघर्षों, द्वन्द्वों, तनावों के तार जुड़ जाते हैं। जैसे वह रहस्यमय जन उसको जाना पहचाना लगता है जो कविता के सरोकारों से जुड़कर उसकी अपनी आत्म-चेतना का पर्याय बनता है वैसे ही प्रोशेसन में भाग लेने वाला बुद्धिजीवी वर्ग, शासकवर्ग भी उसको जाना पहचाना लगता है। मेरे पूर्ववर्ती वरिष्ठ आलोचकों ने इस रहस्यमय जन की पहचान को काफी तरजीह दी हैं। पर उस प्रोशेसन में भाग लेने वाले जन की पहचान कोई कम महत्व का तथ्य नहीं है। एक स्तर पर यह पहचान उजाले और अँधेरे के उनके स्वरूपों में अलग होने का है तो दूसरे स्तर पर यह पहचान इसकी भी सूचना

देती है कि ये चेहरे 'मिलते हैं मेरे देखे हुओं-से' यह मात्र देखने के स्तर पर नहीं है यह कार्य की समझ संस्कृति से उभरी पहचान है। बहुत बाद में आखिरी अनुखण्ड में भी लेखक कहता है–

पथरीले चेहरों के ख़ाकी ये कसे ड्रेस
घूमते हैं यन्त्रवत्,
वे पहचाने-से लगते हैं वाक़ई
कहीं आग लग गई, कहीं गोली चल गई!!
सब चुप, साहित्यिक चुप और कवि जन निर्वाक्
चिन्तक, शिल्पकार, नर्तक चुप हैं
उनके खयाल से यह सब गप है
मात्र किंवदन्ती।
रक्तपायी वर्ग से नाभिनाल खण्ड ये सब लोग
नपुसंक भोग-शिरा-जालों में उलझे।

यहाँ भी इस दोहरे स्तर के पहचान की पहचान हो सकती है। जो फिक्र और द्वन्द्व है, वह मात्र भीतरी इसी कारण नहीं है क्योंकि वह जिन बाहरी स्थिति में, तत्त्वों को पहचान रहा है वे उसे एक विचित्र स्थिति में डालते हैं। यहाँ भी मध्यमवर्गीय संस्कारों के माध्यम से उसकी परीक्षा करनी होगी मध्यवर्ग का व्यक्ति अन्यायी को पहचान जाने के बावजूद मात्र विभिन्न दबावों के कारण कुछ नहीं कर पाता और कुण्ठित होता है परन्तु ज्योंहि वह प्रोशेसन के चेहरों को पहचान जाता है–

एकाएक टूट गया स्वप्न व छिन्न-भिन्न हो गए
सब चित्र
जागने में फिर से याद आने लगा वह स्वप्न,
फिर से याद आने लगे अँधेरे में चेहरे,
और, तब मुझे प्रतीत हुआ भयानक
गहन मृतारकाएँ इसी लग्न की
हर रात जूलूस में चलतीं,

इसे 'चक्र से चक्र लगा हुआ है...' से मिलकर फिर पढ़ने से अर्थ कुछ ज़्यादा खुलता है और स्थितियों के संश्लेषण का भी ज्ञान हो जाता है इस संश्लिष्ट स्थिति के कारण काव्य-नायक तथा कोई (जो कई-कई रूपों में दिखाई

पड़ता है कई अवसरों पर) की पहचान मुसीबत बनती है। काव्य-नायक तथा कोई एक के सम्बन्ध में कुछ प्रमुख मत है जिनमें रामविलास जी रहस्यात्मक सत्ता और अस्तित्ववादी प्रभाव देखते हैं।

डा. नामवर सिंह कहते हैं, ''नाटकीय कौशल के लिए कविता को 'मैं' और वह दो व्यक्ति-चरित्रों में विभक्त कर दिया गया है : एक है काव्य-नायक 'मैं', 'और' दूसरा उसका प्रतिरूप 'वह'। यह विभाजन वस्तुतः एक नाटकीय कौशल-मात्र नहीं, बल्कि इसका आधार 'आत्म-निर्वासन' (सेल्फ-एलिसेशन) है। 'अँधेरे में' का काव्य-नायक एक आत्म-निर्वासित व्यक्ति है, जिसके आत्म-निर्वासन का प्रतीक है उसका गुहावास।'' डा. नामवर सिंह का यह कथन विभ्रम उत्पन्न करता है। मैं का विभाजन 'नाटकीय कौशल के लिए' है, 'नाटकीय कौशल-मात्र नहीं' है; मैं के विभाजन का आधार आत्म-निर्वासन है वस्तुतः 'अँधेरे में' का नायक आत्म-निर्वासित व्यक्ति है ही नहीं अपितु वह एक अत्यधिक संवेदनशील व्यक्ति है जो अपनी वैयक्तिक सीमाओं का अतिक्रमण करता है और जब वह अपनी वैयक्तिक सीमा का अतिक्रमण कर 'बरगद के पास खड़ा' पाता है तो वह इस बात की आवश्यकता महसूस करता है कि—

एकदम जरूरी-दोस्तों को खोजूँ
पाऊँ मैं नए-नए सहचर
सकर्मक सत्-चित्-वेदना-भास्कर!!

जहाँ तक गुहावास का प्रश्न है वह भी आत्म-निर्वासन की ओर संकेत न कर उसकी संस्कार ग्रस्तता को ही द्योतित करता है। वह स्पष्ट कहता है—'पर, कमजोरियाँ सब मेरे संग हैं।' साथ ही यह गुहा या खोह वैयक्तिक समाजिक, राजनैतिक सन्दर्भों को पाकर विभिन्न व्यंजनाएँ पा सकता है और नायक 'खोह में खूँटे बँधा हूँ' यह स्पष्टतः संस्कार ग्रस्तता का द्योतक है।

इस सन्दर्भ में डा. नन्द किशोर नवल का मत भी द्रष्टव्य है। वे कहते हैं कि ''वस्तु स्थिति यह है कि रक्तालोक स्नात पुरुष न कोई रहस्यात्मक सत्ता है, न वह काव्य नायक की अस्मिता है। कविता में इस बात के स्पष्ट संकेत हैं कि वह मजदूर है और मजदूरों की संगठित शक्ति तथा सर्वहारा चेतना का प्रतीक है। फासिस्ट हुकूमत में उसे गोलियों से जख्मी ही नहीं किया गया है, बल्कि जेल में भी डाल दिया गया है जिस 'गुहा' में वह बन्द है वह वस्तुतः जेल है। लेकिन चूँकि फासिस्ट हुकूमत के लिए भी मजदूर-वर्ग को खत्म करना असम्भव है, वह जेल के बाहर भी दिखाई पड़ता है।'' परन्तु इसका कविता

के साथ तालमेल नहीं बैठ पाता। डा. नवल के कथन को सत्य माने तो नायक ने खुद को स्वयं ही जेल में बन्द कर दिया है–

हाय, हाय! मैंने उन्हें गुहा वास दे दिया
लोक हित क्षेत्र से कर दिया वंचित
जनोपयोग से वर्जित किया, और
निषिद्ध कर दिया
खोह में डाल दिया!!

वस्तुतः समस्या मैंने तथा उन्हें जैसे सर्वनामों के कारण उत्पन्न होती है। अगर उन्हीं को नायक से पृथक कोई सत्ता माने तो नायक के चरित्र के मायने बदल जाते हैं वस्तुतः मुक्तिबोध की कविताएँ विशेष तौर से 'अँधेरे में' एक व्यक्ति के आँखों से देखा गया स्वप्न है या स्वप्न कथा है पर उसका लीला स्थल व्यक्ति, समाज और उन दोनों के बीच का कॉमन प्लेस सब कुछ है। नायक के माध्यम से मुक्तिबोध परम व्यक्तिवादी नहीं होते अपितु वे ढूँढ़ने की, अपने जैसे अन्य लोगों की तलाश में जाने की बात करते हैं। यहाँ तक कि खुद के ही सर्वत्र होने की बात करते हैं–

हम कहाँ नहीं हैं,
सभी जगह हम।
निजता हमारी।

कविता के आरम्भ में ही संवेदनशील काव्य-नायक को कोई एक आकृति दिखाई पड़ती है–

तिलस्मी खोह में गिरफ़्तार **कोई एक,**
भीत-पार आती हुई पास से,
गहन रहस्यमय अँधकार ध्वनि-सा
अस्तित्व जनाता
अविकार कोई एक
और मेरे हृदय की धक्-धक्
पूछती है–वह कौन
सुनाई जो देता, पर नहीं देता दिखाई!

खोह निश्चित रूप से संवेदनशील नायक के वही संस्कार हैं जिनसे पूर्ण

मुक्ति उसे आद्यन्त नहीं मिलती और इसी कारण कविता में खोज जारी रखने के संकल्प पर समाप्त होती है। इन संस्कारों के भीतर जो एक संवेदना है वह घनीभूत होकर बोलने लगती है। जैसे गहन रात्रि में अँधकार सघन होकर बोलने लगता है, और संवेदना जब इतनी घनीभूत हो जाएगी तब संस्कार यथावत् पड़े नहीं रह सकते और इसी कारण वह प्रश्न करता है संस्कारों से ग्रस्त मन से जगत् से। सामाजिक राजनैतिक चेतना से आन्दोलित संवेदनशील मन जब प्रश्न करता है तो सब कुछ झरझराने लगता है सारे संस्कारों के हाथ-पाँव फूलने लगते हैं, प्रश्नों के दबाव में फूले पलस्तर पर जमी पपड़ी झरने लगती है। जब रूढ़ियाँ छटेंगी तब अन्तस् तत्त्व निकलेगा खुद-ब-खुद—

स्वयमयि
मुख बन जाता है दिवाल पर
नुकीली नाक और
भव्य ललाट है
दृढ़ हनु
कोई अनजानी, अन-पहचानी आकृति
कौन वह दिखाई जो देता है, पर
नहीं जाना जाता है!
कौन मनु?

यह जो उभर रहा है वह रहस्य भावना नहीं है। यह आत्म-निर्वासन भी नहीं है। 'कौन मनु' के बाद का प्रश्नवाचक चिन्ह स्पष्ट कर देता है कि जो आकृति उभरी है उसी से लेखक उसकी पहचान पूछ रहा है। यह प्रश्न और जागृत संवेदना ही मुक्तिबोध को बताते हैं कि अँधकार सब ओर है। कोई मध्य युगीन मानसिकता का कवि होता तो बाहरी-भीतरी दबावों से उठनेवाली द्वन्द्वात्मक (भौतिकतावादी तथा अधिभौतिकतावादी) संवेदना को ईश्वर का नाम देता है। पर काव्य नायक (प्रकारान्तर से कवि) उसकी खोज में प्रवृत्त होता है। 'तार-सप्तक' के अपने वक्तव्य में मुक्तिबोध ने लिखा है, "मेरी ये कविताएँ अपना पथ ढूँढ़ने वाले बेचैन मन की ही अभिव्यक्ति है। उनका सत्य और मूल्य उसी जीवन स्थिति में छिपा है।" यह तथ्य 'अँधेरे में' पर भी अक्षरशः लागू होता है। परम्परा से प्राप्त जो भी हथियार, जो भी शक्ति है—उससे उसे जाँचता है। यह 'कोई एक' जो आरम्भ में उसे दिखता है उसी की खोज में वह हर जगह भटकता है। उसे हर जगह उसका आभास मिलता है पर कहीं

भी वह उस 'कोई एक' को पूरी तरह पहचान नहीं पाता है। वह पहचान नहीं पाता क्योंकि चेहरा अकस्मात उभरता है साथ ही उसकी पहचान के लिए परम्परागत हथियार पर्याप्त नहीं और नई संवेदना जो उसे प्राप्त हुई है वह इतनी समृद्ध नहीं कि उसकी पहचान कर सके। ऐसी स्थिति में व्यक्ति अपने खोज की शुरुआत परम्परागत प्रतिमान से करेगा और शायद इसी कारण मुक्तिबोध का काव्य-नायक अपने खोज का आरम्भ मनु से करता है। यह निर्धारित करना व्यर्थ है और अपनी शक्ति का अपव्यय है कि मनु आदिकालीन मनु है कि 'कामायनी' का मनु।

मनु एक हथियार है जिसके माध्यम से काव्य-नायक एक खोज की शुरुआत करने की कोशिश कर रहा है जो उसके संवेदन जगत् को अकस्मात् मिल गया है। वह जिन्दगी के हर सड़क, हर गली में झाँकने का संकल्प लेता है। वस्तुतः अन्त में लिया गया यह संकल्प उसके निरन्तर संघर्ष का नतीजा है। वह योंहि कोई संकल्प नहीं ले लेता। जब वह 'कोई एक' की खोज करने के लिए सड़क-सड़क, गली-गली, पर्वत-पठार-समुन्दर, प्रत्येक मानवीय संवेदन में भटक रहा था तब समाज का मात्र सुन्दर पक्ष, सभ्य पक्ष ही नहीं दिखाई पड़ता है। उसे समाज के सफेद पोश चेहरों के भीतर छिपे स्याह, दुष्ट चेहरे भी मिलते हैं। उसे 'रक्तालोक स्नात पुरुष' मिलता है, विभिन्न 'खोह' मिलते हैं, 'ताल्स्तॉय' मिलते हैं 'ताल्स्तॉय-नुमा' कोई मिलता है, 'सिरफिरा विक्षिप्त मस्तिष्क' वाला पागल मिलता है 'तिलक' मिलते हैं, गाँधी, भविष्य-शिशु और भी न जाने कितने जाने-पहचाने अन-पहचाने चेहरे मिलते हैं तो दूसरी ओर बुद्धिजीवी, पत्रकार, साहित्यिक, 'डोमाजी उस्ताद' आदि भी मिलते हैं जो 'रक्तपायी वर्ग से नाभिनाल बद्ध' जुड़े हुए हैं।

यह अस्वाभाविक नहीं। ऐसी भयानक खोज में ऐसा नहीं होना ही अस्वाभाविक होता। ऐसी खोज में अच्छी-बुरी स्थितियों, चेहरों की उपस्थिति अनिवार्य है। परन्तु इसे वर्ग संघर्ष या द्वन्द्वात्मक मार्क्सवादी संघर्ष अथवा व्यक्तिवादी संघर्ष साबित करने का प्रयास करना उचित नहीं है। इसमें आए 'लाल-लाल मशाल', 'रक्तालोक स्नात पुरुष' या अनेक स्थल पर आए खत तथा लाल रंग के कारण इसे मार्क्सवादी संघर्ष घोषित करने की कोशिश की गई है। पर यह उचित नहीं क्योंकि–

मुझको तो ज़िन्दगी-सरहद
सूर्यों के प्रांगण पर भी जाती-सी दीखती!!